ब्रज व कौरवी लोकगीतों में लोकचेतना

डॉ. कुमार विश्वास

वाणी प्रकाशन

वाणी प्रकाशन
4695, 21-ए, दरियागंज, नयी दिल्ली 110 002
फ़ोन : +91 11 23273167 फ़ैक्स : +91 11 23275710
शाखाएँ
अशोक राजपथ, पटना 800 004, बिहार
कॉफ़ी हाउस कैम्पस, महात्मा गांधी मार्ग, इलाहाबाद 211 001, उत्तर प्रदेश
महात्मा गांधी अन्तरराष्ट्रीय हिन्दी विश्वविद्यालय, वर्धा 442 001, महाराष्ट्र
सुल्तानिया रोड, मोतिया पार्क, भोपाल 462 001, मध्य प्रदेश
www.vaniprakashan.com
marketing@vaniprakashan.in
sales@vaniprakashan.in

BRAJ VA KAURAVI LOKGEETON MEIN LOKCHETNA
by Dr. Kumar Vishwas

ISBN : 978-93-90678-24-2
Criticism

प्रथम संस्करण 2021

मूल्य : ₹ 475

सिटी प्रेस, दिल्ली-110 095 में मुद्रित

वाणी प्रकाशन का लोगो मक़बूल फ़िदा हुसेन की कूची से

समर्पण

मेरे मानस के निर्माता

पूज्य पिता डॉ. चन्द्रपाल शर्मा

एवं

लोकगीतों से मेरे हृदय को भरने वाली

माँ श्रीमती रमा शर्मा

को

दो शब्द

लोकगीत हमारी व्यक्तिगत अनुभूतियों, इतिहास, भूगोल, पर्यावरण, धर्म और संस्कृति आदि की गहरी समझ के अलावा सामाजिक, सांस्कृतिक और राजनीतिक चेतना का लोक भाषाओं में सरलतम रूपान्तरण हैं। इसीलिए वे जीवन के हर पहलू को प्रभावित करते रहे हैं।

लोकगीत कभी शीतल फुहारों से मन को गुदगुदाते हैं, तो कभी गुलामी, अन्याय, अत्याचार और बुराइयों के खि़लाफ़ चिनगारियाँ जगाते हैं। इसीलिए वे राजनीतिक-सामाजिक परिवर्तन के उत्प्रेरक बनते हैं। हम आधुनिकता के नशे में अपने पुरखों की इस धरोहर को भुलाते जा रहे हैं। इसे बचाना और बढ़ाना साहित्य, समाज और राष्ट्र की बहुत बड़ी सेवा है।

इसमें कोई दो राय नहीं कि मेरे प्रिय अनुज कुमार विश्वास जी एक पूरी पीढ़ी के सबसे लोकप्रिय कवि होने के साथ-साथ साहित्यिक, सांस्कृतिक तथा आध्यात्मिक विषयों के गम्भीर अध्येता और मौलिक व्याख्याता भी हैं। कई वर्षों के शोध और अथक परिश्रम से लिखी गयी पुस्तक 'ब्रज व कौरवी लोकगीतों में लोकचेतना' इसी का एक और उदाहरण है, जिसके लिए उन्हें अनेकशः साधुवाद।

यह पुस्तक साहित्यप्रेमियों, संस्कृतिकर्मियों और इतिहास के विद्यार्थियों के लिए एक अमूल्य उपहार साबित होगी।

–कैलाश सत्यार्थी

नोबेल शान्ति पुरस्कार सम्मानित

बाल अधिकार कार्यकर्ता

प्रस्तावना

हमारी संस्कृति हमारे देश की आत्मा है, हमारे जीवन के अनन्त प्रभाव का अनन्त निचोड़ है जिन्हें अभिव्यक्ति के विभिन्न माध्यमों ने समृद्ध किया। जैसे–बोली, भाषा, कलाएँ, गान विद्या, विचार व्यवहार, विश्वास!

भारतीय संस्कृति की जड़ें इतनी गहरी हैं कि परिवर्तन के हर युग में अपने मूल स्वरूप को किसी-न-किसी रूप में सुरक्षित रख सकी है, फिर चाहे वह आज भी पूजित उच्चारित वैदिक ऋचाएँ हों या हमारा जीवन दर्शन समाहित किये हुए लोकगीत, लोककथाएँ या कहावतें।

अनुभवों की कसौटी पर रची सीख उदारता के साथ अग्रिम पीढ़ी को सौंपना, यह सत्कृत्य हमारे पूर्वज अनन्त काल से करते आये हैं–हमारा संवर्द्धन करने के लिए, हमें चैतन्य बनाये रखने के लिए।

अवधी, भोजपुरी, बुन्देली, रुहेली, ब्रज, कौरवी, मैथिली, मगही, बैसवारी, बघेली, निमाड़ी आदि सभी बोलियों की समृद्ध धरोहर ही वास्तव में भारतीय मूल संस्कृति का उत्स है।

ब्रज भाषा का लालित्य तो किसी से छिपा नहीं, यहाँ की रज-रज में ऐसा माधुर्य है, लोकगीतों की ऐसी रसगागर है जिसका वैभव अल्हड़ मस्ती से सराबोर छलकता ही रहता है। कौरवी बोली, उत्तर प्रदेश की पश्चिमी बोली है और वर्तमान हिन्दी की मूलाधार है।

आज के समय के बेहद लोकप्रिय कवि, डॉ. कुमार विश्वास हापुड़ में जन्मे और कौरवी भूमि ही उनकी कर्मभूमि रही है। कुमार विश्वास के कवितापाठ में मैंने लोक की छाप देखी है, लोक जैसी सहजता, और हमारे सहेजते हुए बढ़ने वाली चेतना! वे जन-जन के प्रिय कवि कैसे बने, इसकी बुनियाद में उनका अद्भुत लोक अध्ययन झलकता है, लोक के प्रति श्रद्धा और चिन्ता भाव परिलक्षित होता है।

यह अत्यन्त हर्ष की बात है कि डॉ. कुमार विश्वास का यह भाव 'ब्रज व कौरवी लोकगीतों में लोकचेतना' इस पुस्तक रूप में साकार होकर सुधी पाठकों के सामने आ रहा है।

हम आज एक ऐसे समय में जी रहे हैं जहाँ सामाजिक लोकचेतना का सन्देश आगे लेकर आने की सबसे अधिक आवश्यकता है। और हमारे लोकगीतों से बड़ी लोकचेतना और कहाँ दिखायी पड़ती है। यह पुस्तक समाज और देश के लिए अत्यन्त उपयोगी सिद्ध होगी, ऐसा मुझे विश्वास है। मैं अनुज विश्वास को हृदय से शुभकामनाएँ अर्पित करते हुए वाणी प्रकाशन को भी बधाई देती हूँ। इस पुस्तक के पाठक लोक के चाहक बनें, उत्तरोत्तर श्रद्धा भाव जगाये रखें, यही कामना!

इति!

—मालिनी अवस्थी
पद्मश्री अलंकृत
सुप्रसिद्ध लोक गायिका

चींटी के पग नेवर बाजे

खड़ी बोली के आदिम रूप 'कौरवी' व हिन्दी को विश्व-रंगमंच पर आदर दिलाने वाली 'ब्रज' के लोक-साहित्य पर पर्याप्त शोध-कार्य नहीं हो पाया है। वह स्वतन्त्रता के पश्चात, अपनी जड़ों को भुला देने की अखिल भारतीय प्रवृत्ति के कारण हुआ या अनायास, कहा नहीं जा सकता। विशेष रूप से 'कौरवी' व 'ब्रज' के लोकगीतों में निहित चेतना-प्रवाह को रेखांकित नहीं किया जा सका। सन् 1993 में स्नातकोत्तर कक्षा के बाद जब मुझे शोध हेतु गुरुजनों ने प्रवृत्त किया तो यह विचार, चुनौती के रूप में सामने आकर खड़ा हो गया। प्रस्तुत शोध-प्रबन्ध के पीछे इसी विचार की उत्प्रेरणा ने कार्य किया है। 'कौरवी' एवं 'ब्रज' के लोकगीतों में अभिव्यक्त बहुआयामी चेतना का प्रकाशन एवं उनकी परस्पर तुलना प्रस्तुत शोध का अभीष्ट है। यह प्रयास कहाँ तक सफल हो सका है, इसका निर्णय तो विद्वज्जन करेंगे। तथापि गेरी क्षमता की सीमाओं ने इस प्रयास को अनेक प्रकार से स्पर्श किया है।

प्रथम अध्याय में लोकगीतों का स्वरूप-विश्लेषण प्रस्तुत किया गया है। इस अध्याय में लोक व लोकगीत से आशय स्पष्ट करते हुए, लोकगीत की भारतीय व पश्चिमी विद्वानों द्वारा दी गयी विविध परिभाषाएँ उद्धृत की गयी हैं। प्रस्तुत अध्याय में लोकगीतों की विशेषताओं को विस्तारपूर्वक विवेचित करके लोकगीतों का वर्गीकरण भी किया गया है। अध्याय के अन्त में लोकगीतों के महत्त्व पर चर्चा की गयी है।

द्वितीय अध्याय कौरवी व ब्रज लोकगीतों पर केन्द्रित है। इस अध्याय में कौरवी व ब्रज से आशय स्पष्ट किया गया है। इन दोनों बोलियों के क्षेत्र का भौगोलिक व भाषाई निर्धारण भी इस अध्याय में किया गया है। प्रस्तुत अध्याय में कौरवी और ब्रज लोकगीतों का सामान्य परिचय प्रदान करने के पश्चात् वर्गीकरण किया है। इसी अध्याय के अन्त में कौरवी व ब्रज लोकगीतों की समान भाव-धारा को अनेक प्रमाण प्रदान करके स्पष्ट किया गया है।

तृतीय अध्याय में कौरवी और ब्रज लोकगीतों में अभिव्यक्त लोकचेतना पर चर्चा की गयी है। लोकचेतना से आशय स्पष्ट करते हुए लोकगीतों में अभिव्यक्त लोकचेतना के विविध आयामों पर चर्चा की गयी है। प्रस्तुत अध्याय में कौरवी और ब्रज लोकगीतों में लोकचेतना की अभिव्यक्ति के विभिन्न आयामों पर प्रकाश डाला गया है।

चतुर्थ अध्याय कौरवी और ब्रज लोकगीतों में अभिव्यक्त सामाजिक चेतना पर आधारित है। प्रस्तुत अध्याय में समाज की अर्थव्यवस्था के प्रमुख अंग यथा कृषि, खेत-खलिहान, समाज के रहन-सहन, खान-पान, व्यवहार तथा खेल-कूद आदि विषयों पर आधारित कौरवी और ब्रज लोकगीतों पर चर्चा की गयी है। इसी अध्याय में ही सामयिक समस्याओं से सम्बन्धित लोकगीतों, ऋतु या मास सम्बन्धी गीतों, स्त्री या पुरुष सम्बन्धी गीतों, आर्थिक समस्याओं से सम्बन्धित गीतों पर भी विस्तार से चर्चा की गयी है।

पाँचवें अध्याय में कौरवी और ब्रज लोकगीतों में अभिव्यक्त सांस्कृतिक चेतना पर प्रकाश डाला गया है। इस अध्याय के अन्तर्गत त्योहार के लोकगीत, संस्कार, उत्सव, टेहले के लोकगीत, धर्म, मान्यता, विश्वास एवं नीति के लोकगीत, दर्शनपरक लोकगीत मुख्य रूप से विवेचित किये गये हैं। इससे कौरवी व ब्रज लोकगीतों की सांस्कृतिक चेतना रेखांकित हो सकी है।

षष्ठ अध्याय में कौरवी और ब्रज लोकगीतों में अभिव्यक्त राजनीतिक चेतना पर चर्चा की गयी है। इस अध्याय में कौरवी व ब्रज में मुखरित राष्ट्रीय आन्दोलन की घटनाओं से सम्बन्धित लोकगीतों का विवेचन किया गया है। प्रस्तुत अध्याय में राजनेताओं के जीवन से सम्बन्धित लोकगीत तथा देश-प्रेम एवं राष्ट्रीयता की भावना को स्वर देने वाले लोकगीतों को भी परीक्षण की कसौटी पर कसा गया है। अध्याय के अन्त में क्रान्तिकारियों के बलिदान से सम्बन्धित कौरवी व ब्रज लोकगीतों पर प्रकाश डाला गया है।

सप्तम अध्याय अन्तिम अध्याय है। इस अध्याय में कौरवी और ब्रज लोकगीतों में अभिव्यक्त साहित्यिक चेतना का विवेचन किया गया है। साहित्यिक चेतना से आशय कौरवी और ब्रज लोकगीतों के भावपक्ष व कलापक्ष से है। प्रस्तुत अध्याय में कौरवी और ब्रज लोकगीतों के भावपक्ष अर्थात रस व प्रकृति-चित्रण तथा लोकगीतों के कलापक्ष अर्थात भाषा, छन्द, अलंकार, शब्द-शक्ति, बिम्ब-विधान व प्रतीक-विधान पर गहन चर्चा की गयी है।

अन्त में उपसंहार शीर्षक से निष्कर्ष परिशिष्ट प्रस्तुत किया गया है। परिशिष्ट के अन्तर्गत सामग्री-संकलन की पद्धति, आधारभूत सामग्री का सामान्य परिचय तथा सहायक ग्रन्थ-सूची प्रदान की गयी है। इस प्रकार कौरवी व ब्रज के लोकगीतों में अभिव्यक्त लोकचेतना के तुलनात्मक अध्ययन का यह प्रयास विद्वज्जनों के सम्मुख प्रस्तुत है। यद्यपि काल निरवधि है और सम्भावनाओं का कोई अन्त नहीं, तथापि यह प्रयास कौरवी ब्रज लोकगीतों के प्रति एक नयी दृष्टि का उद्‌घाटन कर सकेगा, ऐसा मुझे विश्वास है। ये शब्द मेरे अत्यल्प प्रयासों की चींटी जैसी सम्भावनाओं के नेवर हैं जिन्हें समय का साहेब कभी न कभी सुन ही लेगा।

इति।

उमा त्रिवेदी

आभार

अपने घर में, मैं भाई-बहनों के क्रम में सबसे नीचे हूँ, और शायद अन्य उपलब्धियों में भी। इस व्यवस्था के जहाँ अनेक भीषण (बांग्ला भाषा के भीषोण जैसे) कष्ट हैं, वहीं कुछ लाभ भी हैं। इस व्यवस्था का एक लाभ मुझे बचपन में अपनी माँ के साथ उनके एकान्त को बाँटने के रूप में मिला। मेरी माँ; जिनकी कमर का दर्द और आँखों की रोशनी, संकल्पों के गंगाजल में घुल-मिल कर हमारे परिवार की नींव में सुरक्षित है, अपने एकान्त को बाँटने के लिए अपने धीमे किन्तु सधे हुए स्वर में कौरवी व ब्रज के लोकगीतों को गुनगुनाती रहतीं और मैं विस्मय-विमुग्ध उन स्वर-लहरियों को अपने अविकसित अवचेतन में उतारता रहता था। सम्भवतः यही संस्कार इन लोक-लहरियों के प्रति मेरे प्रेम का बीज-तत्त्व है। आज जब यह बीज-तत्त्व आशीषों के जल से कुछ-कुछ पुष्पित व पल्लवित हो रहा है तो मुझे विश्व-शब्दकोश के सबसे भारी शब्द 'माँ' का स्मरण आना स्वाभाविक है।

प्रस्तुत ग्रन्थ के पीछे मेरे पिता डॉ. चन्द्रपाल शर्मा की वह डाँट-फटकार सम्मिलित है, जो उन्होंने हिन्दी के अधिकारी विद्वान होने के नाते नहीं अपितु मेरी निर्मिति के अनिवार्य अंश के पद से दी है। मेरे इस लचर तर्क से कि अन्ततः ऐसे सारे ग्रन्थ एक साथ विश्वविद्यालयों की एक ही अलमारी में रखे जाने हैं, चाहे वे श्रमसाध्य हों या शोध-धुरन्धर प्राध्यापकों की फीस चुकाकर क्रय किये गये हों, वे किसी भी प्रकार सहमत नहीं हो सके। आज उनके कठिन परीक्षकत्व से गुजरे इस ग्रन्थ को, मैं उन्हें ही सादर, सभय समर्पित कर रहा हूँ।

इस अवसर पर मैं हिन्दी के अत्यन्त लोकप्रिय गीतकार, गुरुवर डॉ. कुँअर बेचैन को आभार देने का दुष्कर प्रयास कर रहा हूँ। अपने अत्यन्त व्यस्त कार्यक्रमों में भी, मुझे इस सृजन के लिए पर्याप्त बेचैनी प्रदान करने का समय उन पर सदैव रहा।

मेरी कवि-सम्मेलनीय कलाबाज़ियों के बीच इस सर्जना-समाधि के लिए; अपने समय को सहर्ष जिसने मेरी झोली में डाल दिया, उस सहधर्मिणी डॉ. मंजु शर्मा को किस-किस बात का आभार दूँ, बस एक बार फिर उसका कर्ज़दार होना स्वीकार करता हूँ। मेरी दोनों प्यारी बेटियों अग्रता व कुहू को ढेर सारा प्यार देकर भी मैं उस समय को नहीं लौटा सकता, जो मैंने बड़ी कठिनतापूर्वक उनके कौतुकों से स्वयं को अलग रखकर इस ग्रन्थ के लिए निकाला है।

अन्त में ढेर सारा आभार वाणी प्रकाशन को जिन्होंने लगभग सिन्धु-घाटी सभ्यता की लिपि जैसी मेरी अपठनीय हस्तलिपि को सुन्दरता एवं सफलता के साथ कम्प्यूटरीकृत किया व एक सुन्दर कलेवर में ढाला।

–डॉ. कुमार विश्वास

अनुक्रम

प्रथम अध्याय

लोकगीत : स्वरूप-विश्लेषण 15–36

(क) लोक से आशय

(ख) लोकगीत से आशय

(ग) लोकगीत की विविध परिभाषाएँ

(घ) लोकगीतों की विशेषताएँ

(ङ) लोकगीतों का विभिन्न आधारों पर वर्गीकरण

(च) लोकगीतों का महत्त्व

द्वितीय अध्याय

कौरवी और ब्रज लोकगीत 37–51

(क) कौरवी से आशय

(ख) कौरवी का क्षेत्र निर्धारण

(ग) ब्रजबोली का क्षेत्र निर्धारण

(घ) कौरवी और ब्रज लोकगीतों का सामान्य परिचय

(ङ) कौरवी और ब्रज लोकगीतों का वर्गीकरण

(च) कौरवी और ब्रज लोकगीतों की समान भाव-धारा

तृतीय अध्याय

कौरवी और ब्रज लोकगीतों में अभिव्यक्त लोकचेतना 52–72

(क) लोक्रचेतना से आशय

(ख) लोकगीतों में लोकचेतना की अभिव्यक्ति के विविध आयाम

(ग) कौरवी और ब्रज लोकगीतों में लोकचेतना की अभिव्यक्ति के विविध आयाम

चतुर्थ अध्याय

कौरवी और ब्रज लोकगीतों में अभिव्यक्त सामाजिक चेतना 73–123

(क) समाज के रहन-सहन, खान-पान, व्यवहार सम्बन्धी गीत

(ख) कृषि, खेत-खलिहान एवं खेल-कूद सम्बन्धी गीत

(ग) सामाजिक समस्याओं से सम्बन्धित गीत

(घ) ऋतु या मास सम्बन्धी गीत

(ङ) स्त्री-पुरुष सम्बन्धी गीत

(च) आर्थिक समस्याओं से सम्बन्धित गीत

पंचम अध्याय

कौरवी और ब्रज लोकगीतों में अभिव्यक्त सांस्कृतिक चेतना 124–163

(क) त्योहार के गीत

(ख) संस्कार, उत्सव या टेहले के गीत

(ग) धर्म, मान्यता, विश्वास एवं नीति के गीत

(घ) दर्शनपरक गीत

षष्ठ अध्याय

कौरवी और ब्रज लोकगीतों में अभिव्यक्त राजनीतिक चेतना 164–172

(क) राष्ट्रीय आन्दोलन की घटनाओं से सम्बन्धित गीत

(ख) राजनेताओं के जीवन से सम्बन्धित गीत

(ग) देश-प्रेम एवं राष्ट्रीयता की भावना के गीत

(घ) क्रान्तिकारियों के बलिदान के गीत

सप्तम अध्याय

कौरवी व ब्रज लोकगीतों में अभिव्यक्त साहित्यिक चेतना 173–190

(क) लोकगीतों का भावपक्ष

(ख) लोकगीतों का कलापक्ष

उपसंहार 191–199

सन्दर्भ ग्रन्थ-सूची 200–208

प्रथम अध्याय

लोकगीत : स्वरूप-विश्लेषण

(क) लोक से आशय

संस्कृत के 'लोक्' धातु में 'धज्' प्रत्यय जोड़ने पर 'लोक' शब्द प्राप्त होता है, जिसका अर्थ है–दुनिया, संसार, विश्व का एक प्रभाग तथा संसार का सामान्य व्यवहार।[1] वैसे लोक शब्द का लम्बा इतिहास है, पर हमें जंगल में जाना अनिवार्य नहीं। यह वेदों से चल कर आया है और युगों की यात्रा से इसका अर्थ और रूप परिवर्तन हुआ है।[2] नालन्दा विशाल शब्द सागर के अनुसार लोक (संज्ञा पु.) ऐसा स्थान है, जिसका बोध प्राणी को हो अथवा जिसकी उसने कल्पना की हो।[3] इसके अतिरिक्त संसार, जगत्, स्थान-निवास, प्रदेश, दिशा, लोग, समाज, तथा प्राणी आदि अर्थ भी दिये गये हैं।

प्राचीनतम ग्रन्थ ऋग्वेद में लोक शब्द का अर्थ जीव व स्थान दिया गया है–

नाभ्या आसीदन्तरिक्षं शीर्ष्णो द्यौः समवर्तत।
पदभ्याम् भूमिः दिशः श्रोनात्, तथा लोकानकल्पयत्।।[4]

वैसे यह तो स्पष्ट है कि 'लोक' शब्द संस्कृत की 'लोक्' धातु से निष्पन्न होता है, जिसका अर्थ है देखना।[5] यह अंग्रेजी शब्द FOLK और जर्मन शब्द VOLK का पर्याय है और सही पर्याय है। सम्भवतः इन सभी शब्दों के मूल में कोई एक ही अर्थ रहा है, जिसका मतलब रहा हो 'देखना', क्योंकि ये भाषाएँ एक ही कुल की हैं। 'दी ग्रेट फैमिली इनसाइक्लोपीडियक डिक्शनरी' के अनुसार लोक का अर्थ है, लोग, जातीय समूह या जाति।[6] इसी प्रकार 'दी न्यू लैक्सिऑन वैबेस्टर्स डिक्शनरी ऑफ दी इंग्लिश लैंग्वेज'[7] के अनुसार भी लोक सामान्य मनुष्यों का वह महान् समूह है, जो एक राष्ट्र का निर्माण करता है, तथा उस राष्ट्र की सहज व सतत परम्पराओं को प्रस्तुत करता है।

'लोक' मनुष्य समाज का वह वर्ग है, जो आभिजात्य संस्कार, शास्त्रीयता और पांडित्य की चेतना और पांडित्य के अंहकार से शून्य है और जो एक परम्परा के प्रवाह में जीवित रहता है।[8] आचार्य हजारी प्रसाद द्विवेदी ने लोक शब्द को विवेचित करते हुए लिखा है कि–'लोक' शब्द का अर्थ 'जनपद' या 'ग्राम्य' नहीं है, बल्कि नगरों और गाँवों में फैली हुई वह समस्त जनता है, जिनके व्यावहारिक ज्ञान का आधार पोथियाँ नहीं हैं। ये लोग नगर में परिष्कृत रुचि सम्पन्न तथा सुसंस्कृत समझे जाने वाले लोगों की अपेक्षा अधिक सरल और अकृत्रिम जीवन के अभ्यस्त होते हैं और परिष्कृत रुचि वाले लोगों को समूची विलासिता और सुकुमारता को जीवित रखने के लिए जो भी वस्तुएँ आवश्यक होती हैं, उनको उत्पन्न करते हैं।[9]

अतः स्पष्ट है कि हमारा लोक वही है जो हमें देखता है और जिसे हम देखते हैं, जो लोक का मूल अर्थ है। देखना मात्र जिज्ञासा के लिए नहीं, वरन देखना 'अपना' समझकर, 'अपना' मान कर, 'अपनेपन' के भाव के साथ आँखों में 'अपनेपन' के भाव की झलक देखी जा सकती है। यह झझलक मन की भाषा है जिसका अर्थ है 'लोक'।[10]

वास्तव में 'लोक' हमारे जीवन का महासमुद्र है, उसमें भूत, वर्तमान सभी कुछ संचित रहता है। लोक राष्ट्र का अमर स्वरूप है, लोक ज्ञान और सम्पूर्ण अध्ययन में सब शास्त्रों का पर्यवसान है। अर्वाचीन मानव के लिए लोक सर्वोच्च प्रजापति है। लोक, लोक की धात्री सर्वभूतात्मा पृथ्वी और लोक का व्यक्त रूप मानव, यही हमारे नये जीवन का अध्यात्म-शास्त्र है। इसका कल्याण हमारी मुक्ति का द्वार और हमारे निर्माण का नवीन रूप हैं। लोक-पृथ्वी-मानव, इसी त्रिलोकी में जीवन का कल्याणतम रूप है। तात्पर्य यह है कि भारतीय जन-मानस के लिए 'लोक' शब्द की अर्थ-व्युत्पत्ति अथवा पारिभाषिक स्वरूप-विवेचना के लिए किसी देशी-विदेशी शास्त्रीय अथवा व्याकरण सूत्र या सिद्वान्त प्रकथन की आवश्यकता नहीं, वह तो व्यावहारिक लोकजीवन में स्वतः सिद्ध और सूर्यलोक के समान स्पष्ट है।[11] विविध भारतीय भाषाओं का विपुल सुभाषित भण्डार और लोकोक्ति-सम्पदा में लोक-आत्मा ही तो बोलती है। भारत के सुदूरवर्ती अंचलों में गुंजरित लोकगीत, दादी-पोतों, नानी-नातियों से लेकर पुआल-चौपालों और धार्मिक-सांस्कृतिक पर्व-त्योहारों तक में सदियों से ही सुनी जाने वाली लोककथाएँ, बड़े-बड़े महाकाव्यों, चरितकाव्यों और आख्यान गीतियों से अनुस्यूत लोकगाथाएँ, रासलीलाएँ, माँच, ख्याल, स्वांग, नौटंकी, गर्बा, भवई, तमाशा, पवाड़े आदि लोक-नाट्य

सभी इसी विराट लोक-स्वरूप की विविधोन्मुखी अभिव्यंजना-प्रक्रिया की ही तो साकार परिणति है। लोकवार्ता, लोक-व्यवहार, लोकापवाद, लोककीर्ति, लोकहित, लोकपथ, लोकाचार, लोकलाज, लोकरीति, लोकमंगल, लोकप्रथा, लोकमर्यादा, लोकप्रिग, लोकप्रसिद्ध आदि असंख्य शब्द 'लोक' के जिस स्वरूप (सर्वसाधारण जन समुदाय) का सहजबोध करा देते हैं, उसे परिभाषित करने के लिए पानी में मथानी डालकर बिलौने की अकारण और अनावश्यक दिमागी कसरत बेमानी ही प्रतीत होती है।

इसी प्रकार अन्य विद्वानों द्वारा 'लोक' शब्द के सन्दर्भ में की गयी व्याख्या से स्पष्ट होता है कि लोक वह सम्पूर्ण मानव जाति है, जो सहस्त्रदर्शी है, जो तथाकथित शिक्षा से सर्वथा मुक्त है, जो सभ्यता के नाम पर ओढ़े जाने वाले छद्म के चंगुल से बाहर है तथा जो अपनी अस्मिता, पुरातन आदर्शों तथा सत्यम्, शिवम् एवं सुन्दरम् के मूल्यों वाली परम्परा के साथ सहज व अनवरत रूप से विद्यमान है।[12]

(ख) लोकगीत से आशय

मनुष्य एक सामाजिक प्राणी है। समाज के बिना उसका अस्तित्व सम्भव नहीं है। समाज में रहते हुए जब मनुष्य की सामूहिक भावनाएँ आन्दोलित होती हैं, तब उसकी सहज व अकृत्रिम, लयबद्ध, रागात्मक अभिव्यक्ति ही लोकगीत कहलाती है।[13] आडम्बर एवं यान्त्रिकता के लिए इन गीतों में कोई स्थान नहीं होता। वस्तुतः सरल हृदय की सरल अभिव्यक्ति ही 'लोकगीत' की आत्मा है। समास की दृष्टि से लोकगीत के भले ही कई अर्श हों। लोक में प्रचलित कुछ सामयिक-गीत भी होते हैं, जो कुछ समय प्रचलित रहकर समाप्त हो जाते हैं। मीरा और सूर द्वारा रचित गीत भी लोगों द्वारा गाये जाते हैं और काफी प्रचलित हैं, किन्तु उन्हें लोकगीत नहीं कहा जा सकता, क्योंकि ये गीत ऐसे व्यक्तियों द्वारा निर्मित हैं, जिनका सविध शिक्षा के कारण बौद्धिक, शैक्षणिक, सांस्कृतिक एवं साहित्यिक स्तर 'लोक' से ऊँचा है, और जिनकी रचनाएँ साहित्य-शास्त्र के नियम के अन्तर्गत निर्मित हुई हैं। इस सन्दर्भ में लोकगीत का अर्थ ऐसे गीत से है जो सूर, मीरा जैसे किसी भी एक व्यक्ति द्वारा निर्मित न होकर 'लोक' द्वारा निर्मित होते हैं।

सम्पूर्ण लोक की उत्कट सिसृक्षा के परिणाम रूप में प्राप्त इन लोकगीतों का कोई व्यक्ति स्त्रष्टा नहीं होता। यही कारण है कि इनके सम्प्रेषण एवं पल्लवन व विस्तार का क्षेत्र सम्पूर्ण लोक होता है। हमारी आत्मा को प्रकृत-

पुरातन आनन्दलोक में पहुँचाने की सर्वाधिक शक्ति यदि कहीं है तो इन्हीं लोकगीतों में, इसीलिए लोकगीतों का जन-जीवन से शाश्वत सम्बन्ध है। वस्तुतः जन-जीवन, जन-वाणी के पीछे-पीछे चलता है।[14] यही कारण है कि "लोकगीत लोक-मानस की सम्पूर्ण, सहज, बेरोक अभिव्यक्ति है। जो सहज होता है, वह सरल भी होता है, यही कारण है कि अपने सम्पूर्ण रूप में गीत, अन्य तत्त्वों, वाद्य, नृत्त, नृत्य आदि से अलग नहीं होता।"[15] यह भी सत्य है कि लोक-मानस की सहज व सम्पूर्ण अभिव्यक्ति ही उसके सम्प्रेषण को परम बनाती है चूँकि "लोक की आत्मा काट-छाँट को सहन नहीं करती, न कृत्रिमता के भार को वहन करती है। लोक की आत्मा का मुखर और लयात्मक रूप लोकगीतों के स्वरों में, अपने सहज और सम्पूर्ण रूप में, देखा-सुना जा सकता है।"[16] अतः स्पष्ट है कि लोकगीत से आशय लोक की अकृत्रिम व सहज गेय अभिव्यक्ति से है। लोकगीत मनुष्य की व्यक्ति से समष्टि तक की विराट् यात्रा का वह गेय पाथेय है, जिसके सहारे वह जीवन-पथ पर अपना करणीय सरस और सहज होकर पूर्ण करता है। लोकगीत मनुष्यों की अन्तःचेतना का वह परस्पर संगुम्फित महानाद है, जिसके प्रबल आवेग में जाति-धर्म, देश-काल, भाव-भाषा आदि समस्त भेद तृणवत नर्तन करने लगते हैं। लोकगीत समाज की वह कल्याणी वाणी है जिसमें उसका परम निर्बन्ध बहता है। लोकगीत समाज के सहस्त्र-मुख रूपी गंगोत्री से निःसृत सुरसरिता का वह कल-कल प्रवाह है, जो स्वरों-व्यंजनों, शब्दों, वाक्यों, सर्ग-प्रबन्धों, यतियों-गतियों, गुण-शक्ति, रस-अलंकार व छन्द-बन्ध के सेतुओं के पार आत्मा के महासागर का समवेत बन जाने की क्षमता रखता है।

(ग) लोकगीत की विविध परिभाषाएँ

लोकगीत के सम्बन्ध में विभिन्न भारतीय एवं पाश्चात्य विचारकों ने अपने मत प्रस्तुत किये हैं, जिनमें से कतिपय विद्वानों को उद्धृत किया जा सकता है–

(1) **भारतीय :** विभिन्न भारतीय विद्वानों ने लोकगीत की विभिन्न परिभाषाएँ प्रस्तुत की हैं, जिनमें से मुख्य निम्न प्रकार हैं–

(1) "लोकगीत किसी संस्कृति के मुँह-बोलते चित्र हैं।"[17]

(2) "लोकगीत अत्यन्त महत्त्वपूर्ण लोकाभिव्यक्ति है।"[18]

(3) "लोकगीत लोक-मुख की वाणी है।"[19]

(4) "अशिक्षित ग्रामीण समुदाय अथवा अशिक्षित नगरवासी समुदाय के द्वारा मौखिक परम्परा के रूप में प्राप्त जो गीत गाये जाते हैं, वे 'लोकगीत' कहलाते हैं।"[20]

(5) "लोकगीत वह गेय गीत है, जिससे जन-मन का अनुरंजन सदा होता रहता है।"[21]

(6) "लोकगीत, लोकरंजन द्वारा विशेष परिस्थितियों, स्थल, कर्म तथा संस्कार के समय हुई अनुभूतियों की लयपूर्ण सामूहिक अभिव्यक्ति है।"[22]

(7) "लोकगीत में लोक-हृदय का राग रहता है।"[23]

(8) "लोक में प्रचलित, लोक द्वारा रचित एवं लोक के लिए लिखे गये गीतों को लोकगीत कहा जा सकता है।"[24]

(9) "लोकगीत लोक-मानस की सम्पूर्ण, सहज, बेरोक अभिव्यक्ति हैं।"[25]

(10) "ग्रामगीत सम्भवतः वह जातीय आशुकवित्व है, जो कर्म या क्रीड़ा के ताल पर रचा गया है।"[26]

(11) "किसी भी जाति, क्षेत्र अथवा समाज के लोकगीत उस वर्ग के अन्तर्हित व्यक्तिपरक और सामाजिक संस्कारों और परम्पराओं के अदूषित बिम्ब हैं।"[27]

(12) "लोकगीत लोकमानस की वह सहज भावावेगमयी अनायास अभिव्यक्ति है, जिसमें उसके हर्ष-विषाद, उत्थान-पतन, रीति-रिवाज, रहस्य-रोमांच, परम्पराओं, अन्धविश्वासों, संस्कारों आदि की झाँकी मिलती है।"[28]

(13) "लोकजीवन हमारे देश एवं समाज के प्राचीन गौरव तथा आदर्श की अभिव्यंजना जिस माध्यम से करता है, उसे लोकगीत कहा जा सकता है।"[29]

(14) "लोकगीतों को समाज का स्वच्छ दर्पण माना जा सकता है।"[30]

(15) "लोकगीत मानव-हृदय की प्रकृत भावनाओं की तन्मयता की तीव्रतम अवस्था की गति है, जो स्वर और ताल को प्रधानता न देकर लय या धुन-प्रधान होते हैं।"[31]

(16) "लोकगीतों में मानव-मन में अवस्थित भावों की नैसर्गिक अभिव्यक्ति है।"[32]

इस प्रकार भारतीय विद्वानों के उपरिलिखित विवेचन के आधार पर लोकगीत की एक निष्कर्ष रूप परिभाषा यह दी जा सकती है कि लोकगीत लोकचेतना के प्रस्फुरण से लोकमानस में जन्मी सहज, सस्वर, संस्कारित व स्वच्छ गेय अभिव्यक्ति है।

(2) **पाश्चात्य :** विभिन्न पाश्चात्य विद्वानों एवं ग्रन्थों ने भी लोकगीत को परिभाषित किया है, जिनमें से कुछ मुख्य ग्रन्थों एवं लेखकों द्वारा प्रस्तुत लोकगीत की परिभाषाएँ इस प्रकार हैं–

(i) "A popular song handed down orally, of unknown origin and often existing in more than one version."[33]

(ii) "Song belonging to the folk music of a people, or one composed in deliberate initation of such a song." [34]

(iii) "Song kind of singing is almost universal and it is probable that where there are no reports of information is simply missing. folk song implies the use of music; and the musical tradition varies greatly from one area to another." [35]

(iv) "This primitive spantanlous music has been called tolk song."[36]

(v) "A folk- song is niether new nor old, it is like a forest tree with its roots deeply burried in the past, but which continually puts forth new branches, new leaves, new fruits."[37]

इन सभी परिभाषाओं एवं मतों का अनुशीलन करने पर लोकगीत की यह परिभाषा सामने आती है कि लोकगीत लोक-मानस व लोक-हृदय से निःसृत सहज, गेय व भावप्रधान गीतात्मक अभिव्यक्ति है।

(घ) लोकगीतों की विशेषताएँ

लोकगीत आदिमानव के कंठ से फूटा वह स्वर है; जिसका अनुकरण उसके परिवार, समाज व लोक ने किया। इस लोकस्वर की सम्प्रेषणीयता इतनी अचूक थी कि यह समय और भूगोल के निर्मम प्रतिबन्धों को सहजता से पार कर गया। ''देश और काल की मर्यादा में न बँध मानव-हृदय की भावनाओं का स्पन्दन एक जैसा ही होता है और यही कारण है कि संसार भर के लोकगीतों में सर्वत्र एक ही अन्तर्धारा प्रवाहित होती है। लोकजीवन की अनन्तता में भावोर्मियों के मृदु-कम्पन का इतिहास इस दृष्टि से बड़ा व्यापक है।

सृष्टि के विकास से लेकर आज तक मनुष्य ने जो कुछ भी सोचा, अनुभव किया और जीवन के संघर्ष में अपने अस्तित्व को सुरक्षित रखा, उसका प्रत्यक्ष रूप एक विचित्रता से परिपूर्ण है, जहाँ मनुष्य के हृदय की स्पन्दनशील चेतना का, नवीन गति एवं नयी स्फूर्ति के संचरण का प्रादुर्भाव होता है। लोकगीतों में मानवहृदय के भाव लोकजीवन के सामान्य धरातल पर उतरकर आशा, निराशा, आकर्षण-विकर्षण, हर्ष, विमर्ष एवं प्रणय व कलह आदि के रूप में व्यक्त हुए हैं। लोकगीतों की इस अभिव्यक्ति में हमें मानव जीवन की उस प्रारम्भिक स्थिति के दर्शन होते हैं, जहाँ साधारण मनुष्य अपनी लालसा, उमंग, उल्लास, प्रेम एवं घृणा आदि भावों को प्रकट करने में समाज द्वारा मान्य शिष्टाचार के कृत्रिम बन्धनों को स्वीकार नहीं करता। स्वच्छन्द भावना और उसकी स्वच्छन्द अभिव्यक्ति में लोकगीतों की जिन सामान्य एवं सार्वभौम प्रवृत्तियों का परिचय मिलता है, उनके द्वारा लोकगीतों के प्रकृत स्वरूप का निर्धारण किया जा सकता है।''[38] लोकगीतों में मनुष्य के जीवन की ही भाँति अनेक विशेषताएँ हैं। कभी वे मुस्कानों को आधार देते हैं, तो कभी एकान्त में ढुलकाये गये अल्हड़ आँसू को भाषा देते हैं। लोकगीतों की अनेक विशेषताओं का विद्वानों ने उल्लेख किया है। किन्तु कुछ विशेषताएँ प्रायः सभी लोकगीतों में दृष्टिगोचर होती हैं। लोकगीतों की ऐसी ही कुछ प्रमुख विशेषताएँ निम्न हैं–

(1) वैयक्तिकता का अभाव
(2) मौखिक परम्परा
(3) भावों की लयात्मक प्रस्तुति
(4) पुनरावृत्तियाँ
(5) निरर्थक शब्दों का प्रयोग
(6) प्रश्नोत्तर प्रणाली
(7) सहजता एवं स्वाभाविकता
(8) अन्य

(1) वैयक्तिकता का अभाव

काव्य, कवि के परिवेश व उसके व्यक्तित्व की अभिव्यक्ति होता है। शैली ही व्यक्तित्व है, जैसी सूक्तियाँ इसी आशय को प्रकट करती हैं। किसी छन्द को सुनकर प्रायः यह अनुमान लगा लिया जाता है कि यह पद अमुक कवि का होना चाहिए, किन्तु यह सुविधा लोकगीतों में नहीं होती; क्योंकि अधिकांश लोकगीत किसी व्यक्ति-विशेष द्वारा निर्मित न होकर समाज की

सामूहिक कृति होते हैं। अत: उसमें रचनाकार के व्यक्तित्व की झाँकी मिलनी सम्भव नहीं होती। प्राय: लोकगीतों की सर्जना एक व्यक्ति न करके सम्पूर्ण लोक करता है इसीलिए लोकगीतों में रचनाकार के नाम या व्यक्तित्व का सर्वथा अभाव रहता है। "लोकगीत जैसे एक 'दैवी वाक्य' हैं, जिसका न कोई निर्माता है न स्वर-संधाता। वह जैसे मानव समुदाय में सहज ही कण्ठ से कण्ठ पर उतरती हुई अपनी परम्परा स्थापित करता रहा है। वह सामाजिक समुदायी जीवन से सम्बद्ध रहता है, यह भूमिपुत्र है, और निर्वैयक्तिक है, वह अपनी विकास परम्परा में देशकाल से प्रभावित हो, उसके तत्त्वों को ग्रहण करता हुआ, फिर प्रवृत्ति : उन देश-कालों के प्रभावों का संक्रमण करता हुआ, उनकी उपेक्षा करता हुआ, अपनी मूलमानवीय मानसता के सत्व में उन्हें समाहित कर अपनी परम्परा और निरन्तरता बनाता है।"[39] यही कारण है कि उसमें कालक्षर व्यक्ति व उसकी वैयक्तिकता का अभाव होता है।

(2) मौखिक परम्परा

लोकगीत लोकवाणी की अभिव्यक्ति है। लोकवाणी को शब्दबद्ध व लयबद्ध करने का कार्य ज्ञात व अज्ञात दोनों परम्पराओं से होता है। लोकगीत उस भारतीय समाज के हृदय की अभिव्यक्ति है, जो काव्य-शास्त्रों के नियमों या पिंगल के बन्धनों से अवगत भले ही न हो किन्तु भोले-भाले ग्रामीण समाज की हृदयानुभूति का गहन पारखी है। इनका सर्जक हल चलाने वाला किसान या पशु चराने वाला ग्वाला भी हो सकता है और धान कूटने वाली या चरखा कातने वाले बूढ़ी माँ भी हो सकती है। यह लिपिबद्ध हो यह भी आवश्यक नहीं, यह श्रुति-परम्परा से विकसित व परिवर्धित होता रहता है। लोकगीत लोक में अपनी मौखिक परम्परा के कारण जीवित है। एक मुख से सहस्त्र-मुख की इस यात्रा में समय, स्थान व परिस्थितियों के कारण थोड़ा-बहुत परिवर्तन तो हो जाता है किन्तु उनकी मौलिकता पर कोई प्रभाव नहीं पड़ता। लोकगीतों की इस मौखिक परम्परा के पीछे लोक के स्थायी संवाद-सूत्र अपनी विशिष्ट भूमिका निभाते हैं। "लोकगीत की लोकगति, जीवन्तता और मादकता लिखे जाने से समाप्त हो जाती है। व्याकरण उसे बाँध देती है, शुद्ध-अशुद्ध भाषा का भेद लोकगीत के हृदय को बेध देता है।"[40] यही कारण है कि लोकगीत अपनी मौखिक परम्परा में ही जीवित है और "लोकगीतों का लिखित रूप उपलब्ध नहीं होता। वे एक जिह्वा से दूसरी जिह्वा पर स्वत: थिरकते चले जाते हैं। यह परम्परा कभी-कभी शताब्दियों तक चलती है।"[41]

वस्तुतः भारतीय ज्ञान की परम्परा मौखिक ही रही है। आज 21वीं शताब्दी के द्वार पर खड़े होकर भी जब हमारे अशिक्षित समुदाय का प्रतिशत शिक्षितों की अपेक्षा अधिक है, तब प्राचीनकाल में तो यह और अधिक ही रहा होगा। फिर भी ज्ञान-विज्ञान के विविध क्षेत्रों में हम अग्रणी रहे हैं। उसका कारण था कि अक्षर-ज्ञान न होने पर भी हम श्रुति-परम्परा से सब कुछ सीखते रहे हैं। यहाँ तो अक्षर-ज्ञान रहित कबीर व जन्मान्ध सूरदास अनुपम काव्य-सर्जन करते रहे हैं। गुरु-मुख से सुनकर और उसे कंठस्थ करके ही संसार का प्राचीनतम ज्ञान वेद अनेक विदेशी व विधर्मी आक्रान्ताओं के प्रहार झेलता हुआ, आज तक उपलब्ध रहा है। गोस्वामी तुलसीदास इस परम्परा का उल्लेख इस प्रकार करते हैं-

दादुर धुनि चहुँ दिसा सुहाई। वेद पढ़हिं जस बटु समुदाई।।[42]

अतः लोकगीत, सहस्रों वर्षों की यात्रा करते हुए श्रुति-परम्परा से काल व परिवेशानुसार यत्किंचित परिवर्तित होते हुए आज तक जीवित हैं।

(3) भावों की लयात्मक प्रस्तुति

लोकगीत मानव के अन्तर में विद्यमान सुख-दुःख, राग-द्वेष, हर्ष-विषाद व पाप-पुण्य जैसी ध्रुवीय भावधारा को अत्यन्त लयात्मक रूप में प्रस्तुत करते हैं। लोकगीतों में वर एवं लय की प्रधानता इस सीमा तक है कि उसके कारण छन्द तक का स्वरूप बनता बिगड़ता रहता है। "आदि काल से ही रोना और गाना मनुष्य का जन्मसिद्ध अधिकार रहा है और प्रत्येक मनुष्य किसी-न-किसी रूप में रोता और गाता ही है। इसी रोने और गाने को उसने सर्वप्रथम दुःख और सुख के क्षणों में गुनगुना कर व्यक्त किया है। भावोद्रेक के उन्हीं तीव्र क्षणों में उसकी गुनगुनाहट विविध रूप धारण करती और उसके साथ ही शब्दों की सृष्टि भी होती रही। अतः वह भी निश्चित ही है कि मनुष्य के हृदय में पहले स्वरों की उत्पत्ति हुई और बाद में शब्दों की।"[43] स्वरों की प्रधानता में सहज संयोजित भावों का लयात्मक स्वरूप ही लोकगीत है। भावों की लयात्मकता के लिए व्याकरणिक नियमों की अवहेलना स्वाभाविक है। इन लोककवियों को छन्द के लक्षण भले ही ज्ञात न हों, किन्तु छन्द की आत्मा 'लय' का पूर्ण ज्ञान है। एक उदाहरण द्रष्टव्य है-

हुए सुदामा त्यार द्वारका जाने को।
लीन्हे चावल चार कृष्ण के खाने को।।

यहाँ चारों चरणों में ग्यारह-ग्यारह मात्राएँ हैं। यदि 'त्यार' का खड़ी बोली का रूप 'तैयार' ही प्रयुक्त किया जाता, तो दो मात्राएँ बढ़ जाने से लय भंग हो जाता।

इसी प्रकार कौरवी का एक अन्य उदाहरण प्रस्तुत है–

डोला तेरा त्यार है, दरवज्जे के बार है
जल्दी करके चालिए, क्यूँ ला राखी बार है

प्रस्तुत छन्द में मात्रा का ही ध्यान नहीं रखा गया है अपितु कवि को शब्द के अर्थ का भी विशिष्ट ज्ञान है। 'बार' शब्द में यमक अलंकार की छटा इस शब्द ज्ञान से ही आ सकी है।

(4) पुनरावृत्तियाँ

लोकगीतों के अन्तःसम्बन्ध की धारा अत्यन्त महत्त्वपूर्ण है। यही कारण है लोकगीतों में पुनरावृत्तियाँ अधिक पायी जाती हैं। ''लोकगीत में कुछ पंक्तियों को शब्दों के फेर-फार से बार-बार दुहराया जाता है। इन पुनरावृत्तियों में भाव-सौन्दर्य का चाहे अभाव रहे, किन्तु किसी गीत को मौखिक-परम्परा में जीवित रखने के लिए ये पुनरावृत्तियाँ बड़ी सहायक होती हैं। इस प्रकार के गीतों को बड़ी सरलता के साथ स्मृति में रखकर कण्ठस्थ किया जा सकता है।''[44] अतः लोकगीतों की पुनरावृत्तियाँ एक प्रमुख विशेषता है। कौरवी क्षेत्र में 'दोहद' (गर्भिणी की इच्छा) के रूप में गाये जाने वाला गीत उदाहरण के लिए प्रस्तुत है–

राजा ला दो बेर पंजाब के।
गोरी नींबू भी खाओ, नौरंगी भी खाओ
नहीं मिलते बेर पंजाब के।
सौरा ला दो बेर पंजाब के।
बहु नींबू भी खाओ, नौरंगी भी खाओ
नहीं मिलते बेर पंजाब के
सासू ला दो बेर पंजाब के
बहु नींबू भी खाओ, नौरंगी भी खाओ
नहीं मिलते बेर पंजाब के

इसी प्रकार जेठ, देवर, ननदोई आदि का नाम लेकर पुनरावृत्तियों के माध्यम से इस गीत का विस्तार किया जाता है।

(5) निरर्थक शब्दों का प्रयोग

लोकगीतों में बहुधा निरर्थक शब्दों का प्रयोग होता है। ''निरर्थक शब्दों के प्रयोग का कारण स्पष्ट है। लोकगीतों के रचयिताओं के पास शब्द का ज्ञान-भण्डार बहुत ही सीमित रहता है। शब्द थोड़े से होते हैं और भाव बहुत अधिक होते हैं, अतः शब्द-चातुर्य की कमी को पूरा करने के लिए स्वरों की सहायता के साथ ही निरर्थक शब्दों का आश्रय लिया जाता है।''[45] इसके साथ ही छन्द की पूर्णता के लिए भी ऐसे शब्दों को प्रयोग करना पड़ जाता है।

(6) प्रश्नोत्तर प्रणाली

संवाद, सम्प्रेषण की प्राथमिक आवश्यकता है। अनेक विद्वानों यथा यूनानी दार्शनिक सुकरात ने प्रश्न की सीढ़ी से ही ज्ञान के शिखर पर आरोहण किया है। इसी कारण से लोकगीतों में प्रश्नोत्तर प्रणाली अत्यन्त लोकप्रिय रही है। कौरवी क्षेत्र में प्रचलित 'दुचश्मी' इसी प्रणाली का सुन्दर लोकगीत है। ''लोकगीतों में प्रश्नोत्तर प्रणाली अपनाने की प्रवृत्ति भी अधिक व्यापक है। संवाद-शैली में भाव बड़ी सरलता के साथ व्यक्त हो जाते हैं, इसलिए उक्त शैली का प्रयोग भी लोकगीतों की एक रूढ़ि-सा बन गया है। प्रश्न में उत्पन्न जिज्ञासा बड़ी सरल होती है और उसका समाधान-कारक उत्तर भी सीधा-सादा एवं आडम्बर-विहीन होता है।''[46] यही कारण है कि लोकगीतों में प्रश्नोत्तर प्रणाली अत्यधिक प्रचलित है।

उदाहरण के लिए ब्रज-क्षेत्र में पुत्र-जन्म के मांगलिक अवसरों पर गाये जाने वाला एक लोकगीत प्रस्तुत है। इस लोकगीत में मातृत्व के अभाव में स्त्री-जीवन की निरर्थकता को रेखांकित किया गया है। प्रश्नोत्तर के माध्यम से निगमित सन्तान-सुख की अनिर्वचनीयता को इस लोकगीत ने सुन्दर अभिव्यक्ति प्रदान की है।

ए मोय सब सुख दियौ भगवान, एक दुख भारी कोख कौ।
ए पिया, उठि बिंदाबन जाउ, माँ बूटी बिकत्यै लाल की।।
एक गोरी, खोजत-खोजत है गयी साँझ, पर बूटी न पाई लाल की।
ए पिया, उठि चों न बिंदाबन जाउ, माँ लहर जो आबै लाल की।
एक गोरी, देखत-देखत है गयी साँझ, पर लहर न आयी लाल की।
ए मोय सब सुख दियौ भगवान, एक दुख भारी कोख कौ।

इसी प्रकार कौरवी के क्षेत्र में प्रचलित 'पल्हाये' नामक लोकगीतों में इस प्रश्नोत्तर-शैली का प्रयोग करते हुए सनातन प्रश्नों को हल किया गया है।

'पल्हाये' रात्रि के समय प्रश्नोत्तर के रूप में गाये जाते हैं। एक उदाहरण दृष्टव्य है–

प्रश्न : *ए जी कौन जगत में एक है*
बीरा कौन जगत में दोय
कौन जगत में जागता
ए जी कौन रह्या पड़ सोय।

उत्तर : *ए जी राम जगत में एक है*
बीरा चन्दा सूरज दोय
पाप जगत में जागता
ऐ जी कोई धरम रहा पड़ सोय।

(7) सहजता एवं स्वाभाविकता

लोकगीतों की सहजता व स्वाभाविकता उनका प्राण-तत्त्व है। इसी सहजता की सामर्थ्य के कारण ही वे हृदय से हृदय तक की दुष्कर दूरी को सरसता से पूरी करते हैं। वे महर्षि कण्व के आश्रम में दुष्यन्त की चकित दृष्टि को सम्मोहित कर देने वाले शकुन्तला के उस निराभरण सौन्दर्य के समान है, जिसे देखने मात्र से नेत्रों को निर्वाण प्राप्त हो जाता है। लोकगीतों की स्वाभाविकता व सहजता में प्रातःकालीन ओस की बूँदों जैसी वह पवित्रता है, जो गायक के कण्ठ को मोक्ष देती है।

लोकगीतों को उनमें प्राप्त सहजता, रसमयता, मधुरता आदि गुणों के लिए जाना जाता है। इस प्रकार के गीतों में कोई साज-सँवार नहीं होती। ''लोक कवि के कण्ठ से सहज रूप में स्फुरित होने के कारण छन्द, अलंकार, वक्रोक्ति, चमत्कार आदि के लिए लोकगीतों में कोई स्थान नहीं होता।''[47]

लोकगीतों की यह सहजता एवं स्वाभाविकता ही उनकी महत्त्वपूर्ण विशेषता है। ''लोकगीतों के माध्यम से जितनी निष्कपट, सहज और स्वाभाविक अभिव्यक्ति मानवीय मनोभावों की हुई है, उतनी अन्यत्र सुलभ नहीं क्योंकि इस विधा में भावाभिव्यक्ति के लिए न्यूनतम कृत्रिम अथवा बाह्य उपकरणों की आवश्यकता रहती है।''[48] यह अभिव्यक्ति सरल, सहज और इसलिए कलात्मक एवं शास्त्रीय विधानों से मुक्त होकर तीक्ष्ण होती है।[49] यह सहजता एवं स्वाभाविकता ही लोकगीतों को अधिकतम सम्प्रेषणीयता प्रदान करती है। इन ''गीतों में विज्ञान की तराश नहीं, मानव संस्कृति का सारल्य और व्यापक भावों का उभार है। भावों की लड़ियाँ लम्बे-लम्बे खेतों सी स्वच्छ,

पेड़ों की नंगी डालों सी अनगढ़ और मिट्टी की भाँति सत्य हैं।''[50] उदाहरण के लिए भारत दर्शन की इस रागनी में वर्णन आलंकारिकता की उत्प्रेरणा से नहीं अपितु सीधे, सहज, स्वाभाविक हृदय से निकला है।

पिया फौजी रे मैंने हिन्दुस्तान दिखा दे,
सबसे पहले अवध दिखा दे जहाँ ध्रुव और राम हुए,
फिर देखूँगी जनकपुरी जहाँ जनक भूप सुखधाम हुए,
फिर देखूँगी मामा भान्जे कंस और घनश्याम हुए,
हरिश्चन्द्र प्रताप से राजा निरवंशी बिन धाम हुए
जहाँ कृष्ण ने जन्म लिया वहाँ का धाम दिखा दे
पिया फौजी रे मैंने हिन्दुस्तान दिखा दे।

(8) अन्य

लोकगीतों की कुछ अन्य विशेषताएँ भी हैं, यथा संख्या प्रयोग, टेक, क्षेत्रीयता, समसामयिकता व संगीतात्मकता आदि। ''लोकगीतों में संख्याओं का कुछ रूढ़ प्रयोग मिलता है। जहाँ संख्याओं का प्रयोग किया जाता है, वहाँ वास्तविकता में अंकों की कोई अर्थ-सत्ता नहीं रहती और गणित दृष्टि से उन संख्याओं का यथा-तथ्य महत्त्व भी नहीं होता।''[51] इसी प्रकार टेक भी लोकगीतों की एक मुख्य विशेषता है। ''भारतीय स्त्रियों में गीतों का निर्माण करने की प्रवृत्ति अधिक सजग रहती है। गीत की एक पंक्ति, टेक को लेकर अपने मन से अनेक वस्तुओं का उसमें समावेश कर गीत के कलेवर को बढ़ाती चलती है।''[52] इसी प्रकार क्षेत्रीयता भी लोकगीतों की एक विशेषता है। अपने समय की चेतना से भी लोकगीत सतत सम्बद्ध रहते हैं। इसी प्रकार लोकगीतों में एक विशेष लोकसंगीत का संसर्ग भी उन्हें विशिष्टता प्रदान करता है। यहाँ तक कि लोकगीतों के प्रतीक आदि भी क्षेत्रीय सुगन्ध से सुवासित रहते हैं। मेरठ के सुप्रसिद्ध मेले 'नौचन्दी' का एक कौरवी लोकगीत में यह प्रयोग क्षेत्रीय बोध को रेखांकित करता है।

पाप का पहिया रड़क रहा और धरम पै पाबन्दी होगी।
चोर-जार-ठग बदमाशों की यारो नौचन्दी होगी।

''लोकगीत की स्वर साधना अपने प्रकृत संजीवित स्वरों से सिद्ध होती है। संगीत की स्वर-साधना शास्त्रीय मानसिकता से जैसे आक्रान्त रहती है, वैसे लोकगीत की नहीं। लोकगीत में संगीत स्वर को कृत्रिम आरोह-अवरोह, सरगम और स्वर-ग्राम तथा लय-ताल में नहीं बाँधा जाता, लोकगीत का ताल और लय आरोह-अवरोह, संवृत्ति-विवृत्ति समस्त बन्धन स्वाभाविक मानवावेगों

के अनुकूल ढलता है।"[53] उसकी यह विशिष्ट संगीतात्मकता उसे सम्प्रेषणीय बनाती है व समय और काल से परे उसकी यात्रा को सार्थकता प्रदान करती है। यही कारण है कि हिन्दी के फ़िल्मी गीतों के लोकप्रिय हो जाने पर, समय की गति के साथ लोकगीतों ने भी उनकी धुनों का अनुकरण किया। लोकगीतों की स्वयं की संगीतात्मकता की सम्प्रेषणीयता को स्मरण में रखकर ही इनकी धुनों पर आधारित गीत, हिन्दी फ़िल्मों में अत्यधिक लोकप्रिय हुए। भावनाओं के वैभव-मय क्षेत्र में प्रभुता, सम्पन्नता और विपुलता आदि को प्रदर्शित करने के लिए अतिशयोक्तियों का प्रयोग भी लोकगीतों की एक रूढ़िगत विशेषता है। इस प्रकार कुछ अन्य विशेषताएँ भी लोकगीतों में पायी जाती हैं। किन्तु वे सर्वव्याप्त एवं सदैव नहीं होती हैं। अतः वे विशेष उल्लेखनीय नहीं हैं।

(ङ) लोकगीतों का विभिन्न आधारों पर वर्गीकरण

लोकगीत का क्षेत्र इतना विशाल एवं बहुआयामी है कि वर्गीकरण करना सम्भव नहीं। विभिन्न विद्वानों ने लोकगीतों के वर्गीकरण करते समय इस जटिलता को अनुभव किया है और वर्गीकरण के विभिन्न आधार बताये हैं। लोकगीतों का वर्गीकरण अत्यन्त दुरूह एवं जटिल है। लोकगीत जीवन से सीधे जुड़े हैं। अतः उनका वर्गीकरण करना जीवन की समग्रता का वर्गीकरण करने जैसा है। लोकगीतों में वर्णित विषयों का क्षेत्र इतना अधिक विस्तृत है कि उनका वर्गीकरण कठिन हो ही जाता है। लोकगीतों का वर्गीकरण प्रारम्भ से ही विद्वानों के सम्मुख एक कठिन चुनौती रहा है। तब भी "लोकगीतों का संकलन या अनुसन्धानपूर्ण अध्ययन करने वाले सभी विद्वानों ने लोकगीतों का वर्गीकरण किया है। लोकगीतों के वर्गीकरण को हम एक समस्या के रूप में इसलिए लेते हैं कि इनका वर्गीकरण किस आधार पर किया जाये? कुछ विद्वानों ने अपने से पहले के विद्वानों द्वारा किये गये वर्गीकरण की आलोचनाएँ की हैं। किसी वर्गीकरण में वैज्ञानिकता का अभाव देखा गया है तो किसी वर्गीकरण में ऐसी त्रुटियों का अंकन किया गया है। जिनमें एक प्रकार के वर्ग का किसी अन्य वर्ग में ही अन्तर्भाव हो जाता है। ऐसे अवसरों पर अधिक वर्ग निर्धारित करके संख्या बढ़ा देने की आलोचना की जाती है। हिन्दी जगत में लोकगीतों का वर्गीकरण अनेक विद्वानों ने किया है, किन्तु सर्वसम्मत या वैज्ञानिक अथवा निर्दोष वर्गीकरण कोई नहीं कहा जा सकता।"[54] लोकगीतों का वर्गीकरण करने वाले विद्वानों में पण्डित रामनरेश त्रिपाठी, डॉ. सत्येन्द्र, डॉ. कृष्णदेव उपाध्याय, पं. सूर्यकरण पारीक व डॉ. श्याम परमार प्रमुख हैं। यहाँ हम इन

विद्वानों के वर्गीकरण के गुण-दोषों को परीक्षित करने की अपेक्षा एक ऐसा सहज वर्गीकरण कर सकते हैं, जिसके अन्तर्गत आगे के अध्यायों में विवेचित कौरवी एवं ब्रज के प्रायः समस्त लोकगीत समाविष्ट हो सकें। शोधार्थी अपने वर्गीकरण को न तो अन्तिम मान रहा है और न इसकी वैज्ञानिकता ही प्रमाणित कर रहा है, किन्तु शोधार्थी का यह प्रयास अवश्य है कि इसमें प्रायः सभी प्रकार के लोकगीत समाहित हो जायें।

(1) विषय के आधार पर

(2) जाति के आधार पर

(3) लिंग के आधार पर

(4) प्रसंग के आधार पर

(5) काव्य-शैली के आधार पर

इन विभिन्न आधारों के व्यापक फलक पर लोकगीतों को वर्गीकृत करने से सभी लोकगीतों को कोई न कोई श्रेणी अवश्य उपलब्ध हो सकेगी। इन आधारों के वर्गीकरण में निम्न लोकगीत सम्मिलित हो सकेंगे-

(1) विषय के आधार पर

लोकगीतों में अनेक विषय विवेचित हुए हैं, उन विषयों के आधार पर भी लोकगीतों का वर्गीकरण किया जा सकता है। यथा श्रम-गीत के अन्तर्गत आने वाले पानी भरने के गीत, चरखे के गीत, चक्की के गीत, रसोई के गीत, घास छीलने के गीत आदि। इसी प्रकार पुरुष वर्ग में प्रचलित खेत काटने के गीत, हल चलाने के गीत, कोल्हू के गीत, रहट के गीत, मल्होर आदि। इसी प्रकार त्योहारों के अवसर पर गाये जाने वाले लोकगीत भी इसी श्रेणी में रखे जा सकते हैं। ऐसे लोकगीत जिनमें 'तीजों', 'होली', 'टेसू', 'झाँझी', 'हिंडोला', सामन, अथवा 'वर्षा' आदि वर्ण्य विषय हों वे भी इसी श्रेणी में सम्मिलित किये जा सकते हैं। जन्म से मृत्यु तक मनुष्य जिन संस्कारों में आबद्ध रहता है वे सब भी लोकगीतों के वर्ण्य विषय रहे हैं। ऐसे विषयाधारित लोकगीत भी इसी श्रेणी में रखने योग्य हैं। जन्म से पूर्व शास्त्रोल्लिखित सीमन्तोन्नयन संस्कार के लोकगीत जो 'साध पूजने के गीत' कहलाते हैं से लेकर मृत्यु के पश्चात् कराई जाने वाली 'पिन्नी'[55] तक के गीत तक की यात्रा लोकगीतों में वर्णित हुई है। इस प्रकार ये समस्त संस्कार गीत यथा जन्म से सम्बद्ध 'साधा', 'बाकली', 'पालना', 'लोरी', 'कठला', 'झुंझुना', 'न्हान', 'काजल', 'विदाई', आदि के गीत, नामकरण के अवसर पर गाये जाने वाले

'पासनी'[56] के गीत, 'जगमोहन', 'तिलवा', 'मेहँदी', 'कनछेदन', व 'जनेऊ' के गीत, विवाह के अवसर पर 'रोकना', 'सगाई', 'गोद', 'ज्योनार', 'सेहरा', 'टीका', 'घोड़ी', 'लाडो', 'बन्ने', 'बान-तेल'[57], 'चाक', 'मण्ढा-छेई'[58], 'भात', 'फेरे', 'रतजगे', 'साँझ, 'लड़ी', 'बायना, 'खोडिया', 'थापे', 'रंगनी', 'गाली', 'बधाई', व 'छन' के लोकगीत भी इसी श्रेणी में रखे जा सकते हैं। धार्मिक विषयों से जुड़े लोकगीत भी इसी श्रेणी में आते हैं। धार्मिक विषयों पर आधारित गीतों में 'देवी की भेंटें', राम व कृष्ण की महिमा के गीत, जीवन से सम्बन्धित गीत 'ज्वाला जी की जुज्झ' व 'भगत' आदि सम्मिलित हैं।

(2) जाति के आधार पर

भारत में अनेक जातियाँ निवास करती हैं जो परम्परा से चले आते हुए अपने पेशे में संलग्न हैं। "इन जातियों में अहीर, मुसहर, धोबी, गोण्ड, तेली और दुसाध आदि प्रसिद्ध हैं। इनके अतिरिक्त बिहार राज्य की छोटा नागपुर कमिश्नरी में ओराँव, सन्थाल, मुण्डा, भुइयाँ, विरहोर और हो आदि नामक आदिम जातियाँ चिरकाल से रहती हैं, जिनका रहन-सहन, संस्कार, प्रथाएँ और गीत-नृत्य आदि नितान्त पृथक् हैं। इन जातियों के गीत बड़े ही मधुर तथा मनोरम होते हैं, जिनसे इनकी संस्कृति के ऊपर प्रचुर प्रकाश पड़ता है।"[59] समाज की समग्रता के साथ ही प्रत्येक जाति के अपने कुछ पृथक् रीतिरिवाज होते हैं। इन रीतिरिवाजों के अवसर पर कुछ ऐसे लोकगीतों का गायन होता है जो प्रायः उस जाति विशेष से ही सम्बन्धित मान लिए जाते हैं। "कुछ ऐसे भी गीत हैं जिन्हें कुछ विशिष्ट जातियाँ ही गाती हैं। उदाहरण के लिए विरहा को लिया जा सकता है। यह गीत अहीर जाति के लोगों का राष्ट्रीय या जातीय गीत है। अहीर लोग जिस भावभंगी और सुन्दरता के साथ इसे गाते हैं, उस प्रकार से दूसरा नहीं गा सकता है।"[60] ये जातीय गीत इस श्रेणी में रखे जा सकते हैं। जाति के आधार पर वर्गीकृत लोकगीतों में उस जाति विशेष की समग्र लोकचेतना के दर्शन होते हैं। शोधार्थी के शोध-विषय के अन्तर्गत उल्लेख्य कौरवी-क्षेत्र में सामान्यतः उच्च वर्ग के लोगों (द्विजों) में प्रायः एक से ही लोकगीत प्रचलित हैं। गीत गाने वाली प्रायः नायन होती है और उसे गीत गाने के अवसरों पर बुलाया जाता है। श्रम करके जीवन-यापन करने वाली जातियों में भी गीत गाने की पुष्ट परम्परा है और वे अपनी त्वरित बुद्धि से नवीन गीतों का भी निर्माण करती रहती है। इस प्रकार के सभी लोकगीत जाति के आधार पर वर्गीकृत किये जा सकते हैं।

(3) लिंग के आधार पर

लिंग के आधार पर भी लोकगीतों का वर्गीकरण किया जा सकता है। इस दृष्टि से लोकगीतों को दो वर्गों में बाँटा जा सकता है। स्त्रियों के गीत व पुरुषों के गीत। स्त्रियों के गीतों में संस्कार गीत, त्योहार गीत (तीजों), भजन, आरती, दई-देवताओं आदि के गीत आ जाते हैं। इस प्रकार लोकगीतों में लिंग-भेद के कारण भी लोकगीतों के वर्गीकरण को सार्थक किया जा सकता है। वैसे लोकगीत समस्त लोक का सर्जन व अनुरंजन है लेकिन तब भी ''कुछ गीत ऐसे मिलते हैं जो केवल स्त्रियों द्वारा ही गाये जाते हैं, जैसे सोहर या सार के गीत। कुछ गीत केवल पुरुष ही गाते मिलते हैं, जैसे ढोला।''[61] औरतों से सम्बन्धित गीतों की संख्या तो बहुत बड़ी है, किन्तु पुरुषों से सम्बन्धित गीतों के भी विविध प्रकार हैं–जैसे, ढोला, आल्हा, होली, कोल्हू के गीत, पुर (चरस) चलाते समय के गीत। छन्दों में भी आल्हा, मल्होर, चौबोला, लावनी आदि अनेक छन्द केवल पुरुषों द्वारा ही गाये जाते हैं। 'रागिनी' कौरवी का अत्यन्त लोकप्रिय छन्द है और यह भी पुरुषों द्वारा ही गाया जाता है। कुछ गीतों के कथ्य में ही यह वर्णित रहता है कि गायक स्त्री है या पुरुष। यथा–

(1) स्त्री : *चलें सखी उस देश को, जहाँ कृष्ण कौ राज।*
जल भरें, दरसन करें, एक पंथ दो काज।।

(2) पुरुष : *अर सुनो रात का जिकर दोस्तो, मैं सपने नै घेरा।*
मेरे कमरे में हूर परी का, हुआ रात ने फेरा।।

(3) स्त्री : *सुनो रात का जिकर सहेली, मैं सपने नै घेरी।*
साजन साथ गयी गौने में, सजी सवारी मेरी।।

इस प्रकार के सभी गीत इस श्रेणी में समायोजित किये जा सकते हैं।

(4) प्रसंग के आधार पर

विभिन्न प्रसंगों के अवसर पर गाये जाने वाले लोकगीत इस श्रेणी में समाविष्ट किये जा सकते हैं। जीवन के महत्त्वपूर्ण जन्म व मृत्यु प्रसंगों के अतिरिक्त जितने भी अन्य प्रसंग हैं, वे सब इस श्रेणी में रखे जा सकते हैं। धार्मिक यात्राओं के समय पर गाये जाने वाले 'जात देने के गीत' श्रावण मास में काँवड़ लेकर जाने वाले पदयात्रियों द्वारा गाये जाने वाले 'काँवरिया' गीत, ब्रज–क्षेत्र की चौरासी 'कोस'[62] की परिक्रमा के अन्तर्गत आने वाली 'गिर्राज जी की परकम्मा' के गीत आदि भी ऐसे ही प्रसंग आधारित लोकगीत हैं, जो गीत इस श्रेणी में समाविष्ट किये जा सकते हैं।

(5) काव्य-शैली के आधार पर

लोकगीत विभिन्न काव्य-शैलियों में प्रचलित होते हैं। जैसे कौरवी प्रदेश में 'बारात' के चले जाने पर वर के निवास पर रह गयीं स्त्रियों द्वारा गाये जाने वाला 'खोड़िया' लोकगीत। यह लोकगीत सुनने के साथ-साथ देखा भी जाता है, क्योंकि इसकी नाटकीयता ही इसकी सम्प्रेषणीयता व साधारणीकरण की नींव होती है। इसी प्रकार साँग, नौटकी, रास-लीला, राम-लीला के गीत भी अपनी-अपनी विशिष्ट काव्य-शैलियों का प्रतिनिधित्व करते हैं। इसके विपरीत दूसरी ओर कुछ ऐसे गीत भी हैं जो नितान्त एकान्त में एक गायिका या गायक द्वारा गाये जाते हैं, जैसे प्रवासी पति के वियोग से दुःखी पत्नी द्वारा गाये जाने वाले अत्यन्त करुण 'अलचारी' लोकगीत जिसके माध्यम से वह विरहिणी अपनी लाचारी व्यक्त करती है। इस प्रकार स्पष्ट है कि लोकगीत अनेक काव्य-शैलियों में प्रचलित हैं। काव्य-शैली के आधार पर लोकगीतों को दो भागों में बाँटा गया है, दृश्य व श्रव्य। दृश्य के अन्तर्गत साँग (स्वाँग), नौटंकी, रास, रामलीला, खोड़िया और नृत्य-गीत आते हैं। श्रव्य के अन्तर्गत भूपडे के गीत, पालना, झूलना, लाडो, बन्ने, घोड़ी, भात, सेहरे, सीठने, बारहमासा, मल्हार, पंवाडें, ढोला, पटका, आरती व भजन आदि आते हैं। इस प्रकार के सभी लोकगीत इस श्रेणी में समायोजित किये जा सकते हैं।

(च) लोकगीतों का महत्त्व

"लोक-साहित्य की सभी विधाओं में से लोकगीत सब से अधिक महत्त्वपूर्ण हैं क्योंकि लोक-मानस की अभिव्यक्ति जिस व्यापकता के साथ लोकगीतों में होती है वह अन्यत्र नहीं है।"[63] लोक-साहित्य के जितने भी रूप हैं, उनमें लोकगीत ने अपना विशिष्ट स्थान बना लिया है। लोकगीतों का महत्त्व स्पष्ट व निर्विवाद है। श्रुति-परम्परा से प्राप्त ये गीत अनेक काल-खण्डों और स्थानों की बोलियों, सामाजिक एवं सांस्कृतिक पहचान तथा ऐतिहासिक व राजनीतिक पक्षों का ज्ञान प्राप्त करने में सहायक हो सकते हैं। ऐसा इसलिए है क्योंकि लोकगीत लोक की अभिव्यक्ति हैं। "लोकगीतों में लोक का हृदय छलक आता है अतः इनमें लोकजीवन कर जितना सहज और यथार्थ चित्रण मिलता है उतना अन्यत्र दुर्लभ है। लोकजीवन को यदि समीप से पढ़ना है तो लोकगीतों के खुले पृष्ठों से अधिक महत्त्वपूर्ण सामग्री अन्यत्र नहीं प्राप्त हो सकती। जनता का धर्म, आस्थाएँ, मान्यताएँ, नैतिकता, रहन-सहन, जीवन को समझने, सोचने और जीने का ढंग, जीवन के शाश्वत मूल्य अर्थात

उसकी सारी संस्कृति का प्रतिबिम्ब लोकगीतों के दर्पण में उभर आता है। अतः लोकगीत लोकजीवन का वह महत्त्वपूर्ण पृष्ठ है जो आने वाले हर युग के लिए एक बहुमूल्य दस्तावेज़ सिद्ध होता है।''[64] लोकगीतों का अपना ऐतिहासिक व पौराणिक महत्त्व होता है। ब्रज प्रदेश में प्रचलित राधा-कृष्ण के प्रेमपगे रसिये हों या मेरठ परिक्षेत्र में गूँजने वाले 'गदर'[65] के गीत हों; सभी से कुछ-न-कुछ ऐतिहासिक या पौराणिक ज्ञान होता है। इस प्रकार प्रत्येक सामाजिक पहलू का दृश्य इन लोकगीतों में दृष्टिगोचर होता है। इन लोकगीतों में यदि एक ओर सामाजिक परम्पराओं व संस्कारों का चित्रण होता है तो दूसरी ओर ग्राम्य-जीवन की दिनचर्या का सांगोपांग चित्र भी मिलता है। सभी प्रकार की सामाजिक प्रथाएँ, मान्यताएँ, परिवर्तन, परम्परा, प्रयोग व स्थितियाँ, लोकगीतों में प्रतिबिम्बित होती हैं। यह लोकगीतों का सामाजिक महत्त्व है। जिस अशिक्षित लोकसमाज को हम अनपढ़ व अयोग्य समझते हैं, उसके द्वारा ऐसी शोधपूर्ण सामाजिक कृतियाँ संसार को इन लोकगीतों के माध्यम से प्रदान की गयी हैं कि उन पर न जाने कितने, व्यवहार के धरातल से दूर, शुष्क सिद्धान्तवादी, सामाजिक-दर्शन न्यौछावर किये जा सकते हैं। समाज से उनकी सीधी सम्बद्धता ही लोकगीतों के सामाजिक महत्त्व को प्रतिपादित करती है।

लोकगीतों का भौगोलिक महत्त्व भी है। लोकगीतों में अपने-अपने क्षेत्रों के पहाड़ों, नदियों, नगरों सहित वहाँ की फसलों, जलवायु व प्रकृति का चित्र उकेरा गया है, जिससे हमें उस क्षेत्र का भौगोलिक ज्ञान प्राप्त होता है। इसी प्रकार लोक के आर्थिक जीवन के वैविध्यपूर्ण चित्र भी उकेरे गये हैं। सोने, हीरे के आभूषणों में चमकती राजकुमारी का वर्णन हो या बरसात की मार से झिरझिराते छप्पर के नीचे चिन्ताकुल दुहिता के पिता की पीड़ा का गीत हो, सभी में समाज के प्रत्येक स्तर का आर्थिक पहलू उद्घाटित होता है। इस प्रकार लोकगीतों का आर्थिक महत्त्व भी है।

लोकगीतों में लोक का धार्मिक स्वरूप भी प्रकट होता है। अतः लोकगीतों का धार्मिक महत्त्व भी है। परमात्मा में आस्था के दैन्य भरे भजन हों या चौपाल पर गूँजने वाले 'निरगुनिया', सभी के माध्यम से समाज की धार्मिक आस्थाओं व धर्म के विषय में उस लोक विशेष की धार्मिक परिभाषा का पता चलता है। दर्शन की गूढ़ उक्तियाँ व उपनिषदों के सार हमारे लोकगीतों में इतने सरल व सम्प्रेषणीय ढंग से अभिव्यक्त हुई हैं कि वे एक ही समय में मस्तिष्क व हृदय दोनों स्तरों पर अपना स्थान सुनिश्चित कर लेती हैं। इस प्रकार लोकगीतों का दार्शनिक महत्त्व भी है।

लोकगीतों का साहित्यिक महत्त्व भी है। हमारे लोकगीतों में भाव व कला दोनों ही दृष्टियों से इतनी अधिक परिपक्वता व उत्कृष्टता ज्ञापित होती है कि उन्हें साहित्य में महत्त्वपूर्ण स्थान दिया जाये। यही कारण है कि किसी भी साहित्य में जब भी किसी सर्जक ने अपने सर्जन में लोकतात्त्विक मूल्यों को सँजोया है, उसकी लोकप्रियता व साहित्यिकता कालातीत हो गयी है। अंग्रेजी साहित्यकार विलियम शेक्सपियर व हिन्दी के महाकवि तुलसीदास इसके प्रत्यक्ष उदाहरण हैं। लोकगीतों में हमारी भाषाओं का प्राचीन रूप भी मुखरित हुआ है। हमारे शब्द-भण्डार की प्रत्येक प्रकार की हलचल हमारे लोकगीतों के गेय कलेवर में संगृहीत है। यही कारण है कि लोकगीतों का साहित्यिक महत्त्व होने के साथ-साथ भाषातात्त्विक महत्त्व भी है।

लोकगीतों का राजनीतिक व राष्ट्रीय महत्त्व भी है। लोकगीतों ने हमारे समाज की प्रत्येक राजनीतिक हलचल को स्वर दिया है। महात्मा गाँधी का दांडी मार्च हो या जलियाँवाला बाग का लोमहर्षक दृश्य, हमारे लोकगीतों ने उसे अपना स्वर दिया है। यही कारण है कि लोकगीत हमारे राजनीतिक व राष्ट्रीय इतिहास का लोकभाष्य भी हैं। सामाजिक जीवन की नैतिक अवधारणाएँ भी लोकगीतों के माध्यम से घर-घर पहुँची हैं। आर्य समाज के कुरीतियों पर किये गये प्रबल प्रहार उसके 'भजनीक' लोकगीतकारों द्वारा ही समाज की जिह्वा तक पहुँचे। सती की महिमा, माता-पिता के प्रति आदर, सामाजिक नैतिकता का लोकगीतों में सुन्दर व अनुकरणीय वर्णन हुआ है। अतः लोकगीतों का नैतिक महत्त्व, शिष्ट साहित्य से किसी भी प्रकार कम नहीं है। संस्कृति का प्रवाह अमर है। यह प्रवाह अपने किनारों पर अनुपयोगी और काल के अनुरूप न होने वाली प्रत्येक हलचल को फेंक देता है। किन्तु संस्कृति के इस महाप्रवाह में शाश्वत तत्त्व उसी प्रकार सुरक्षित रहते हैं जैसे गंगा के जल में उसकी पवित्रता। आज लोकगीत अपने अस्तित्व के संकट से जूझ रहे हैं। किन्तु उनकी उत्तरजीविता में उनके अन्दर निहित उनके शाश्वत तत्त्वों की संजीवनी है। लोकगीतों में मनुष्य की आदिमानव से लेकर सृष्टि-संहारक व नक्षत्र खोज लेने वाले परम सभ्य व उन्नत मनुष्य तक की यात्रा के प्रत्येक पड़ाव की अनुगूँज है। इसमें अपने पैरों पर खड़े होने की असफल चेष्टा करने वाले हमारे पूर्वजों से लेकर व चन्द्रमा की धरती पर डगमगाते हुए पग धरने वाले हमारे अन्तरिक्ष यात्री तक की कथा के सभी अन्तर्द्वन्द्व व अन्तर्नाद संगुम्फित हैं। हमारी सांस्कृतिक करवटों को लोकगीतों ने अपनी आत्मा में समेटा हुआ है। अतः कहना उचित होगा कि मनुष्य जाति के लिए जितना

स्वयं के इतिहास का महत्त्व है, उतना ही अपनी इस लोकवाणी में गुंजरित इन लोकगीतों का भी है।

सन्दर्भ

1. वामन शिवराम आप्टे : संस्कृत-हिन्दी कोश (छात्र-संस्करण), पृ. 886-887
2. डॉ. हरद्वारी लाल शर्मा : लोकवार्ता विज्ञान (खण्ड एक), पृ. 2
3. श्री नवल जी : नालन्दा विशाल शब्द सागर, पृ. 1220
4. 10/90/24 : ऋग्वेद (पुरुष सूक्त), पृ. 90
5. डॉ. हरद्वारी लाल शर्मा : लोक वार्ता विज्ञान (खण्ड एक), पृ. 12
6. The Great Family Encyclopedic Dictionary, pp. 649-650
7. The New Lexicon Webster's Dictionary of the English Language, pp. 365
8. डॉ. सत्येन्द्र : हिन्दी साहित्य कोश (भाग-एक), पृ. 685-86
9. प्रस्तावना : हिन्दी साहित्य का वृहत् इतिहास (षोडश भाग), पृ. 4
10. डॉ. हरद्वारी लाल शर्मा : लोकवार्ता विज्ञान (खण्ड एक), पृ. 13
11. डॉ. वासुदेवशरण अग्रवाल : सम्मेलन पत्रिका (लोक-संस्कृति विशेषांक), लेख : भारतीय लोक साहित्य, पृ. 65
12. महेश चन्द्र शर्मा : लोक साहित्य (लेख-लोकगीत : स्वरूप एवं महत्त्व), पृ. 130
13. डॉ. साधु राम शारदा : हरियाणा के लोकगीत (सम्पादकीय), पृ. ख
14. वही, पृ. 133
15. डॉ. हरद्वारी लाल शर्मा : लोकवार्ता विज्ञान (खण्ड दो), पृ. 718-719
16. वही, पृ. 719
17. डॉ. वासुदेवशरण अग्रवाल : आजकल (नवम्बर, 1951)
18. डॉ. सत्येन्द्र : हिन्दी साहित्य कोश (भाग दो), पृ. 689
19. कृष्ण चन्द्र शर्मा : मेरठ जनपद के लोकगीतों का अध्ययन (शोध-प्रबन्ध), भूमिका
20. डॉ. अम्बा प्रसाद 'सुमन' : लोकसाहित्य, पृ. 222
21. डॉ. कृष्णदेव उपाध्याय : लोक संस्कृति की रूपरेखा, पृ. 265
22. डॉ. सत्या गुप्ता : कौरवी लोकगीत, पृ. 7
23. डॉ. श्रीराम शर्मा : लोक साहित्य सिद्धान्त और प्रयोग, पृ. 44
24. डॉ. मनोहर शर्मा : लोक साहित्य की सांस्कृतिक परम्परा, पृ. 59
25. डॉ. हरद्वारी लाल शर्मा : लोकवार्ता विज्ञान (खण्ड दो), पृ. 718
26. डॉ. लक्ष्मीनारायण सुधांशु : जीवन के तत्त्व और काव्य के सिद्धान्त, पृ. 105
27. ओमचंद हांडा : पहाड़ी लोकगीत, पृ. 1
28. शम्भुशरण शर्मा : लोक साहित्य, पृ. 8
29. महेश चन्द्र शर्मा : लोक साहित्य, लेख-लोकगीत : स्वरूप एवं महत्त्व, पृ. 130
30. परमानन्द शर्मा : लोक साहित्य, पृ. 140
31. शान्ति अवस्थी : साहित्य सम्मेलन पत्रिका (लोक-संस्कृति अंक), पृ. 37

32. जगमल सिंह ग्रामीण : जनभारती (अंक 2-3, संवत् 2025), पृ. 74
33. The New Lexicon Webster's Dictionary of the English Language, pp. 365
34. The Great Family Encyclopedic Dictionary, pp. 650
35. The New Encyclopedia Britannica (Volume-19), pp. 312-313
36. Percy : Encyclopedia Britannica (Volume IX), pp. 448
37. Rallph Williams, Ibid pp. 448
38. डॉ. चिन्तामणि उपाध्याय : लोकायन, पृ. 17-18
39. डॉ. सत्येन्द्र : लोक साहित्य विज्ञान, पृ. 390
40. हरद्वारी लाल शर्मा : 'लोक-साहित्य' लेख : 'लोकगीत' पृ. 135
41. राजाराम शास्त्री : 'हरियाणा का लोक साहित्य', पृ. 3
42. गोस्वामी तुलसीदास : श्रीरामचरितमानस (किष्किन्धाकाण्ड), पृ. 668
43. देवीलाल सामर : राजस्थान का लोक संगीत, पृ. 7
44. डॉ. चिन्तामणि उपाध्याय : लोकायन, पृ. 18
45. वही, पृ. 18
46. डॉ. चिन्तामणि उपाध्याय : लोकायन, पृ. 19
47. डॉ. श्रीराम शर्मा : लोक साहित्य, सिद्धान्त और प्रयोग, पृ. 51-52
48. ओमचंद हांडा : पहाड़ी लोकगीत, भूमिका
49. डॉ. हरद्वारी लाल शर्मा : 'लोकवार्ता विज्ञान' (खण्ड दो), पृ. 723
50. डॉ. श्याम परमार : मालवी लोक साहित्य, पृ. 29
51. डॉ. चिन्तामणि उपाध्याय : लोकायन, पृ. 22
52. वही, पृ. 24
53. डॉ. सत्येन्द्र : लोक साहित्य विज्ञान, पृ. 292-93
54. डॉ. श्रीराम शर्मा : लोक साहित्य, सिद्धान्त और प्रयोग, पृ. 59
55. कौरवी क्षेत्र में प्रचलित।
56. अन्नप्राशन का तद्भव रूप।
57. वर्ण-तैल।
58. मण्डप-आच्छादन।
59. डॉ. कृष्णदेव उपाध्याय : लोक-संस्कृति की रूपरेखा, पृ. 277
60. डॉ. सत्येन्द्र : लोक साहित्य विज्ञान, पृ. 409
61. डॉ. सत्येन्द्र : लोक साहित्य विज्ञान, पृ. 395
62. कोश : प्राचीनकाल में दूरी मापने की एक विशिष्ट शैली की इकाई।
63. डॉ. साधु राम शारदा : हरियाणा के लोकगीत, भूमिका।
64. डॉ. हनुमन्त नायडू : छत्तीसगढ़ी लोकगीतों का लोकतात्विक तथा मनोवैज्ञानिक अनुशीलन, पृ. 27
65. 1857 का प्रथम स्वतन्त्रता संग्राम जिसका प्रारम्भिक स्वरूप मेरठ से जुड़ा है।

द्वितीय अध्याय

कौरवी और ब्रज लोकगीत

(क) कौरवी से आशय

कौरवी, खड़ी बोली क्षेत्र की एक प्रमुख बोली है। आधुनिक हिन्दी भाषा, अपने संस्कृत गर्भित शब्दावली के विशाल कोश के कारण इतनी पृथुल हो चुकी है कि इसने अपने वास्तविक प्रारम्भिक अथवा लोकरूप को लगभग विस्मृत कर दिया है। यद्यपि यही लोकरूप इस भाषा की वास्तविक सत्ता की आधारशिला भी है। ऐसा नहीं है कि हिन्दी का वह वास्तविक स्वरूप नष्ट हो गया है अथवा आज उपलब्ध नहीं है। वस्तुतः वह स्वरूप आज भी उत्तर-भारत के लोकजीवन में कौरवी के रूप में विद्यमान है। कौरवी से आशय कुरु जनपद में बोली जाने वाली लोकभाषा से है। कुरु जनपद भारत की धर्मशास्त्रीय मान्यताओं के अनुसार आधुनिक दिल्ली, मेरठ के क्षेत्र के आसपास का स्थान है। इसकी राजधानी हस्तिनापुर थी। ''मध्य-प्रदेश के महाजनपदों में प्राचीनतम कुरु पंचाल थे। कुरु जनपद की राष्ट्रीय भूमि, गंगा-यमुना की घाटियों के ऊपरी भाग में थी। इस जनपद के संस्थापक कदाचित वैदिक कालीन 'पुरु' जन थे। ये लोग 'भरत' जन के नाम से भी प्रसिद्ध थे। पुराणों की अनुश्रुति के अनुसार कुरु शासकों का सम्बन्ध पुरुरवा द्वारा स्थापित ऐल तथा चंद्रवंश से था। कुरु जनपद की राजधानी मेरठ के निकट गंगा के किनारे हस्तिनापुर या आसंदीवंत थी। बाद को पश्चिमी कुरु या कुरु जांगल की पृथक् राजधानी यमुना के किनारे इन्द्रप्रस्थ हो गयी थी।''[1] यही कुरु जनपद कौरवी भाषा का क्षेत्र है। अपने मूल स्थान मेरठ जनपद की यह प्रधान बोली है। मेरठ जनपद का यह क्षेत्र शताब्दियों से बाह्य आक्रान्ताओं के सामने खड़े होने का साहस करता आया है। प्रकृति के वरदानों से सजे इस क्षेत्र का व्यक्तित्व स्पष्ट व स्वाभिमानी है। यह व्यक्तित्व इस जनपद की

बोली कौरवी में भी प्रतिबिम्बित होता है। "कुरु जनपद आजकल अम्बाला, दिल्ली, मेरठ और बिजनौर के आसपास का भाग खड़ी बोली का प्रदेश है और उसकी बोली, रहन-सहन और उपजातियों का एक विशेष व्यक्तित्व है।"[2] इसी कुरु जनपद की लोकभाषा को महापण्डित राहुल सांकृत्यायन ने 'कौरवी' नाम दिया था।[3]

खड़ी बोली हिन्दी के साहित्यिक स्वरूप को मान्यता मिलने से पूर्व उसे कौरवी कहा जाता था। भाषाशास्त्रियों ने खड़ी बोली के जो मूल प्रदेश निर्धारित किये हैं, वे सभी कौरवी लोकभाषा के प्रदेश हैं। विद्वानों के अनुसार "खड़ी बोली वस्तुतः रामपुर, मुरादाबाद, बिजनौर, मेरठ, मुजफ्फरनगर, सहारनपुर और देहरादून के मैदानी भाग में बोली जाती है।"[4] इसी प्रदेश में कौरवी भाषा का वर्चस्व है। इस प्रकार स्पष्ट है कि कौरवी से आशय उस लोकभाषा से है जो मूल रूप में आधुनिक हिन्दी की विराट् यात्रा का प्रस्थान बिन्दु है तथा जो आज भी कुरु प्रदेश के लोकजीवन को स्वयं के माध्यम से मुखरित किये हुए है।

(ख) कौरवी का क्षेत्र निर्धारण

वास्तव में कौरवी का क्षेत्र खड़ी बोली का ही क्षेत्र है। कुरु प्रदेश की लोकभाषा का क्षेत्रपरक नाम कौरवी है तथा गुणपरक नाम खड़ी बोली, अन्यथा दोनों का क्षेत्र वही है और वही विशेषताएँ हैं। कौरवी "प्रायः सम्पूर्ण अम्बाला और मेरठ कमिश्नरियों की भाषा मानी गयी है। गंगा और यमुना के बीच के सहारनपुर, मुजफ्फरनगर जनपदों का सम्पूर्ण भाग और गंगा के पूर्व बिजनौर और यमुना के पश्चिम करनाल, रोहतक, हिसार और दिल्ली का क्षेत्र कौरवी भाषा का है। उत्तर में देहरादून और अम्बाला, पूरब में मुरादाबाद और रामपुर, दक्षिण में बुलन्दशहर और गुडगाँव के बहुसंख्यक लोग यही भाषा बोलते हैं। मेरठ जनपद की तहसील बागपत को टकसाली कौरवी भाषा का क्षेत्र माना जाता है, जो कौरवी क्षेत्र के प्रायः बीच में पड़ता है।"[5] प्राचीन मान्यताओं के अनुसार वास्तविक कुरु जन प्रदेश का भी यही क्षेत्र है। शोधार्थी ने अपने पितामह से बाल्यावस्था में सुना था कि पाण्डवों ने कुरु प्रदेश के जो पाँच गाँव दुर्योधन से माँगे थे वे पाँचों तैलप्रस्थ (तिलपत), इन्द्रप्रस्थ (दिल्ली), व्याघ्रप्रस्थ (बागपत), पर्णप्रस्थ (पानीपत), व स्वर्णप्रस्थ (सोनीपत) या तो इसी प्रदेश में स्थित हैं या इसकी सीमा से सटे हुए हैं। "कौरवी अर्थात खड़ी बोली मेरठ जिले में अपने वीरत्व की प्रगल्भता प्रकट करती हुई उच्च घोष सुनाती है।

वास्तव में मेरठ जिले की बोली को हम 'प्रतिनिधि खड़ी बोली' कह सकते हैं। मेरठ जिले में भी बागपत तहसील की बोली प्रमुख रूपेण प्रतिनिधित्व करती है।''[6] वर्तमान में बागपत जनपद स्थान है।

निष्कर्ष रूप में यह कहना उचित होगा कि विशुद्ध कौरवी बोली मूल रूप से उत्तरी दोआबा की भाषा है जो दोआबा सदानीरा गंगा व यमुना के प्रवाह के मध्य का मैदानी क्षेत्र है और यह पूरे सहारनपुर, हरिद्वार, मुजफ्फरनगर, मेरठ, बागपत और गाजियाबाद जिलों में बोली जाती है। यद्यपि यमुना के उस पार अम्बाला जिले की जगाधरी तहसील और कुरुक्षेत्र जिले की कुरुक्षेत्र तहसील की बोली भी खड़ी है, किन्तु कौरवी नहीं है। इन तहसीलों की बोली में हरियाणवी व कौरवी के मध्य की विभाजन रेखा है। गंगा की पूर्व दिशा में स्थित मुरादाबाद जिले की सम्पूर्ण अमरोहा और हसनपुर तहसील के उत्तरी भाग के अतिरिक्त प्रायः सम्पूर्ण बिजनौर जिले में कौरवी बोली जाती है। इसी प्रकार गंगापार के बिजनौर जिले में सीमावर्ती गढ़वाली का स्पर्श कौरवी को विशुद्ध कौरवी से पृथक् करता है। स्थान की दृष्टि से भाषाओं में प्रायः आकस्मिक रूपान्तरण नहीं होता। अतः राजनीतिक मानचित्र की तरह बोलियों का निश्चित मानचित्र न तो उचित है और न ही सम्भव। यह विभाजन केवल उन्हीं स्थानों पर सम्भव है, जहाँ प्रकृति ने दो बोलियों के मध्य दुर्लंघ्य प्राकृतिक सीमांकन कर दिया है। किन्तु कौरवी एक समतल प्रदेश की बोली है। इस क्षेत्र में भाषाओं का निर्बाध सम्पर्क है और यह सनातन सम्पर्क न तो आकस्मिक रूप से जुड़ता है और न ही आकस्मिक रूप से टूटता है। अतः कौरवी बोली के विशुद्ध क्षेत्र के आसपास भी कौरवी का आभामण्डल विद्यमान है यद्यपि यह उतना प्रखर नहीं है जितना अपने हृदय स्थल मेरठ जनपद में हैं।

''वस्तुतः यह मेरठ मण्डल सहारनपुर, हरिद्वार, मुजफ्फरनगर, मेरठ, गाजियाबाद, और बुलन्दशहर में प्रयुक्त की जाती है। वैसे तो यह भाषा हरियाणा के अम्बाला और उत्तर प्रदेश के बिजनौर, मुरादाबाद जनपदों में भी प्रयोग की जाती है, किन्तु इस भाषा का ठेठ रूप मेरठ मण्डल में ही देखने-सुनने को मिलता है।''[7] इस प्रकार स्पष्ट है कि कौरवी का क्षेत्र अत्यन्त विस्तृत है। यह मेरठ मण्डल के अपने केन्द्र से संवाहित होकर दूर तक गयी है। भाषाई दृष्टि से यह ब्रज, गढ़वाली, कुमाउँनी, पंजाबी, हरियाणवी आदि बोलियों से घिरी है और हरिद्वार, बिजनौर, रामपुर, बुलन्दशहर, अम्बाला आदि सीमान्त स्थानों तक मुखरित है।

(ग) ब्रजबोली का क्षेत्र निर्धारण

ब्रजबोली से आशय ब्रजभूमि में कार्य व्यवहार में प्रयुक्त उस लोक भाषा से है, जो अपनी मधुरता, कोमलता, रसमयता व संवेदना-सम्प्रेषण की सक्षमता के लिए अत्यन्त ख्यात है। ब्रजबोली यद्यपि भावधारा के समान किसी भौगोलिक सीमा में आबद्ध नहीं है तथापि इसका मुख्य क्षेत्र ब्रज-क्षेत्र ही है। ब्रज भारतवर्ष के श्रद्धा-केन्द्रों में महत्त्वपूर्ण स्थान रखता है। मध्यकालीन भारत में अनेक सामाजिक व राजनीतिक द्वन्द्व उत्तर भारत ने देखे हैं। ऐसे उठा पटक के समय में ब्रज ने सम्पूर्ण भारत को अपने संजीवन आध्यात्मिक आलोक से अनुप्राणित किया है। ब्रज अनेक धार्मिक विचारधाराओं की केन्द्रस्थली रहा है। बौद्ध, जैन, शैव, शाक्त आदि मतों का प्रतिपादन-स्थल होने के साथ-साथ ब्रज वैष्णव भक्ति-आन्दोलन का केन्द्र भी रहा है। यही कारण है कि ब्रज को अनेक विद्वान भाव लोक की संज्ञा देते हैं। ब्रजभूमि के दुलारे कवि पं. गोपाल प्रसाद व्यास के अनुसार "ब्रज ससीम नहीं, असीम है। देह में जो स्थान हृदय का होता है, वही स्थान भारत में ब्रज का है। हृदय अपने आप भले ही मुट्ठी भर का हो, लेकिन जैसे वह अपने स्पन्दन द्वारा समस्त अंगों की क्रिया-प्रतिक्रियाओं को संचारित करता है, वैसे ही ब्रज भारतीय संस्कृति का संचरण-केन्द्र है। इससे ही समस्त देश की शिराओं में रस, कला और अध्यात्म की धाराएँ प्रवाहित होती हैं। ब्रज केवल एक भूमिखण्ड ही नहीं है, वह भारत की अजस्र संवेदन-शक्ति है। राष्ट्र की प्राणस्थली है।"[8] विद्वानों के ब्रज को एक भावलोक मानने के पीछे ब्रज का सांस्कृतिक, धार्मिक संक्रमण और उसकी व्यापकता का विचार कार्य करता है। तब भी ब्रज को भूमिखण्ड के रूप में यदि अंकित किया जाये तो दो प्रकार से सम्भव है। भगवान श्रीकृष्ण के लीला-धामों की चौरासी कोस की परिक्रमा के आधार पर ब्रज को सीमांकित किया जा सकता है, जिस सन्दर्भ में यह दोहा ब्रज क्षेत्र में प्रचलित है–

ब्रज चौरासी कोस में, चार गाँव निज धाम,
वृन्दावन अरु मधुपुरी, बरसानौ नंदगाम।

दूसरा कुछ विद्वानों की मान्यता है कि ब्रज को मात्र चौरासी कोस की भूमि में जो रूढ़ कर दिया गया है, वह उचित नहीं है। ऐसे ही मतावलम्बियों ने यह दोहा ब्रज की सीमाओं के सन्दर्भ में प्रचलित किया है–

इत बरहद उत सौन हद, उत सूरसेन को गांम
ब्रज चौरासी कासे में, मथुरा मण्डल धाम।

इस दोहे में उल्लेखित बरहद (बरहन) अलीगढ़ जिले का एक कस्बा है। इसी प्रकार ब्रजभूमि के निर्धारण के विषय में अनेक मत हैं। किन्तु ऐसी मान्यताओं से ब्रज का भौगोलिक मानचित्र अथवा शोध हेतु अभीष्ट ब्रजबोली का क्षेत्र निर्धारण सम्भव नहीं है। प्रसिद्ध भाषा शास्त्री डॉ. धीरेन्द्र वर्मा ने सन् 1937 ई. में प्रकाशित अपनी पुस्तक 'ब्रजभाषा-व्याकरण' में लिखा था, "ब्रजभाषा विशुद्ध रूप में मथुरा, अलीगढ़ और आगरा जिलों तथा भरतपुर और धौलपुर के देशी राज्यों में बोली जाती है।"[9]

किन्तु कालान्तर में राजनीतिक मानचित्र परिवर्तन के साथ-साथ ब्रज बोली के भाषाई मानचित्र में भी व्यापक परिवर्तन हुआ। यदि मथुरा जिले को ब्रजभाषी क्षेत्र का केन्द्र मान लिया जाये तो दक्षिण में यह बोली आगरा, भरतपुर, धौलपुर, ग्वालियर के पश्चिमी क्षेत्र तथा जयपुर के पूर्वी क्षेत्र में प्रयोग होती है। उत्तर में हरियाणा के गुड़गाँव जिले के पूर्वी भाग में भी इसका प्रयोग होता है। उत्तर-पूर्व में यह बुलन्दशहर जिले-बरन व सिकन्दराबाद तहसील को छोड़कर-अलीगढ़, एटा, मैनपुरी तथा गंगा के पार बदायूँ के सम्मिश्रण ने प्रभावित किया है। मथुरा व अलीगढ़ जिले तथा पश्चिमी आगरे की ब्रजभाषा आदर्श है। डॉ. धीरेन्द्र वर्मा के अनुसार "धार्मिक दृष्टिकोण से ब्रज मण्डल की सीमा मथुरा जिले तक सीमित है, किन्तु ब्रज की बोली इस सीमित क्षेत्र की सीमा के बाहर भी प्रयुक्त होती है। इसका प्रसार निम्नलिखित प्रदेशों में है-उत्तर प्रदेश के मथुरा, अलीगढ़, आगरा, बुलन्दशहर, एटा, मैनपुरी, बदायूँ तथा बरेली के जिले पंजाब के गुड़गाँव जिले की पूर्वी पट्टी, राजस्थान में भरतपुर, धौलपुर, करौली तथा जयपुर का पूर्वी भाग, मध्य भाग में ग्वालियर का पश्चिमी भाग।"[10] किन्तु इन सारे मतों के अनुशीलन से यही निष्कर्ष निकाला जा सकता है कि ब्रजबोली का भी समतल क्षेत्रों की अन्य बोलियों की भाँति कोई निश्चित राजनीतिक मानचित्र बना पाना सम्भव नहीं है। मथुरा जनपद के केन्द्र को प्रामाणिक मानकर आगरा, भरतपुर, धौलपुर व अलीगढ़ को मुख्य क्षेत्र माना जा सकता है तथा अन्य उल्लिखित क्षेत्र सीमान्त ब्रजबोली के क्षेत्र माने जा सकते हैं। प्रस्तुत शोध हेतु अभीष्ट क्षेत्र यही मुख्य क्षेत्र है।

(घ) कौरवी और ब्रज लोकगीतों का सामान्य परिचय

कौरवी और ब्रज दोनों ही बोलियाँ लोक साहित्य की दृष्टि से अत्यन्त समृद्ध है। इन दोनों प्रदेशों पर प्रकृति की सहज कृपा है। सदानीरा गंगा नदी व उनकी सखी यमुना ने इन दोनों क्षेत्रों को भरपूर स्नेह से सींचा है। यही कारण है

कि यहाँ के जन-जीवन में एक विशष्टि समृद्धता व सुरुचि के दर्शन होते हैं। ब्रज प्रदेश अपनी धार्मिक विरासत के कारण व कुरु प्रदेश अपनी ऐतिहासिक पृष्ठभूमि के कारण अत्यन्त स्फूर्त रहे हैं। यहाँ का सामाजिक जीवन उत्सवधर्मी है। मेले, हाट, पैंठ, बाजार, स्थानीय लोकदेव आदि स्थान यहाँ की सामाजिक अन्त:क्रिया का कारण है। ब्रज प्रदेश में होने वाली गिर्राज जी (पवित्र गोवर्धन पर्वत) की परिक्रमा, चौरासी कोस की परिक्रमा तथा कुरु-क्षेत्र में श्रावण मास में लाखों की संख्या में हरिद्वार (हर की पौड़ी) जाने वाले 'काँवरियाँ' नामक धार्मिक तीर्थयात्री अपनी इन पदयात्राओं से दोनों क्षेत्रों में धार्मिक लोकचेतना का संवहन करते रहे हैं। इन दोनों ही क्षेत्रों के लोकगीतों की परम्परा अत्यन्त प्राचीन है। मनुष्य के जीवन के जितने भी पहलू हैं, उन सब पर इन क्षेत्रों में लोकगीत रचे गये हैं। यहाँ का समाज मानव के पृथ्वी पर आने की पहली आहट (गर्भधारण) के गीत से लेकर मृत्यु तक पर लोकगीतों के माध्यम से अपनी भावनाओं को स्वर देता है। कौरवी में 'पुंसवन संस्कार' तक के भी प्रचुर गीत हैं। यह संस्कार गर्भधारण करने के दूसरे या तीसरे महीने में सम्पन्न किया जाता है। इस संस्कार में गर्भस्थ-शिशु को पुत्र रूप देने की कामना की जाती है। पुत्र माता-पिता को 'पुम्' नामक नरक से त्राण दिलाता है, ऐसी धर्म शास्त्रीय मान्यता है (पुम् नाम नरकस्य त्रायते इति पुत्र:)। कुरु-क्षेत्र में भी सामान्यत: पुत्र को कन्या से अधिक अच्छा समझा जाता है। घर के बड़े-बूढ़ों के अतिरिक्त सन्तान की इच्छा वाले दम्पति भी पुत्र की ही कामना करते हैं। कौरवी का एक ऐसा ही लोकगीत उल्लेखित है–

गूँद ला री मालनीया हार, जच्चा मेरी कामनिया।
राजा-रानी दो जने री, आपस में बढ़ रहे होड़,
जो गोरी। तुम धीय जनोगी, महलों सै कर दूँ बाहर,
जो गोरी। तुम पूत जनोगी, सब कुछ ले लो इनाम।
गूँद ला री मालनिया हार, जच्चा मेरी कामनिया।

ऐसे ही अनेक गीत लोक में प्रचलित हैं। यद्यपि दोनों क्षेत्रों में 'पुंसवन' के किसी संस्कार का प्रचलन नहीं है, किन्तु लोक की सर्जना से यह क्षण अछूता नहीं है। इसी प्रकार मनुष्य जीवन के समस्त उत्थान-पतन, हर्ष-विषाद, अश्रु-स्मित, सुख-दुख और जय-पराजय इन दोनों क्षेत्रों के लोकगीतों में गुंजरित है। यहाँ तक की मृत्यु पर आने वाले अपार शोक व रुदन के आवेग को भी कौरवी एवं ब्रज ने लोकगीतों का रूप दिया है। कौरवी का वृद्ध की मृत्यु पर गाया जाने वाला एक शोकगीत प्रस्तुत है–

ऐ जी कौन मरा धरमात्मा रे, बोलो हरिहर रे,
अये पोतों का मर गया बाबा, रे बोलो हरिहर रे,
भरे बजारों निकला रे, बोलो हरिहर रे।
सातों बाजे बाजैं रे, बोलो हरिहर रे।
दूहरे चलैं विमान रे, बोलो हरिहर रे।

लगभग दसवीं शताब्दी से आरम्भ हुए हिन्दी के शिष्ट-साहित्य में शोक गीत लगभग नगण्य है। आधुनिक हिन्दी साहित्य में महाकवि निराला द्वारा अपनी पुत्री की मृत्यु पर रचा गया शोक गीत 'सरोज-स्मृति' एक मात्र प्रारम्भिक उल्लेख है, किन्तु लोक की सर्जनात्मक चेतना व क्षमता इसी तथ्य से स्पष्ट हो जाती है कि कौरवी में तो विवाहिता पुत्री की मृत्यु पर शताब्दियों से शोक गीत गाया जा रहा है। यहाँ पर उल्लेखित यह शोकगीत शिल्प व कलात्मकता की दृष्टि से महाप्राण की 'सरोज-स्मृति' के सम्मुख नगण्य माना जा सकता है, किन्तु भावों के आवेग को स्वर देने की इसकी अदभुत क्षमता को नकारा नहीं जा सकता।

हाय, हाय रे बागों की कोयल।
आँख नींबू की फाँक, बच्ची सोने की चिड़िया।
हाय हाय बच्ची, सोने की चिड़िया।
मूँगफली-सी रे आँगुली। हाय-हाय...।
नाक सुए की चोंच, होठ पीपल के पात से,
किन तेरी बाँधी अर्थी। बच्ची सोने की चिड़िया। हाय-हाय...।
किन तेरी चिता चिनाई? बच्ची सोने की चिड़िया।
कन्तै चिता चिनाई। बच्ची सोन की चिड़िया।
घर तै क्यौं कर निकली? फिर कब आवेगी बच्ची।
बायें बोली कोतरी, सिर पैं बोल्या काग।
क्या माँगै है कोतरी जी? क्या माँगे है काग?
सिर माँगे है कोतरी जी, धड़ माँगै है काग।
औढ पहर कै नीकली मेरठ[11] के तख्त बजार।
लोग महाजन यूँ कहें। किसकी बन्नी जाये।
बन्नी-बन्नी मत करो, महेश[12] की रानी जाय।
अरी तेरा बाबल फिरै उदास, तेरी अम्मा जोहै बाट,
अम्मा कौन पुकारै?
तैरा भैया लेनै आया री, एक बार पीहर जाय

चाची-ताई तेरी रोवैं, उनको रोकन जाय।

गहनों का डिब्बा भरा धरा है, एक बार पहन दिखाय।

इसी प्रकार अलग-अलग अवस्था में मृत्यु हो जाने पर अलग-अलग शोक गीत कौरवी व ब्रज में प्रचलित हैं। कौरवी व ब्रज में लगभग सभी विषयों पर लोकगीत प्रचलित हैं। विषय के आधार पर अनेक प्रकार के गीत इन क्षेत्रों में प्रचलित हैं। जैसे श्रम गीत जिनमें पनघट के गीत, चक्की के गीत, रसोई के गीत, झाड़ू के गीत, घास छीलने के गीत, कोल्हू के गीत, रहट के बीत या वारे के गीत आदि इन दोनों क्षेत्रों में पाये जाते हैं। जातिगत गीत भी इन क्षेत्रों में पाये जाते हैं। कुरु व ब्रज दोनो क्षेत्रों में लगभग समान वर्ण-व्यवस्था है। इन क्षेत्रों में चमारों के गीत, नाइयों के गीत पाये जाते हैं। कुरु लोक में नदियों व नहरों का प्रचुर जाल है। अतः मल्लाहों के कुछ गीत भी इस क्षेत्र में पाये जाते हैं। विभिन्न काव्य-शैलियों में भी इन क्षेत्रों में लोकगीत पाये जाते हैं यथा साँग (स्वाँग), नौटंकी, खोड़िया, भूपड़े के गीत, लाडो, बन्ने, घोड़ी, चडत, भात, सेहरा, सीठना, बारहमासा, पँवाड़े, पटरा, मल्होर, आरती आदि। समस्त संस्कारों पर इन दोनों क्षेत्रों में लोकगीत उपलब्ध हैं। इन दोनों क्षेत्रों में बाकली, पालना, लोरी, कठला, झुंझुना, न्हान, काजल, बिहाई, पासनी (अन्नप्राशन), मेहँदी, कनछेदन, रोकना, सगाई, उलग, सैयद, हनुमान, जहारपीर के गीत, सत्ती, ऊत देवता, ज्योनार, सेहरा, टीका आदि समस्त अवसरों के लिए लोकगीत उपलब्ध हैं। विभिन्न त्योहारों, मॉसो, व्रत आदि पर भी इन दोनों क्षेत्रों में लोकगीतों की सर्जना की गयी है। यथा दुलहैंड़ी, पटका, नौ दुर्गा (नौराती), रामनोमी (रामनवमी), तीज, राखी, बड़मावस (बरसाती मावस), जेठी दशहरा, देव-सोनी एकादशी, नाग-पंचमी, श्रावणी या सलूनो, अनन्त चौदस, साँसी, टेसू, करवा चौथ, अहोई-आठैं, धन-तेरस, दिवाली, गोवर्धन, भैया-दूज, तुलसी-विवाह, सकट-चौथ, मकर-संक्रान्ति, मोनी-मावस, बसंत-पंचमी, फुलेरा-दौज, आमला-एकादशी होली आदि समस्त त्योहारों पर इन दोनों क्षेत्रों में प्रचुर लोकगीत गाये जाते हैं। इसी प्रकार विभिन्न देवी-देवताओं के गीत, आरतियाँ, लोक-देवताओं के गीत भी इन क्षेत्रों के लोक-साहित्य की अमूल्य धरोहर है। देवताओं में गणेश जी, श्री विष्णु जी, शिव जी, श्री रामचन्द्र जी, श्री कृष्ण जी, श्री सत्यनारायण जी, श्री हनुमान जी, श्री दुर्गा जी, पार्वती जी, सन्तोषी माता, श्री रामायण जी, गंगा मैया जी व तुलसी जी की लोक आरतियाँ इन दोनों क्षेत्रों को धार्मिक संस्कार व वातावरण देती हैं। साथ ही चामुण्डा के गीत, भूमिया के गीत, देवी के गीत, जात देने

के गीत, काली देवी के गीत, साँझी (झाँझी) के गीत व देव उठावनी के गीत भी इन क्षेत्रों में गाये जाते हैं। अनेक प्रकार के प्रेम-गीत, हास्य-व्यंग्य के गीत, बुझौव्वल के गीत भी इन क्षेत्रों में गाये जाते हैं। इनके अतिरिक्त समाज के रहन-सहन, खान-पान, व्यवहार, कृषि, खेत खलिहान, खेल-कूद, सामयिक समस्या, आर्थिक समस्या, धर्म, मान्यता, शकुन-विचार, विश्वास, नीति, दर्शन, राष्ट्रीय-आन्दोलन, धर्मशास्त्रीय कथाएँ, राजनेता, देश-प्रेम, क्रान्तिकारियों के बलिदान व देश के इतिहास-क्रम से सम्बन्धित अनेक गीत इन दोनों क्षेत्रों में प्रचलित हैं। इस प्रकार यह स्पष्ट है कि कौरवी व ब्रज के लोकगीत अत्यन्त महत्त्वपूर्ण, समृद्ध व संख्यात्मक दृष्टि से अधिक हैं।

(ङ) कौरवी और ब्रज लोकगीतों का वर्गीकरण

कौरवी व ब्रज लोकगीतों का क्षेत्र अत्यन्त विशाल है। यह क्षेत्र इतना विशाल व व्यापक है कि इसका एक संगत वर्गीकरण न केवल दुष्कर अपितु एक सीमा तक असम्भव भी है। कौरवी व ब्रज लोकगीतों का अनेक विद्वानों ने वर्गीकरण किया है, किन्तु प्रत्येक वर्गीकरण में कोई-न-कोई कमी पायी गयी है। किसी वर्गीकरण में यदि वैज्ञानिकता का अभाव दृष्टिगोचर होता है तो किसी वर्गीकरण में यह कमी पायी गयी है कि एक वर्ग के गीत, दूसरे वर्ग के गीत के साथ भी रखे जा सकते हैं। किसी-किसी वर्गीकरण में यह दोष है कि कुछ लोकगीत छूट जाते हैं तथा किसी भी वर्गीकरण में नहीं आते हैं। अनेक विद्वानों के इन वर्गीकरणों को ध्यान में रखकर हम यहाँ एक ऐसा वर्गीकरण प्रस्तुत कर रहे हैं, जिसका फलक अत्यन्त व्यापक है। यद्यपि इसमें एक गीत के अनेक वर्गों में दुहराये जाने की सम्भावना है तथापि यह निश्चित है कि प्रत्येक गीत को कोई न कोई श्रेणी अवश्य उपलब्ध हो सकेगी। एक लोकगीत का अनेक वर्गों में प्रतिनिधित्व करना, उस लोकगीत की अभिव्यक्ति के अनेक फलक होने को भी इंगित करता है। अतः यह वर्गीकरण शोधार्थी की दृष्टि से सर्वाधिक वैज्ञानिक व तर्कसंगत है। कौरवी एवं ब्रज लोकगीतों का यह वर्गीकरण निम्न प्रकार है-

1. विषय के आधार पर
2. जाति के आधार पर
3. लिंग के आधार पर
4. प्रसंग के आधार पर
5. काव्य-शैली के आधार पर

कौरवी व ब्रज दोनों ही बोलियों में प्रबन्धात्मक व मुक्तक लोकगीत पाये जाते हैं। किन्तु उपरिलिखित वर्गीकरण में किसी भी प्रकार के लोकगीतों को समाहित किया जा सकता है।

(च) कौरवी और ब्रज लोकगीतों की समान भाव-धारा

कौरवी एवं ब्रजबोली के क्षेत्र एक-दूसरे से लगे हुए हैं। बुलन्दशहर की बरन तहसील के गाँवों में महिलाओं के गाते-नाचते समूह से झूम कर नाचती हुई किसी नवोढ़ा का मादक स्वर जब कान में यूँ गूँजता है कि-

मेरे सिर पै बण्टा टोकणी रे।
मेरे हाथ मै रेशम डोर
मै पतड़ी सी कामणी रे।

वह स्वर कुछ किलोमीटर चलकर अलीगढ़ जिले के कौन-से गाँव के पनघट पर कब इस स्वर में रूपान्तरित हो जाता है कि-

जल भरहिं झकोर-झकोर रसुरिया रेसम की

यह सहजता से जाना नहीं जा सकता। वास्तव में यह संवेदनाओं की एक ऐसी अन्तर्जनपदीय 'रेसम डोर' है, जिसमें केवल लोकभाषा ही विभाजक रेखा का कार्य कर रही है। ऐसा होने के ठोस भौगोलिक कारण तो हैं ही; साथ-ही-साथ धार्मिक व सामाजिक कारण भी हैं। कुरु-प्रदेश (कौरवी बोल का क्षेत्र) के लोग ब्रज-प्रदेश की धार्मिक यात्राएँ बहुधा करते ही हैं और ब्रज-क्षेत्र के लोग भी तीर्थ हरिद्वार व ऋषिकेश आदि स्थानों का भ्रमण करने हेतु इसी क्षेत्र से गुजरते हैं। यही कारण है कि इन दोनों क्षेत्रों के लोकगीतों में भाव व शिल्प की एकरूपता दृष्टिगोचर होती है। एक महत्त्वपूर्ण सामाजिक कारण यह भी है कि इन दोनों क्षेत्रों के मध्य प्रबल पारिवारिक सम्बन्ध रहे हैं। ब्रज-प्रदेश की अनेक युवतियाँ कौरवी क्षेत्र की गरिमामयी कुल वधुएँ हैं, तो कुरु-प्रदेश की भी कुछ युवतियों ने ब्रज के गृहों को नूपुर-ध्वनि से गुंजरित किया है। मातृशक्ति के इसी संक्रमण ने स्वरों को न केवल सांगीतिक एकरूपता दी है अपितु इन दोनों प्रदेशों के बीच समान भाव-धारा का एक अजस्त्र प्रवाह भी प्रवाहित किया है। दोनों क्षेत्रों के सामाजिक प्रारूप में अत्यन्त एकरूपता है, इसी सामाजिक एकरूपता ने कौरवी व ब्रज लोकगीतों में एक समान भाव-धारा के प्रवाह में सहज सहयोग किया है। दोहद (गर्भिणी स्त्री की इच्छा) से लेकर मृत्यु के गीत तक समस्त प्रकार के लोकगीतों में

कौरवी व ब्रज में एक समान भाव-धारा दृष्टिगोचर होती है। यथा, ब्रज में दोहद के लिए गाये जाने वाला एक लोकगीत कथ्य व शिल्प में कौरवी के एक दोहद जैसा ही है। नीचे उल्लेखित इन दोनों दोहद लोकगीतों में कौरवी व ब्रज लोकगीतों की समान भाव-धारा स्पष्ट रूपेण दृष्टिगोचर होती है।

ब्रज : *पहलौ महीना लागिए बाको फूल गह्यो फल लागिए,*
ए वाई दूजौ महीना जब लागिए,
राजे तीजौ महीना जब लागिए बाको खीर खाँड मन लाइयौ
जब राजे चौथौ महीना जब लागिए,
ए वाई पाँचौ महीना जब लागिए,
ए वाकू कौल के आम मँगाइए।

कौरवी : *अरी मुझे पहला री महीना, सासू।*
दूजा री महीना, मन रे चने के साग कू जी।
अरी, तुझे नींबू री मँगा दूँ बहुअल। नरंगी री मँगा दूँ,
क्या रे चने का साग है री।
अरी मुझे तीजा री महीना, सासू। चौथा री महीना,
मन रे चने के साग कू जी।
अरी तुझे सेव री मँगा दूँ बहुअल। संतरे री मँगा दूँ,
क्या रे चने का साग है री।
अरी, तुझे पचवाँ री महीना, सासू। छअवाँ री महीना,
मन रे चने के साग कू जी।
अरी, तुझे पापड री मँगा दूँ बहुअल। कचरी री मँगा दूँ,
क्या रे चने का साग है जी।

कौरवी लोकगीत में सास के द्वारा प्रस्तुत विकल्प इस क्षेत्र की सम्पन्नता का भी द्योतन कर रहे हैं। इसी प्रकार इस शिशु के आगमन के पश्चात होने वाले विभिन्न संस्कार-गीतों में भी भावों की प्रचुर एकरूपता दृष्टिगोचर होती है। नवजात शिशु का मुण्डन कुरु व ब्रज दोनों क्षेत्रों में एक महत्त्वपूर्ण अवसर है। यह जन्म के पहले या तीसरे या पाँचवें इसी प्रकार विषम संख्या के वर्ष में कराना आवश्यक माना जाता है। इस मुण्डन संस्कार को धर्म-शास्त्रीय भाषा में 'चूडाकर्म', 'केशोच्छेदन' संस्कार भी कहते हैं। इसी अवसर पर इन दोनों क्षेत्रों में गाये जाने वाले 'तिलवा-मेंहदी' नामक लोकगीतों में भावों की एकरूपता द्रष्टव्य है—

ब्रज : देवर के पिछवार, मेंहदी तो कहियै राचनी, मेरे लाल।
लौहरी ननद लई साथ, मेंहदी सूंतन धन चली, मेरे लाल।
सुनि बिछुअँन झनकार, सोअत देवर औझपे, मेरे लाल।
वे धुन हमनु बताय, जिनके बिछुआ बाजने, मेरे लाल।
वे धन गयी प्यौसार, बिनके बिछुआ बाजने, मेरे लाल।
लिलघोड़ा असवार, धन के बिलउआ वे गये, मेरे लाल।
बैठ धन काकी-ताई बीच, देवर मसला ठारियै, मेरे लाल।
मैया री, तू माय दुमाय, देवर संग न जाऊँगी, वारी लाल।
बेटी री, तू धीय कुधीय, आये सजन न फेरियै, मेरे लाल।
अपनी कूँ भेजूँगी बीर, कोसक जो पहुँचाइये, मेरे लाल।
बीर ने फेरी है पीठ, देवर उबट लै चलौ, मेरे लाल।
आयी ऐ सीतल बर की छाँह, देवर खोट बिछाइयै, मेरे लाल।
भाभी री, घूँघट के पट खोल, कहा रे गढ़ायौ तेरे बाप ने, मेरे लाल।
गढायो है नौ तोले कौ हार, दुलरी पे तिलरी पचलटी, मेरे लाल।
देवर रे तू असल गमार, कस कस बाँधे धोवती, वारी लाल।
कर दुपटा की ओट देवर जुलम गुजारियै, मेरे लाल।
पहुँची ससुर दरबार, मोधू तो बट रहयौ जेवरी, मेरे लाल।
रसकस लियौ है निचोर, मोय न आयौ लेयबे, मेरे लाल।
आमन दै जेठ-असाढ, धूँस बबाय दउँ बाजरौ, मेरे लाल।
बाकी धन खेत रखामन जाय, अदले कौ बदलौ लै लउँ, मेरे लाल।
पापी रे तू पाप विचार, तुम रे जेठ वे कुल बहू, मेरे लाल।

कौरवी : मेंहदी के औड़े चोड़े पात, वारिलाल
मेंहदी सूतन धन चली, मेरे लाल।
मलिया का चतर सुजान, वारि लाल
रचन मेंहदी किन बोया, मेरे लाल।
मलिया का चतर सुजान, वारि लाल
रचन मेंहदी उन बोया, मेरे लाल।
सुन बिछवा की झनवार। वारि लाल
सोता देवर जागिए। मेरे लाल।
वे धन मेरे बताओ वारि लाल
जिनके तो बिछवे बाजने, मेरे लाल।

धर लई घुड़ले पै जीन, वारि लाल
सुरत लगाई धन के बाप कै, मेरे लाल।
सब सब करी है सलाम, वारि लाल
भाभी पै डाली फारसी, मेरे लाल।
तू मेरी माय कुमाय वारि लाल।
आये सजन नहीं फेरिये मेरे लाल।
अपनी का भैया कर दूँगी साथ, वारि लाल
मंजल-मंजल पहुँचाइये, मेरे लाल।
पहुँची है कोस पचास, वारि लाल।
डोला तो थामा सेले बड़ तलै, मेरे लाल।
देखूँ भाभी तेरा रूप, वारि लाल
क्या कुछ दिया तेरे बाप ने, मेरे लाल।
देखूँ भाभी तेरा रूप, वारि लाल
क्या कुछ दिया तेरे बाप ने, मेरे लाल।
बीरा ने फेरी है पीठ, वारि लाल
देवर ने जुलम गुजारिये, मेरे लाल।
फटा है दक्खन चीर[13], वारि लाल
चुडला तौ मौला हाथी दाँत का, मेरे लाल।
और मँगा दूँ दबखन चीर वारि लाल
चुडला तौ मौला हाथी दाँत का, मेरे लाल।
और मँगा दूँ दक्खन चीर वारि लाल
चुडला पहना दूँ हाथी दाँत का, मेरे लाल।
आयी ससुर दरबार, वारि लाल,
मोधू तो बट रहा जेवडी, मेरे लाल।
क्या तेरी दुक्खै है आँख, वारि लाल
क्या तुझे आवै झुरझुरी, मेरे लाल।
ना मेरी दुक्खें है आँख, वारि लाल
ना मुझे आवै झुरझुरी, मेरे लाल।
रंग-रस लिया है निचोड़, वारि लाल
खोपर मारा तेरे मूड़ से, मेरे लाल।
एक मैया के दो ही लाल, वारि लाल
हम ना हुये छोटे बीर ने, मेरे लाल।

एक हाँडी की है खीर, वारि लाल
हमने खायी छोटे बीर ने, मेरे लाल।
एक बोटी के खरचे, दाम, वारि लाल
हमने ना खरचे छोटे बीर ने, मेरे लाल।

उपर्युक्त दोनों लोकगीतों में शिल्पगत, कथ्य व भाव की अत्यन्त एकरूपता है। सूक्ष्म दृष्टि से दोनों गीतों को देखने पर दोनों क्षेत्रों का बारीक सामाजिक विभेद इन दोनों लोकगीतों की परिणति से स्पष्ट हो जाता है। इसी प्रकार अन्य संस्कारों के अवसरों पर गाये जाने वाले कौरवी व ब्रज लोकगीतों में भी न केवल भाव-धारा समान है, अपितु अनेक में तो शिल्प व कथ्य आदि भी समान है। इन एकरूप गीतों में केवल सूक्ष्म भाषायी व क्षेत्रीय सुगन्ध ही इन्हें अलग करती है। विवाह की तिथि निश्चित हो जाने पर बहन अपने भाई के घर 'भात नौतने' जाती है। इस रस्म का पालन दोनों क्षेत्रों में अनिवार्य है और कौरवी व ब्रज दोनों में इस विषय पर प्रचुर लोकगीत उपलब्ध है। ऐसी ही समान भाव-धारा के दो भाव उदाहरणार्थ प्रस्तुत हैं।

ब्रज : *मेरे काए ते नौतूं बाबुल राजा, काए ते कागला?*
मेरे काए ते नौतूं हजारी बीरा, जिनके अहोलने।।
मेरी भेली ते नौतूं बाबुल राजा, डेलीन कागला।
मेरी मिसरी कौ कुंजा हजारी राजा, जिन के अहोलने।।
कहा तो लावै मेरौ बाबुल राजा, कहा तो लावै कागला?
कहा तो लावै हजारी बीरा, जिनके अहोलने?
पीरौ तौ लावै हजारी बीरा, जिनके अहोलने।।
रूपिया तौ डारै बाबुल राजा, चवन्नी डारै कागला।
गिन्नी तौ गेरै हजारी बीरा जिनके अहोलने।।

कौरवी : *कायन नौतू बाबल राजा, ए रे ताऊ चाचा,*
कायन नौतूं हजारी बीरा, जा से मेरा ओलना
भेली नौतूं बाबल राजा, ए रे ताऊ चाचा,
ऐ जी, मिसरी के कूंजे हजारी बीरा, जा से मेरा ओलना
काहे में आवैं बाबल राजा, ए रे ताऊ चाचा,
काहे में आवैं हजारी बीरा, जा से मेरा ओलना।
मोटर में आवैं बाबल राजा, ऐ रे ताऊ चाचा,
ए जी, कारौं में आवैं हजारी बीरा, जा से मेरा ओलना।

कहाँ पैं उतरैं बाबल राजा, ए रे ताऊ चाचा,
कहाँ पे उतरैं हजारी बीरा, जा से मेरा ओलना।
बैठक में उतरैं बाबल राजा, ए रे ताऊ चाचा,
ए जी, महलों में उतरें हजारी बीरा, जा से मेरा ओलना।
क्या कुछ लावैं बाबल राजा, ए रे ताऊ चाचा,
ए जी क्या कुछ लावै हजारी बीरा, जा से मेरा ओलना।

इसी प्रकार ऋतु-गीतों में, श्रम-गीतों में व अन्य प्रकार के लोकगीतों में भावनात्मक एकरूपता दृष्टिगोचर होती है। उसके अनेक भौगोलिक व सामाजिक कारण हैं। इस समान भाव-धारा का एक कारण यह भी है मनुष्य के मूल भाव तो एक समान ही हैं। संवेदनाओं के इसी समतल से कौरवी व ब्रज लोक का कथ्य भी जुड़ा हुआ है। यही कारण है कि कौरवी व ब्रज में एक समान भाव-धारा कार्य कर रही है। यद्यपि दोनों क्षेत्रों के लोकगीतों में भाषा का क्षेत्रीय वैशिष्ट्य व अपने आंचलिक लोक विश्वासों की प्रखर विभाजन रेखा है तथापि दोनों के मध्य एक समान भाव-धारा का प्रवाह भी स्पष्ट ही है।

सन्दर्भ

1. डॉ. धीरेन्द्र शर्मा : मध्य प्रदेश ऐतिहासिक तथा सांस्कृतिक सिंहावलोकन, पृ. 16
2. डॉ. सत्या गुप्ता : कौरवी लोकगीत, पृ. 4
3. डॉ. अम्बा प्रसाद सुमन : हिन्दी और उसकी उपभाषाओं का स्वरूप, पृ. 135
4. उदयनारायण तिवारी : हिन्दी भाषा का उद्‌गम और विकास, पृ. 229
5. डॉ. कृष्णचन्द्र शर्मा : हिन्दी साहित्य का वृहत इतिहास, सोलहवाँ भाग, पृ. 487
6. डॉ. अम्बा प्रसाद सुमन : हिन्दी और उसकी उपभाषाओं का स्वरूप, पृ. 136
7. डॉ. कविता त्यागी : कौरवी प्रदेश की लोक संस्कृति, पृ. 12
8. पं. गोपाल प्रसाद व्यास : मोहि ब्रज बिसरत नाहीं, पृ. 17
9. डॉ. धीरेन्द्र वर्मा : ब्रजभाषा व्याकरण, पृ. 13
10. डॉ. धीरेन्द्र वर्मा : ब्रजभाषा, पृ. 33
11. पति के नगर का नाम (कल्पित)।
12. पति का नाम (कल्पित)।
13. दक्षिणी वस्त्र की साड़ी, शिष्ट भाषा में जिसे 'साउथ-सिल्क' कहा जाता है।

तृतीय अध्याय

कौरवी और ब्रज लोकगीतों में अभिव्यक्त लोकचेतना

(क) लोकचेतना से आशय

चेतना मनुष्य का वह विशिष्ट गुण है, जिसके कारण ही वह जीव-जन्तुओं में सर्वश्रेष्ठ है। 'चेतना' शब्द बुद्धि, मनोवृत्ति, ज्ञानात्मक मनोवृत्ति, स्मृति, सुधी आदि अर्थों में प्रयोग किया जाता है।[1] आप्टे के संस्कृत, हिन्दी कोश के अनुसार 'चेतना' का शाब्दिक अर्थ है–ज्ञान, संज्ञा, प्रतिबोध, समझ, प्रज्ञा, जीवन, प्राण या सजीवता।[2] अंग्रेजी का 'कान्शयसनेस' शब्द 'चेतना' का समानार्थी है। जिसका अर्थ है चैतन्यता। अपने अस्तित्व, अपनी संवेदनाओं, विचारों व परिवेश के प्रति चेतन जागरूकता।[3] शाब्दिक स्तर पर 'चेतना' शब्द की पड़ताल से स्पष्ट है कि "व्यक्ति-मन चेतना का उत्स है। मन:स्रवित होने के कारण चेतना मननशील है। इसी शक्ति को धारण करने के कारण मनुष्य मात्र प्राकृतिक ही नहीं मानसिक भी है। यही चेतना विश्व अस्तित्व-बोध की एक परिमापक इकाई है। इसी के माध्यम से कवि विश्वानुभूतियों का केन्द्र बनकर नवसर्जन करता है।"[4] अत: यह स्पष्ट है कि चेतना मनुष्य की, अपने स्वयं तक पहुँचने के प्रयास का ही नाम है या चेतना वह मार्ग है, जिस पर चलकर मनुष्य अपने अस्तित्व से साक्षात्कार करने में सक्षम होता है।

वैयक्तिक व सामूहिक दोनों स्तरों पर 'चेतना' का अर्थ है–'ज्ञानात्मक मनोवृत्ति का उदय', अपने वास्तविक स्वरूप को पहचानने की भावना।"[5] चेतना के अनेक पारिभाषिक व मनोवैज्ञानिक अर्थ हैं, तथापि सामान्य जनचेतना से, आशय मनुष्य की सतर्क विवेक बुद्धि से ही लेता है। मनुष्य की यही चेतना आदि काल से उसके अन्तर में शुभ-अशुभ, पाप-पुण्य व

करणीय-अकरणीय का विवेक पैदा करती है, जो उसकी क्रियात्मक सर्जनाओं में सदैव अभिव्यक्त हुआ है, और यही चेतना मनुष्य को उसके प्रारम्भ में यह भय निर्मित कर रही थी कि 'एकाकी विभेति'। इसी डर से मनुष्य की चेतना ने अपने अन्दर 'एकोऽहं बहुस्याम' की कामना उत्पन्न की। इस 'एकाकी' से 'बहु' हो जाने की यात्रा में मनुष्य की वह 'एकाकी चेतना' भी 'बहु चेतना' अथवा 'लोकचेतना' में रूपान्तरित हो गयी। "इतिहास का साक्ष्य है कि मनुष्य सदैव 'साथ' रहा है; चाहे वह परिवार हो, कबीला, गोत्र, वर्ग, जाति अथवा राष्ट्र रूप में। 'साथ' की चेतना और भावना सहजात है, सीखी हुई नहीं। इसे समाजविज्ञान आज We-consciousness (हम चेतना) कहता है, जो लोकचेतना का बीज है।"[6]

अतः स्पष्ट है कि लोकचेतना से आशय लोक की चेतना अथवा लोक के मन या मस्तिष्क में निरन्तर, अबाधित होने वाली विकासशील प्रवृत्ति से है। सचेत साहित्य, मूल्य व संस्कारों के स्तर पर प्रतिरोध, परिमार्जन, प्रतिपादन व उत्प्रेरण करके लोक की इसी चेतना को प्रबुद्ध बनाता है। अतः लोकचेतना, लोक की वह समझ है जो उसे समष्टि के स्तर पर अधिक उत्तरदायी, श्रेष्ठ, सहज, सुन्दर, सत्य व शिवत्वमय बनाने की दिशा में सतत प्रयत्नशील है।

(ख) लोकगीतों में लोकचेतना की अभिव्यक्ति के विविध आयाम

लोकगीत लोक के सहस्रों-हाथों द्वारा रची गयी एक ऐसी लुभावनी रचना है, जिसमें लोक-हित के अन्तरतम भाव उद्घाटित होते हैं। भू-भाग के किसी भी अंचल के लोकगीतों का अध्ययन करने मात्र से हम यह जान सकते हैं कि इस समाज में चेतना का क्या स्तर है व मूल्यों के प्रति इस समाज की क्या तुलनात्मक चेतना कार्य करती है। सर्जन की सार्थकता ही इस तथ्य में है कि वह घुटन (संत्रास), अनास्था, ऊब और उदासी भरे जीवन को शक्ति देता है व उसमें नवीन, स्फूर्तिप्रद चेतना का संचार करता है। इसके लिए स्वतन्त्रता उसकी प्रारम्भिक इच्छा होती है। लोकगीत सामाजिक व साहित्यिक अतिवादिताओं व नियन्त्रण से एकदम मुक्त होते हैं किन्तु वे उच्छृंखल नहीं हो जाते, क्योंकि उनकी स्वीकार्यता के पीछे समष्टिगत सहमति आवश्यक है जो प्रायः नैतिक ही होती है। यूँ तो "कला का आदि स्रोत लोकचेतना में होता है, क्योंकि स्वतन्त्रता और सर्जना इसके दोनों लक्षण हैं। अतएव प्रत्येक कला का आदि-उद्गम लोककला में रहता है। लोकचेतना के स्वरूप और शक्ति को हमें समझना होगा। लोककलाएँ इसी लोकचेतना की छवि-छटाएँ हैं।"[7]

लोकगीत लोक की सहज रचना है। यही कारण है कि लोकगीतों में लोकचेतना के प्रत्येक स्तर का उद्घाटन होता है। सृजन की सार्थकता, मनुष्य को मनुष्यता के स्तर तक ले जाने में ही है। मनुष्य, जन्म-मृत्यु, कष्ट, पीड़ा, रोग व जरा के चक्रव्यूह में फँसा एक अदना सांसारिक जीव मात्र नहीं है, परिस्थितियों, कारणों व उनकी सीमाओं के पाश में क्रन्दन करता, इतिहास का भोक्ता मात्र नहीं है अपितु वह संकल्प, उत्सर्ग, ऊर्ध्वमुखी क्षमता व उन्नत विवेक के सहज आलोक से दीप्त, प्रकृति व उज्ज्वल चेतना का वह वरदान है, जो अपनी प्रतिरोधी क्षमताओं से विराट् सम्भावनाओं का उद्घाटन व प्रतिपादन करता है। लोकगीत मनुष्य की इसी रागात्मक चेतना का अभिव्यक्ति के स्तर पर उद्घोष करते हैं। लोकगीतों ने मनुष्य के जीवन के प्रत्येक फलक पर स्वयं को अभिव्यक्त किया है। लोकगीत लोक का सांस्कृतिक कर्म है। मन को और अपने परिवेश को कहने की प्रक्रिया है। यही कारण है कि लोकगीतों में लोक के अभ्यन्तर व परिवेश दोनों के स्तर व दोनों के सेतु के स्तर पर, अभिव्यक्ति के विविध आयाम उपलब्ध हो सके हैं। लोकगीतों में लोक की सामाजिक, सांस्कृतिक, राजनीतिक, साहित्यिक, कलात्मक व सौन्दर्य बोधी चेतना के विविध आयामों की अभिव्यक्ति हो सकी है।

लोक की सामाजिक चेतना के अनेक स्तर हैं। लोक की इस सामाजिक चेतना के प्रत्येक स्तर पर लोकगीतों में अभिव्यक्ति हुई है। लोकगीतों में समाज में रहन-सहन, खान-पान, आचार-विचार व व्यवहार आदि आयामों की अभिव्यक्ति हुई है। सामाजिक चेतना के अन्तर्गत लोकगीतों में कृषि, व्यवसाय, खेत-खलिहान व खेल-कूद का भी उद्घाटन सम्भव हुआ है। समाज की समकालीनता के चलते जितनी भी समस्याएँ लोक में दृष्टिगोचर होती हैं, उन सबकी लोकगीतों में अभिव्यक्ति हुई है। समय-समय पर लोक में जितने भी प्रकार के सामाजिक बदलाव आये हैं, लोकगीतों ने उन्हें अपना सर्जनात्मक दायित्व समझते हुए मुखरित किया है। सामाजिक आन्दोलनों में लोकगीतों ने अपनी महत्त्वपूर्ण भूमिका निभाई है। विभिन्न ऋतुओं व मासों का समाज की संरचना में महत्त्वपूर्ण प्रभाव पड़ता है। इन ऋतुओं का भी लोकगीतों में पर्याप्त वर्णन हुआ है। स्त्री-पुरुष के जिस सम्बन्ध पर सृष्टि व समाज की धुरी टिकी हुई है, उसको भी लोकगीतों में सहज अभिव्यक्ति प्राप्त हुई है।

मनुष्य पृथ्वी पर पहचान के साथ आता है और उसकी इस पहचान के सूत्र, सम्बन्धों के रूप में, अपने परिवार व परिवेश से जुड़े रहते हैं। इन्हीं सम्बन्धों को, जो सामाजिक संरचना का आधारभूत तत्त्व है व लोकचेतना

से गहरे सम्पृक्त है, लोकगीतों ने अभिव्यक्त किया है। मनुष्य की सामाजिक प्रगति व उसके जीवन में, अर्थ-तत्त्व प्रमुख है। यह अर्थ-तत्त्व, इसके लोकजीवन को सार्थक बनाता है। यही आर्थिक तत्त्व, उसकी लोकचेतना से जब जुड़ता है तो अनेक आर्थिक समस्याएँ जन्म लेती हैं। लोकचेतना के इस आर्थिक आयाम को भी लोकगीतों ने पर्याप्त अभिव्यक्त किया है।

इसी प्रकार लोकगीतों में लोक की सांस्कृतिक चेतना भी विभिन्न आयामों के साथ अभिव्यक्त हुई है। लोकगीतों में लोक की उत्सवधर्मिता सर्वाधिक मुखरित हुई है। लोकगीतों में, लोक की संवेदना के विभिन्न स्तरों से जुड़े त्योहारों का प्रचुर वर्णन मिलता है। त्योहार, लोक-मानस की ऐतिहासिक व सामाजिक उपलब्धियों व आनन्द के साझे क्षण हैं। इन त्योहारों की प्रत्येक आहट को, लोकगीतों ने अपने गेय कलेवर में समेटा है। इसी प्रकार लोकजीवन से जुड़े संस्कारों, उत्सवों आदि से लोकगीतों ने अभिव्यक्ति प्रदान की है। लोकगीतों में लोक का यह आनन्द क्षण अपनी सम्पूर्ण रसमयता के साथ चित्रित हुआ है। यह एक मनोवैज्ञानिक तथ्य है कि मनुष्य अपनी संवेदना के ऊर्ध्व पर गेय हो जाता है। रुदन उसकी शब्दातीत दुःखद संवेदना का ऊर्ध्व है तो हँसना उसकी हृदयातीत सुखद संवेदना का। लोकगीत भी उत्सव की उसी ऊष्मा को, उतनी ही आस्था के साथ अभिव्यक्त करते हैं। जिस आस्था के साथ उन्हें गाया गया है। इसी प्रकार लोक की सांस्कृतिक चेतना के मानस में, धर्म सर्वाधिक प्रभावी तत्त्व है। लोकगीतों ने लोकचेतना के इस प्रमुख आयाम को व्यापक रूप से अभिव्यक्त किया है। विभिन्न प्रकार की मान्यताएँ, लोक-विश्वास व लोकनीति को इन लोकगीतों ने अपना सहज स्वर प्रदान किया है। लोक की दार्शनिक क्षमताएँ अद्‌भुत हैं। वे व्यक्ति के दर्शन की भाँति अन्तर्ज्ञान से उद्‌भूत व मात्र स्वयं के विश्वास पर आधारित मान्य-अमान्य की बहस में उलझी शुष्क दार्शनिक अवधारणाएँ नहीं हैं, अपितु शताब्दियों लम्बे प्रेक्षण के बाद, निष्कर्ष के निकष पर पहुँची वह कंचनी वाणी है, जो सहस्त्रों शोध-ग्रन्थों के सार से भी वरेण्य है। लोक की इस दार्शनिक क्षमता को भी लोकगीतों ने अपना प्राण-तत्त्व बनाया है।

लोक की राजनीतिक चेतना भी सर्वमान्य है। युग की समकालीन राजनीति, जब अगले युग का इतिहास बन जाती है, तब उस काल खण्ड के लोकगीतों का अध्ययन करना इतिहास का अध्ययन करने जैसा ही है। लोकगीतों ने सभी राष्ट्रीय आन्दोलनों को अपने कण्ठ-स्वर के माध्यम से लोक की चेतना के पास पहुँचाया है। लोकगीतों का यह अविस्मरणीय,

अप्रकाशित कार्य यद्यपि उनका सर्जनात्मक दायित्व है तथापि इतिहासकारों की शोधी दृष्टि से अछूता है। समय-समय पर युग की राजनीति, जिन व्यक्तियों द्वारा प्रभावित हुई है, या लोक मानस ने जिनके राजनीतिक कार्यों व विचारों को स्वीकार या अस्वीकार किया है, उन सबके जीवन व दर्शन को लोकगीतों ने मुखरित किया है। देश-प्रेम व राष्ट्रीयता, लोकचेतना में सदैव जाग्रत तत्त्व रहे हैं। इन दोनों आयामों को भी लोकगीत के स्वर मिले हैं।

लोकगीतों को साहित्यिक मान्यता मिले, यद्यपि अधिक समय नहीं हुआ तथापि लोकगीतों की साहित्यिक क्षमताएँ व चेतना निर्विवाद है। लोकगीतों में अत्यन्त प्रबल भावावेग व सहज कलापक्ष प्राप्त होता है। लोकगीतों ने लोक की साहित्यिक व कलात्मक चेतना को भी अपने सर्जन के साथ अभिव्यक्ति दी है। लोकगीतों में रस, प्रकृति-चित्रण, उनकी भाव-क्षमताओं को रेखांकित करता है। साथ ही उनकी भाषा का सहज रूप, लोक-छन्द, लोक-धुनें, अलंकार, उनके बिम्ब-विधान, उनका प्रतीक-विधान व उनकी अचूक शब्द-शक्ति उनकी साहित्यिक चेतना के इस अव्याख्यायित पक्ष को भी प्रस्तुत करती है। इस प्रकार लोकगीतों में लोकचेतना की अभिव्यक्ति के विभिन्न स्तरों का उद्‌घाटन हुआ है। लोकगीत ऐसे अनगढ़ हीरों के समान हैं कि इन्हें जैसे-जैसे और अधिक सँवारा जायेगा, इनकी द्युति के उतने ही आयाम हमारे सामने प्रकट होने लगेंगे।

(ग) कौरवी और ब्रज लोकगीतों में लोकचेतना की अभिव्यक्ति के विविध आयाम

कौरवी व ब्रज दोनों के लोकगीतों में लोकचेतना के विविध आयामों को अभिव्यक्ति मिली है। कौरवी व ब्रज, दोनों का उत्स क्षेत्र प्रत्येक प्रकार से राष्ट्र की चेतना के केन्द्र पर रहा है। यही कारण है कि इन दोनों ही बोलियों में लोकचेतना के विविध आयाम इनके लोकगीतों में गुंजरित हुए हैं। लोकचेतना की अभिव्यक्ति के अनेक स्तर हैं ये स्तर सामाजिक, सांस्कृतिक, राजनीतिक, साहित्यिक, कलात्मक व अनेक प्रकार के हैं। कौरवी व ब्रज दोनों के लोकगीतों में लोकचेतना के विविध स्तर सहज ही उद्‌घाटित हुए हैं। कौरवी व ब्रज लोकगीतों के अध्ययन से यह स्पष्ट हो जाता है कि अपनी सर्जनात्मक लोकचेतना की अभिव्यक्ति में इन बोलियों के अनगढ़ लोकगीत किसी भी शिष्ट-साहित्यिक चेतनाधर्मी रचना से कम नहीं हैं। यहाँ हम कौरवी व ब्रज लोकगीतों में अभिव्यक्त लोकचेतना के विविध आयामों का वर्णन करेंगे।

(1) कौरवी और ब्रज लोकगीतों में अभिव्यक्त सामाजिक चेतना

कौरवी व ब्रज समाज, अपनी मूल प्रवृत्ति से सामाजिक व आस्थावान समाज हैं। शताब्दियों से इन दोनों क्षेत्रों ने प्रकृति, भूगोल व इतिहास के अनेक घात-प्रतिघात देखे हैं। समाज की बाह्य व आन्तरिक बुनावट, कौरवी व ब्रज, दोनों लोकगीतों में अभिव्यक्त हुई है। समाज के रहन-सहन, खान-पान, व्यवहार, नये परिवर्तन सब इन दोनों बोलियों के लोकगीतों में मुखरित हुए हैं। कृषि, खेत-खलिहान, खेल-कूद, आमोद-प्रमोद आदि भी इन लोकगीतों का विषय है। ऋतु व स्त्री-पुरुष सम्बन्ध भी कौरवी व ब्रज लोकगीतों का विषय है। समय-समय पर समाज में उत्पन्न होने वाली सामयिक, सामाजिक व आर्थिक समस्याएँ भी कौरवी व ब्रज लोकगीतों में उद्‌घाटित हुई हैं। गाँव में, जो हमारी विवेच्य लोक-सर्जना, लोकगीत के उत्स हैं, विद्युत, रेल, रेडियो आदि का आगमन एक क्रान्तिकारी घटना रही है। लोक-गायक का स्वर इन परिवर्तनों से अछूता नहीं है। ब्रज का एक ऐसा लोकगीत द्रष्टव्य है, जिसमें लोक के रहन-सहन की झाँकी प्रस्तुत हो सकी है।

चोली रेशम की बनवइयाँ भरतार,
मंदौ तौ आया कपड़ा कौ
बनारसी साड़ी मगवइयौ, चादर बढ़िया लइयौ जी,
आधी रह गयी कीमत सवरी, मत मन में दहलइयौ जी
एजी सिल्की बनवाय दीजौ सिलवार।
मंदौ तो आयौ कपड़ा कौ।
सौनौ सस्तौ भयौ बलम कछु गहनोउ गढ़वाय दीजो,
भाँति-भाँति के फूल और बेल ऊपर से कढ़वाय दीजो
एजी ऐरन सौना के बनवाइ दे छल्लेदार,
मन्दौ तो आयौ कपड़ा कौ।

इस लोकगीत में प्रयुक्त सिल्की सलवार का 'सिल्की' अंग्रेजी-व्याकरण की दृष्टि से एकदम उपयुक्त है। यह निरक्षर लोक की भाषायी समझ भी है व भारोपीय भाषा-परिवारों में पायी जाने वाली व्याकरणिक एकरूपता भी। विद्युत के उपकरणों के प्रति जागा अनुराग, लोक में जिज्ञासा के कारण भी है तथा ऊँची सामाजिक प्रतिष्ठा का हेतु भी। ब्रज की एक स्त्री द्वारा पति से बिजली का पंखा लगवा देने की यह माँग कितनी सहज है, यह ब्रज के एक रसिया से स्पष्ट हो जाता है–

खाउँ हवा में बैठ बालम तेरा बनौन झीनौ है।
मो कू पंखा की बड़ी दरकार
महीना आइ गये गरमिन के।
पंखा बिजुरी को लगवाय दे भरतार
महीना आइ गये गरमिन के।
रोटी करूँ लगै अति गरमी, टपकै बदन पसीनौ है।

कौरवी व ब्रज लोकगीतों में सामाजिक बुराइयाँ यथा दहेज, गोवध, साम्प्रदायिकता आदि पूरी चेतना के साथ अभिव्यक्त हुई है। साथ ही समसामयिक समस्याएँ यथा राशन, महँगाई, फैशन, अपनी संस्कृति का होता हुआ ह्रास, पश्चिम का अन्धानुकरण आदि भी पूर्ण चेतना के साथ मुखरित हुए हैं। कौरवी व ब्रज प्रदेशों ने समय-समय पर लोक की उपयोगिता के नवीन परिवर्तनों को न केवल स्वीकार किया है अपितु उन्हें अपना पूर्ण समर्थन भी दिया है। परिवार नियोजन, पर्यावरण चेतना आदि विभिन्न सामयिक सुधारों पर कौरवी व ब्रज क्षेत्र में अनेक लोकगीत गाये जाते हैं। ऐसे ही कुछ लोकगीत यहाँ उदाहरणार्थ प्रस्तुत हैं।

कौरवी

(1) राशन

कैसा काल पड़ा है दुनिया में, भेन्ना
सुना ना देखा है,
घर के बच्चे खाना माँग्गै,
गेहुँओं में कन्टरोल।
घर की लुगाई खाना माँग्गै
रोज लड़ाई हो।
घर के बच्चे बगड़ की रोट्टी चावल माँग्गै
चावल पै कन्टरोल।

(2) मँहगाई

सब चीजों में तेजी आग्गी बेशर्मी मन्दी होग्गी।
पाप का पहिया रड़क रहा अर धरम पै पाबन्दी होग्गी।
साम दाम और दण्ड भेद यह चार चीज बिन राज नहीं,
राज काहे का बता रहा जब किसी के सर पै ताज नहीं।

राज करणियाँ माणस के देख्खो धर्म लिहाज नहीं।
दुनिया चीख-चीख मर री है, सुणता कोई आवाज नहीं।।
चोर-चोर उठ बदमाशों की यारो नौचन्दी होगी।।

इस लोकगीत की प्रथम पंक्ति में प्रयुक्त 'बेशर्मी मन्दी होगी' न केवल भाव की दृष्टि से अपितु शिल्प की दृष्टि से भी अद्‌भुत प्रयोग है।

(3) मद्यपान

मत करो नशा, हो बुरी दशा, सब इससे बचके रया करो।
सुल्फा, गाँजा, भाँग, धतूरा, दारू मतना पिया करो।।
सुल्फा पीने वालों को होजा दमे की बीमारी।
होजा छेद फेफड़ों में यूँ काया सूक्खै सारी।।
खौ-खौं हरदम करते हैं मरने की होजा तैयारी।
बुरा शौक इस सुल्फे का क्यूँ पीण लाग रे नर-नारी।।
मिट जागी सब सरदारी, मत ऐब कुकर्म किया करो।।

(4) नारी का अपमान

होते रहे दिन रात अगर नारी पै अत्याचार।
दुर्गा, लक्ष्मी, सरस्वती, की पूजा है बेकार।।
रिश्ता ना कोय करियो, अपणो तै बडे घर मैं।
त्योहार निभै, सदा मेल मिलै अपणे ही बराबर में।।

(5) दहेज

बैठे मुँह खोल जित दानव दहेज के।
दुख ना लो मोल बेटी ऐसे घर भेज के।
हाय रे दहेज ऐसी जहरी सराब सै।
लेणा भी खराब जिसका देणा भी खराब सै।

(6) संयुक्त-परिवार के प्रति प्रतिबद्धता

सुख-दुख साझला हो-दोनों परिवार का।
जुडकै ना टूटै ऐसा-रिश्ता हो प्यार का।।
बाबुल के जैसा हो ससुरे का आसरा।
एक सार लागै दोनों पीहर-सासरा
सासू मैया का हो रूप, देवर भैया का रूप
अर राम दिखैं वर में।

(7) परिवार-नियोजन

देश में फैला है परचार, रखो भई छोटा सा परबार।
ये थारे सुख का है आधार, न्यू कहती है सरकार।।
युवक नेता श्री संजय गाँधी, का है सबसे कहना।
परवार-नियोजन अपनाओ, जो चाहो सुख से रहना
सहना पडै विपत का भार, जो ना किया हुकम स्वीकार।।

(8) बीस-सूत्री कार्यक्रम

बीस-सूत्री प्रोग्राम देश में कारण सै खुशहाल्ली का।
परधान मन्तरी इन्द्रा गाँधी देश के अव्वल माली का।।
सरकारी खर्चा जनता सै सभी घटाया जायेगा।
और जरूरत की चीजों का मूल्य गिराया जायेगा।
भूमि की हद बाँटन का कानून बनाया जायेगा।
फाजिल भूमि को भूमिहीनों में बटवाया जायेगा।।
हर बशर एक सा पायेगा, ना काम रहे कंगाल्ली का।।

उपरिलिखित सभी समस्याओं की अभिव्यक्ति ब्रज लोकगीतों में भी हुई है। कुछ ब्रज लोकगीत सामाजिक चेतना के इन्हीं आयामों को प्रदर्शित करते हुए प्रस्तुत हैं–

(1) फैशन

टेक : *ये आज कल्ल की नार, ओ नार,*
अब फैशन नयौ बनावै है
कली : *दारी है रही है मस्तानी।*
रहैं सूट पहन के दीवानी।।
तोड़ : *चोटी बाँधै झुब्बादार, औ दार,*
सब कजरा नैन लगावै है।
टेक : *ये आज कल्ल की नार...।*
कली : *एक चीज बिलोज अब ढूँडी है।*
लै पहिन चमक रही टूँड़ी है।।
तोड़ : *साड़ी की अजब बहार औ बहार,*
यूँ दो गज ही बनवावै हैं।।

(2) मँहगाई

महँगाई कर रही ख्वार, ओ ख्वार।
सब तबाह भये नर-नारी।।
भारत की रेड़ कराई है,
ई हौनी कैसी आई है,
कैसे होय बेडा पार ओ पार।।
सब दुखी भए नर और नारी।

(3) परिवार-नियोजन

घने बडे परिवार की।
सब सुन लियो धरै कै ध्यान जी।
कितनी कितनी विपता परती।
पूरे नाय समान जी।।
सुन लियौ घनौ बडौ परिवार,
वामें सुख को नहिं सार,
कैसी होय जिन्दगी ख्वार।
नेंकऊ आवै नाय तान जी।

(4) परिवर्तित सांस्कृतिक-मूल्य

मोय मत पूछै निरप कठिन कलियुग की छाया,
कलियुग आमन-हार, चलाबै अपनी माया,
होय राजा बेईमान, जैसी परजा होयगी
सब धरिगे धरम ईमान,
सो तीन युगन पहले ते
मोहि कलि की कलना लग रही।

इसी प्रकार लोकजीवन के अन्य सभी सामाजिक आयामों की इन दोनों बोलियों के लोकगीतों में सफल अभिव्यक्ति हुई है। लोक की सामाजिक-चेतना के जितने भी आयाम लोकजीवन में सम्भव हैं प्रायः वे सभी कौरवी व ब्रज लोकगीतों में मुखरित हुए हैं। अगले अध्याय में हम लोकजीवन की इसी सामाजिक चेतना व उसकी कौरवी व ब्रज लोकगीतों में अभिव्यक्ति का विशद् अध्ययन व परीक्षण करेंगे।

(2) कौरवी और ब्रज लोकगीतों में अभिव्यक्त सांस्कृतिक चेतना

कौरवी व ब्रज लोकगीतों में इन दोनों क्षेत्रों की सांस्कृतिक चेतना भी, विभिन्न आयामों के साथ अभिव्यक्त हुई है। इन लोकगीतों में इन दोनों क्षेत्रों की निजी उत्सवधर्मिता को स्वर मिला है। कौरवी व ब्रज लोकगीतों में लोक की सांस्कृतिक चेतना के विभिन्न स्तरों पर जुड़े त्योहारों का प्रचुर वर्णन मिलता है। इसी प्रकार कौरवी व ब्रज लोकगीतों में लोकजीवन से जुड़े संस्कारों, उत्सवों, क्षेत्रीय टेहलों, विभिन्न धार्मिक मान्यताओं, धार्मिक विश्वासों, नीति आदि की भी प्रखर अभिव्यक्ति हुई है। कौरवी व ब्रज दोनों बोलियों की गहरी दार्शनिक समझ के लोकगीत भी पर्याप्त मात्रा में उपलब्ध हैं। लोकचेतना के इस सांस्कृतिक आयाम को मुखरित करते ऐसे ही कुछ ब्रज व कौरवी के लोकगीत उदाहरणार्थ प्रस्तुत हैं।

कौरवी

(1) होली

राजा नल के बार मची होली,
मची होली, ए मची होली।
हम पै तो राजा, सिलवा भी ना है,
सिलवा भी ना है।
मैं काहे कू पहर खेलूँगी होली
खेलूँगी होली।
अब के हँस गोरी खेलो होली
परकै सिला दूँ साढ़े नौ जोड़ी। राजा नल...।

(2) कृष्ण जन्माष्टमी (स्त्री-पुरुष सभी सम्मिलित गाते हैं।)

संग की सहेलियाँ दूध बेचन को जाँय,
दूध उनका पी गया वह गाली देती जाँय।
बजाय गयो रे, वह तो अँगना में बँसरी
सुनाय गयो रे, अँगना में
सवद सुनाय गयो रे, अँगना में।

(3) झाँझी (साँझी)[8]

आरता री आरता,
मेरी झाँझी माँई आरता।
आरते के फूल महेसरे की वाती।
गोरा री गोरा,
भरा है कसेरा,
इतनी सी सेलखड़ी में,
कौन-कौन गोरा?

(4) दर्शन-परक गीत

जगत जवाँ यू जननी बनके आ बेटा तनै प्यार करूँ।
मात कह मेरा बड़ा बनैगा, मौत कह इन्तजार करूँ।।
सिरसटी में एक नियम कसूता ही से जीणा मरणा।
ऋषि कहै सब भजन करो अब सागर पार उतरना।।
बुरे कर्म का बुरा नतीजा बुरा कर्म मत करना।।

(5) नीति

छोड करकै जाना पडे सौद्दा सब संसार का।
बिन भक्ति के रहा घूमता घर का रहा ना वार का।।

(6) लोकदेव जहार मियाँ

हरियाले पीपल एरी पडी है जेवडी
कोंई झूलन आये रनवास मियाँ
पहला तो झोंटा री एरी सिरियल[9] *कू दीजै,*
अरी बादल[10] *कू दीजै*
कोई, पीछे से झूलै रनवास मियाँ।

इसी प्रकार ब्रज लोकगीतों में लोक की सांस्कृतिक चेतना के प्रत्येक आयाम पर अभिव्यक्ति उपलब्ध है। त्योहार, संस्कार, मान्यता, विश्वास, उत्सव, टेहले, नीति, व दर्शन के वर्णनों भरे ऐसे ही कुछ लोकगीत, जो ब्रज लोकगीतों की सांस्कृतिक चेतना के विभिन्न आयाम मुखरित कर रहे हैं, उदाहरणार्थ प्रस्तुत हैं।

ब्रज

(1) होरी

आज बिरज में होरी रे रसिया,
होरी रे रसिया, बरजोरी रे रसिया।
उड़त गुलाल लाल भये बादर, केसर रंग में बोरी रे रसिया।
बाजत ताल, मृदंग, झाँझ, ठप, और मंजीरन जोरी रे रसिया।।

(2) करवा चौथ

मैं तो बरत रही हूँ करवा चौथ, दहीन के अरध दिये
मैंने माँगी कौसल्या सी सास, ससूर राजा दशरथ से,
मेरे चरत भरत देवर जेठ, ननद छोटी बहना सी,
मैंने वर माँगे श्रीराम, दहीन के अरघ दिये।

(3) हिंडोला

झूलत सुरंग हिंडोरे, राधा मोहन झूलत सुरंग हिंडोरे
बरन-बरन तन चूनर पहरै, ब्रज बनू चहूँ आरे
राग मल्हार अलापत सप्त स्वर, तीय गाम के जौरे
मदन मोहन जू की जा छवि उपर गोविन्द बल तृन तौरे।

(4) सैयद

गांम पछाए मग पीपरी म्हाँ सैयद को थानु
सैयद रन लाडिलौ रे।
सोवद सैयद औचकौ रे, जोधा औचकौ रे,
कोन जगामन जाय माई रे।
के तौ जगामें देवी फातिमा,
कै कुलवन्ती नारि, सैयद रन लाडिलौ रे।[11]

(5) दर्शन

एरी तेरे बालम की अटरिया मोय जचैन,
नसेनी घर भायेली।
कर्म-धर्म दोनों भाइन की बटली बहिन लगा लेना।
दस इन्द्री का डन्डा आली उसमें आप लगा लेना
एरी उस डण्डा पै चढ़ि जइयो सुख देन। नसेनी घर भायेली।

इस प्रकार स्पष्ट है कि कौरवी व ब्रज दोनों बोलियों के लोकगीतों में लोक की सांस्कृतिक चेतना के प्रायः स्तर का उद्घाटन हुआ है, जिसका विशद् अध्ययन शोध के पंचम अध्याय में किया जायेगा।

(3) कौरवी और ब्रज लोकगीतों में अभिव्यक्त राजनीतिक चेतना

कौरवी व ब्रज दोनों ही क्षेत्रों का भारत के राजनीतिक इतिहास में महत्त्वपूर्ण स्थान है। भारत के प्रथम स्वतन्त्रता-संग्राम की साक्षी, आज भी मेरठ का काली-पल्टन स्थित औघड़नाथ मन्दिर देता है। इतिहास की प्रत्येक करवट ने, पहले इस जनपद की चेतना रूपी स्वीकृति प्राप्त की है। इसी प्रकार ब्रजभूमि ने भी अपने कण-कण में, युग की इस राजनीतिक चेतना को अंगीकार किया था। यही कारण है कि इन दोनों क्षेत्रों के लोकगीतों में समय के ये गेय-शिलालेख अपनी सम्पूर्ण प्रखरता के साथ आज भी गुंजरित हैं। इन लोकगीतों ने, महात्मा गाँधी, पण्डित नेहरू, नेताजी सुभाष चन्द्र बोस, चन्द्रशेखर आजाद जैसे स्वतन्त्रता के महायज्ञ के होता, अपनी सर्जना की विषयवस्तु बनाये हैं। स्वतन्त्र भारत के अनेक चमत्कारी व्यक्तित्व जैसे श्रीमती इन्दिरा गाँधी, युवक नेता श्री संजय गाँधी, डॉ. अम्बेडकर व यहाँ तक कि किसान यूनियन के कुरु प्रदेश के चर्चित नायक चौधरी महेन्द्र सिंह टिकैत को भी यहाँ के लोकगायकों ने अपनी अभिव्यक्ति का विषय बनाया है। साथ ही विशिष्ट राजनीतिक घटनाएँ जैसे जलियाँवाला बाग, चरखा, सन का युद्ध आदि भी इन लोकगीतों की विषय-वस्तु रहे हैं। इन लोकगीतों की राजनीतिक चेतना देश-प्रेम व राष्ट्रीयता की भावना से ओत-प्रोत है। यही कारण है कि शोधार्थी को कौरवी में क्रान्तिकारियों के बलिदान व जीवन-दर्शन पर प्रचुर मात्रा में लोकगीत प्राप्त हुए हैं। कौरवी व ब्रज लोकगीतों में इस राजनीतिक चेतना के विभिन्न आयाम उदाहरणार्थ प्रस्तुत हैं।

कौरवी

(1) महात्मा गाँधी

मारे गये भगवान म्हारे गाँधी मारे गये
सहर नहीं मारे, बाग नहीं मारे
मारे मन्दर के बीच-हमारे गाँधी मारे गये।
माँ नहीं रोये, बाप नहीं रोये
रोया जग संसार-म्हारे गाँधी मारे गये।

(2) नेताजी सुभाष चन्द्र बोस

भारत माता तेरे फिकर मैं
बाबू चन्दर बोस गया
बेरा ना पाट्टे कित फिरै भरमता
हो कै तेरा पूत गया
सब तै पहले कहा वीर ने
आपस मैं तम मेल करो
फूट गुलामी पड़ी देश में
सोच समझ विचार करो।

(3) देश प्रेम

पिया, फौजी रे मनै हिन्दुस्तान दिखा दे।
जलियाँवाला बाग दिखा दे जहाँ ब्रिटिश ने घर ढाये थे।
फिर देखूँगी वह जहाँ से आर्य समाजी आये थे।
फिर देखूँगी जहाँ जन्म दयानन्द ने पाये थे।
फिर देखूँगी वहाँ जहाँ दीवारों में बालक चिनवाये थे।।
पृथ्वीराज चौहाण के पिया चलते बाण दिखा दे।
पिया फौजी मनै हिन्दुस्तान दिखा दे।।

(4) राष्ट्रीयता (युद्ध के परिवेश में)

सीमा ऊपर छिड़ी लड़ाई, आया टेलीग्राम रै।
अर बिस्तर बाँध ठा लिया सर पै, छोड़ चला घर गाम रै।।
बस्ती वाले देख रहे सब, उस कू लोग लुगैया।
राखी बाँध बहण यूँ बोल्ली जा सीमा पै भैया।।
मेरा यो आसीष लाडले, हँस के बोली मैया।
वो ही पार करेंगे तेरी, भव सागर तै नैया।।
रक्षक कृष्ण-कन्हैया बेटा, रटलै उसका नाम रै,
अर बिस्तर बाँध ठा लिया सर पै, छोड़ चला घर गाम रै।

इसी प्रकार ब्रज लोकगीतों में लोक की राजनीतिक चेतना के विविध आयाम उद्घाटित होते रहे हैं। ऐसे ही कुछ ब्रज लोकगीत उदाहरणार्थ प्रस्तुत हैं, जिनमें ब्रज लोक की राजनीतिक चेतना के विभिन्न आयाम अपनी सम्पूर्ण रसमयता व जागरूकता के साथ गुंजरित हो सके हैं।

ब्रज

(1) चरखा

मेरे चरखे कौ टूटै न तार, चरखा चलतौ रहै।
काहे कौ चरखा बनवायौ, काहे की डारी माल।
चन्दन को चरखा बनवायौ, रेसम की डारी माल
चरखौ चलतौ रहै।

(2) राष्ट्रीयता

चलैगी गोली सीमा पै, तुम रहियो बीर हुस्यार
दगाबाज छलिया वैरी बिह दुबकि लगावै घात।
समय ले रह्यौ तैयारी कूँ करै मेल की बात।
बिसके दाँत साँप के तोरो तब लीजौ विसराम।
पानी आगै पारि बाँधनौ यही सयानौ काम।
झूठे बाइदे करै जो बैरी बाकौ का विस्वास।

(3) बंगला-मुक्ति संग्राम (1971)

या बंगला की आजादी मैं
है गये बहुतेरे बलिदान।
हँस-हँस बीरन ने जंग कियौ,
दुसमन कौ हौसलौ तंग कियौ।
गये छोड़ मैदान। या बंगला की आजादी मैं।

(4) देश-प्रेम

माँ कठिन मुसीबत झैल हिन्द लई आजादी।
अत्याचार अंगरेजन कियो बहु जनता दई मार।
बडे-बडे वीर चढ़ाय दये फाँसी बहु कूअन दीये डार।।
करीये अति बरबादी। माँ कठिन...।

इसी प्रकार अन्य अनेक राजनीतिक चेतना बोधी लोकगीत ब्रज व कौरवी लोक में प्रचलित हैं। इन लोकगीतों के इस प्रचुर रतनागार का गहन अवगाहन, परीक्षण, विश्लेषण हम शोध के षष्ठ अध्याय में करेंगे।

(4) कौरवी और ब्रज लोकगीतों में अभिव्यक्त साहित्यिक चेतना

कौरवी व ब्रज लोक का हिन्दी साहित्य में महत्त्वपूर्ण अवदान है। इन दोनों ने समय-समय पर हिन्दी साहित्य को ऐसे अनेक अनमोल रत्न प्रदान किये हैं, जिनकी द्युति से हिन्दी का साहित्याकाश अद्यतन आलोकित है। यह क्षेत्र हिन्दी की सर्वाधिक महत्त्वपूर्ण बोली ब्रज का क्षेत्र है तथा खड़ी बोली हिन्दी की उत्पत्ति का क्षेत्र है। इस साहित्यिक चेतना का प्रभाव यहाँ के लोकगीतों पर पड़ा है। लोक-स्मृति से निःसृत रस से पगे ये गीत साहित्यिक चेतना से भरे पड़े हैं। लोकगीतों का साहित्यिक सौन्दर्य अनायास है और यही उन्हें मनोहर व सहज बनाता है। उनकी अलंकारिता काव्य-सर्जना के साथ-साथ स्वतः ही उपजी है, अतः वह दुरूह न होकर सरल है। इसी प्रकार ब्रज व कौरवी के लोकगीत रस की दृष्टि से लबालब भरे हुए हैं। इनमें नवरस की झाँकी देखने को मिलती है। प्रकृति ने इन दोनों क्षेत्रों पर सदा अपनी कृपा रखी है। नदियों, नहरों से घिरे ये दोनों क्षेत्र सदा से प्रकृति-प्रिय रहे हैं। यही कारण है कि कौरवी व ब्रज लोकगीतों में पर्याप्त प्रकृति चित्रण दृष्टिगोचर होता है। भाषा के कुछ सर्वथा अनूठे प्रयोग, कुछ नवीन लोक-छन्द, शब्द-शक्ति के अद्‌भुत प्रयोग, लोकधर्मी चेतना से उद्‌भूत बिल्कुल नये बिम्ब व प्रतीक, कौरवी व ब्रज लोकगीतों में देखे जा सकते हैं। इस प्रकार ब्रज व कौरवी लोकगीतों में साहित्यिक चेतना के अनेक आयामों को सफल अभिव्यक्ति मिली है। यहाँ ब्रज व कौरवी के कुछ लोकगीतों की साहित्यिक चेतना उदाहरणार्थ प्रस्तुत है।

कौरवी

(1) रस

पालने में झुलइयो रे लाल कू पालने में।
जब मेरा लाला दादी कहेगा,
जब मेरा लाला ताई कहेगा,
दूरों से दूादी बुला दूँ लाल कू।
दूरों से ताई बुला दूँ लाल कू। (वात्सल्य)

सैंया रतनाली। ओ राजा रतनाली। जामन ला।
गिरी पडी सैंया। मैं नहीं खाऊँगी,

उरे-परे की सैंया। मैं नहीं खाऊँगी,
सास-नन्द के हाथ की, मैं नहीं खाऊँगी,
अपने हाथ से खिला दो।
घौंटे पे लिटा के खिला दो। (श्रृंगार)

जच्चा तौ मेरी भोली-भाली रे,
जच्चा तौ मेरी सीधी-साधी रे।
आठ कनस्तर घी के पी गयी,
सोलह मन खायी शक्कर रे,
जच्चा तो मेरी खाना ना जाने रे।
जच्चा तो मेरी भूखी मर गयी रे। (हास्य)

(2) अलंकार

(अ) उपमा

वेद शास्त्र ढूंढ लिए मनै ओम के जैसा नाम कोन्या।
श्रवण जैसा पुत्र नहीं कौशल्या जैसी माँ कोन्या।।
हिमालय जैसा पर्वत ना और काशी सा स्थान नहीं।
ध्रुव जैसा नहीं तपस्वी-रावण सा विद्वान नहीं
सीता जैसी सतवन्ती-धर्म के सा ज्ञान नहीं।
भिरगू जैसा नहीं ज्योतिषी-कृष्ण सा रथवान नहीं।
दुर्योधन सा जिद्दी ना और हरिशचन्द्र जैसी हाँ कोन्या।

(ब) रूपक

काहे कू ब्याही विदेश रे सुन बाबुल मोरे।
हम तो रे बाबुल तेरे झैंदे की चिड़ियों
मारा डला उड़ जायें रे सुन बाबुल मोरे। काहे कू...।
हम तो रे बाबुल तेरे खूँटे की गैंया
हांको जिधर हंक जायें रे सुन बाबुल मोरे। काहे कू...।

(स) दृष्टान्त

रतन कटोरी घी जलै रे बीरा
चूलहे जलै रे कसार।
घूँघट मैं गोरी जलै
जाके चाने भरतार। रे मेरी बावणी मल्होर।

(3) प्रकृति-चित्रण

सुन–सुन सखी पंछी का ब्याह था
बगुला बराती आये, जुगनू मशाल लाये
मोर तो खूब बोले, जेमनी बारात गाये
पोदना करै तराई, बुलबुल करै लड़ाई
जूं ही बिल्ली आई, सारी सभा भगाई।

(4) बिम्ब-विधान

भातियों की मूंछ जैसे कुत्ते की पूँछ
मत पाड़ियो रे लाल, वो तो बिचारा गरीबड़ा।
भातियों के कान जैस फूट्टी दुकान
गधे मत बाढ़ियो रे लाल, वो तो बिचारा गरीबड़ा।

(5) प्रतीक

सब चीजों में तेजी आग्गी बेसरमी मन्दी होगी।
पाप का पहिया रड़क रहा अर धरम पै पाबन्दी होगी।
चोर–जार–ठग बदमाशों की यारो नौचन्दी[12] होगी।

इसी प्रकार ब्रज लोकगीतों में साहित्यिक चेतना के विभिन्न आयाम मुखरित हुए। ऐसे ही कुछ ब्रज लोकगीत उदाहरणार्थ प्रस्तुत हैं।

ब्रज

(1) रस

लाला तौ देखौ पढ़िबै जावै है।
बगल में यही बस्ता लैकें, रोब दिखावै है।
लाला तो देखौ पड़िबै जाबै है।
तीन बरस भए आ ई उ ना आखर आबै हैं
कान पकरिकैं धौल जमाबै, बाप रिस्याबै हैं।
लाला तो देखौ पढ़िबै जाबै हैं। (हास्य)

इकली घेरी बन मैं आय
स्याम तैने कैसी ठानी रे।
स्याम मोहे बिन्द्रावन जानौ,

लोटि कै बरसाने आनौ
हो जाय देर-अबेर
लड़ै घर नन्द-जिठानी रे
इकली घेरी बन मैं आय। (श्रृंगार)

सासुलिया रानी मत बोले गरब के बोल,
मेरौ जियरा लरझै बरसै जल की धार,
मेरी नॉयै भतीजौ मैया कौ जायौ बीर,
मेरौ बाबुल जोगी, जोगी पै नॉये हतै भात। (करुण)

(2) प्रकृति-चित्रण

जागिए ब्रजराज कुंवर भोर भयौ अंगना,
बाट के बटोही चलें पंछी चले चुगना।
कूआ की पनिहारिन चली, हम चली श्री यमुना।।

(3) अलंकार

(अ) उपमा

हाड़ जरै जैसे लाकड़ी केस जरैं जैसे घास,
ठाड़ी तो जरे चन्द्रावली जाके भाई ना बाप।

(ब) रूपक

एरी तेरे बालम की अटरिया
मोय जचैन, नसेनी घर भापेली।
कर्म-धर्म दोनों भाइन की बल्ली बहिन लगा लेना।
दस इन्दी का डण्डा आली उसमें आप लगा देना।
एरी उस डण्डा पै चढि जइयो सुख-दैन। नसेनी...।

(स) मानवीकरण

उड़ जा रे कागा उड़ चौं न जा रे,
आज बिरन घर आयौ।
कागा बिचारौ उड़न न पायौ तौ
जू बिरन घर आइयै।।

(4) बिम्ब-विधान

साईकिल पै रसिया चढ़ बैठ्यौ
धन रही है रुदन मचाय।
धन थरर-थरर थर्राय
ओ थर्राय। धन रही है रुदन मचाय। (ध्वनि बिम्ब)

इस प्रकार स्पष्ट है कि कौरवी व ब्रज लोकगीतों में साहित्यिक चेतना के अनेक स्तरों की मुखर अभिव्यक्ति हुई है। इन लोकगीतों में लोक की इस प्रभावी चेतना की अचूक अभिव्यक्ति का विशद् अध्ययन हम शोध के सप्तम अध्याय में करेंगे।

सन्दर्भ

1. श्री नवल जी : नालन्दा विशाल शब्द सागर (सम्पादित) पृ. 388
2. वामन शिवराम आप्टे : संस्कृत-हिन्दी कोश, पृ. 387
3. जैस स्टर्लिन (एडिटर) : रैण्डम हाउस डिक्शनरी ऑफ द इंगलिश लैंग्वेज, पृ. 311, संस्करण 1970
4. डॉ. अवध नारायण त्रिपाठी : नयी कविता में वैयक्तिक चेतना।
5. रवीन्द्रनाथ दरगन : छायावादी काव्य में राष्ट्रीय सांस्कृतिक चेतना, पृ. 65
6. डॉ. हरद्वारी लाल शर्मा : लोकवार्ता विज्ञान (भाग दो)।
7. वही, पृ. 14
8. कौरवी लोक में नवदुर्गे की एक मिट्टी की मूर्ति दीवार पर बनायी जाती है, उसे साँझी या झाँझी कहा जाता है। पड़वा के दिन 'झाँझी मइया' की प्रतिष्ठा की जाती है व कुमारी कन्याएँ उनकी आरती के गीत गाती हैं।
9. जहार मियाँ की पत्नी का नाम।
10. जहार मियाँ की माँ का नाम।
11. सैयद ब्रज क्षेत्र के 'लोक देव' हैं। सैयद के थान (स्थान) की पूजा, ब्रज लोक में जाटव व अन्य कई जातियों में प्रचलित है। विवाह में मंगल के लिए, रतजगे के समय सैयद का गीत गाया जाता है।
12. पश्चिमी उत्तर प्रदेश का, मेरठ में लगने वाला एक मेला, जो अपनी धूमधाम, चमक-दमक व वैभव के लिए प्रसिद्ध है।

चतुर्थ अध्याय

कौरवी और ब्रज लोकगीतों में अभिव्यक्त सामाजिक चेतना

लोकगीत लोक की सहज भावाभिव्यक्ति हैं। चूँकि इनकी सर्जना लोक करता है, अतः इन लोकगीतों में व्यक्ति-विशेष की अपेक्षा लोक की ही छाप दृष्टिगोचर होती है। कौरवी और ब्रज लोकगीतों में समाज की चेतना का एक स्पष्ट रूप आकार लेता रहा है। यह समाज सहज है, सरस है और समरस है। इस समाज की समरसता इतनी सघन व गहरी है कि सहसा लोक की विमुग्धकारी व्याप्तता और उसकी प्रभविष्णु-क्षमता अपनी सम्पूर्ण प्रखरता के साथ सामने आ जाती है। डोली में विदा होती पुत्री पूरे गाँव की बेटी है और कौरवी व ब्रज के लोकगीतों में वह अपनी डोली के 'कहार' को चाहे वह किसी भी जाति का हो, 'भैया' ही कहती है। अपनी रोती हुई माँ को धैर्य बँधाने के लिए वह मार्ग के जिस बटोही को माँ के लिए सन्देश देती है; वह जाति, धर्म व प्रदेश की सीमाओं से परे, विशुद्ध संवेदनाओं के समरस सम्बन्ध के कारण उसका बटोही भैया ही है। ऐसी असाधारण सामाजिक समरसता तथाकथित शिष्ट-समाज की आधुनिक लोकतन्त्रीय अवधारणाओं में भी दृष्टिगोचर नहीं होती। कौरवी व ब्रज दोनों ही लोक सरस है। दोनों के मध्य एक महत्त्वपूर्ण सामाजिक अन्त:सम्बन्ध की धारा सदैव प्रवाहित रहती है। समाज की जीवन-पद्धति, आचार-विचार व सोच इन लोकगीतों में मुखरित हुई है। सामाजिक आचरण व लोक की दैनन्दिन अनुभूतियों का आवेग भी इन लोकगीतों की मुख्य विशेषताएँ हैं। इस प्रकार कौरवी व ब्रज लोकगीतों में लोक की सामाजिक चेतना के विभिन्न आयामों का दर्शन मिलता है। लोक की सामाजिक चेतना के कुछ महत्त्वपूर्ण स्तर, जो कौरवी व ब्रज लोकगीतों में उद्‌घाटित हुए हैं, निम्न हैं–

(क) समाज के रहन-सहन, खान-पान, व्यवहार सम्बन्धी गीत

यदि अपवादों को छोड़ दिया जाये तो किसी एक समाज में प्रायः एक प्रकार की ही जीवन-पद्धति पायी जाती है। यह जीवन-पद्धति उस लोक के मानस में उचित-अनुचित के निकष पर कसे जाने के बाद क्रिया के स्तर पर परीक्षित भी होती है। इस पर प्रश्नचिह्न लोक में आदरणीय नहीं होता। कौरवी व ब्रज लोक ने इतिहास के प्रत्येक परिवर्तन को न केवल देखा व जाना है, अपितु उसे भोगा भी है। कौरवी व ब्रज का लोक-साहित्य इसी कारण से सामाजिक चेतना का प्रतिबिम्ब भी है। कौरवी व ब्रज में सामाजिक चेतना के इन सभी स्तरों पर लोकगीत उपलब्ध हैं। परिवर्तित होते सामाजिक मूल्य, समाज का रहन-सहन, आधुनिक सुख-सुविधाओं व नवीन वैज्ञानिक आविष्कारों का प्रभाव, खान-पान, आचार-विचार, कार्य-व्यवहार, फैशन व महँगाई जैसे लोक की सामाजिक दृष्टि में खल-पक्ष के विषय, मोटर, विद्युत, रेल, रेडियो, सिनेमा, स्त्रियों में पायी जाने वाली सामन्य प्रवृत्तियों, माता-पिता व गुरुजनों का सम्मान, ससुराल व उसके विभिन्न कटु-मृदु अनुभव, जाति-व्यवस्था, सामाजिक-सहिष्णुता व पारिवारिक-विघटन जैसे अनेक विषयों पर, कौरवी व ब्रज में लोकगीत उपलब्ध हैं। ये लोकगीत सामाजिक चेतना को अपनी सम्पूर्ण सर्जनात्मक ऊर्जस्विता के साथ मुखरित करते हैं। इन लोकगीतों में कौरवी व ब्रज लोक के खान-पान व रहन-सहन का सम्पूर्ण ज्ञान प्राप्त होता है। दैनिक जीवन के प्रयोग में आने वाली प्रायः प्रतयेक वस्तु का वर्णन इनमें अनायास ही आ गया है। इन दोनों लोकों में खान-पान का स्तर अत्यन्त सुरुचिपूर्ण व समृद्ध है। लगभग प्रत्येक घर में दुधारू पशु होता है। अतः लस्सी, दूध, दही, मिष्ठान आदिं खाद्य-पदार्थ इन क्षेत्रों की प्रिय वस्तुएँ हैं। 'कन्हैया' जो इन दोनों क्षेत्रों के प्रमुख लोकदेव भी हैं, की माखन-प्रियता विख्यात है। एक उदाहरण निम्नलिखित है-

ओ मोहन तुम हमारी गली आ जाना।
आ जाना जी, आ जाना।
ओ मोरे कन्हैया। लूं मैं बलैया।
माखन खाय मुसका जाना।
आ जाना जी, आ जाना। (कौरवी)

इसी प्रकार अन्य खाद्य-पदार्थों को क्रम में संयोजित करके गीत को विस्तार दिया जाता है। कौरवी व ब्रज दोनों ही क्षेत्र प्रायः शाकाहारी हैं।

इसी कारण से शाकाहारी खाद्य-वस्तुएँ, फल, मिठाई आदि यहाँ के खान-पान में प्रमुख स्थान रखती हैं। एक उदाहरण निम्न है–

मेवा लायी, मिठाई लायी, फल लै आऊँगी।
आओ जी मेरे हरि जी आओ, तुम्हें खिलाऊँगी।
सरबत लाई, लस्सी लाई, जल भर लाऊँगी।
आओ जी, मेरे हरि जी आओ, मैं तुम्हें पिलाऊँगी। (कौरवी)

घर के खान-पान के अतिरिक्त देहरी से बाहर भी उसके लिए लडडू-पेड़ा व जलेबी आदि मिष्ठान्न ही प्रिय हैं। मेले देखने की इच्छा रखने वाली ब्रज-ललना की प्रार्थना का यह रसिया उल्लेखनीय है–

जोड़ूं हाथ बलम मैं तेरे मुख सौं अपने कहि दै।
मेला देखन जाऊँ खरच कूँ पाँच रुपईया दई दै।
चम्पा और चमेली जाय रई मैं कैसे रह जाऊँगी।
पाँच आना की पाव[1] जलेबी बैठ सड़क पै खाऊँगी।
लड्डू-पेड़ा और जलेबी, सभी माल आय जायेंगे।
मेला में तोय ददुआ, प्यारी, नोंच नोंच खाय जायेंगे। (ब्रज)

कौरवी व ब्रज लोकगीतों में गर्भिणी-स्त्री के लिए प्रचुर खाद्य-सामग्री का वर्णन मिलता है। स्त्री जब एक शिशु को जन्म देती है तो शारीरिक रूप से यह उसके लिए अत्यन्त कष्टप्रद होता है। इस समय पर जच्चा के खान-पान का बहुत ध्यान रखा जाता है। यह खाना स्वाद को दृष्टि में रख कर नहीं, अपितु गुण व चिकित्सकीय आवश्यकताओं को ध्यान में रखकर बनाया जाता है। सोंठ, जीरा, अजवायन, घी, मेवा, गोंद की कनी आदि वस्तुओं को डालकर लड्डू बनाये जाते हैं। घी व अजवायन का एक पेय, शिशु के जन्म के तुरन्त बाद, दो या तीन दिन तक स्त्री को पिलाया जाता है, जिसे 'पात' कहते हैं। साँधे के लड्डू जच्चा की माँ के घर से आते हैं। वैसे ये सास द्वारा भी बनाये जाते हैं। मेवा, घी, अजवायन, सोंठ आदि डालकर जच्चा के लिए जो लड्डू बनाये जाते हैं, उन्हें 'केवका' भी कहा जाता है। ऐसे कुछ लोकगीत यहाँ प्रस्तुत हैं, जिनमें जच्चा के खान-पान व वस्त्र आदि का उल्लेख मिलता है–

चरपना लड्डू सोंठ का।
सास बहु से यों कहे, बहू। जरा सा हमें चखा दो,
स्वाद जाने कैसा गोंद का रे,
स्वाद जाने कैसा सोंठ का रे। चरपना लड्डू....!

फोड़ूँ तो दुक्खै मेरी उँगली,
अर, साबत दिया भी ना जाय,
पंसेरी भरा इनमें घी पड़ा।
बदाम अर पिसते भी खूब पड़े।
गिरी-छुवारे खूब पड़े।
चरपना लड्डू सोंठ का रे। (कौरवी)

यही गीत ब्रज में थोड़े से परिवर्तन के साथ इस प्रकार उपलब्ध होता है।

देखो बड़े मसालेदार लडुआ सोंठिन के।
वे खड़े ससुरजी अरजें,
बहू हमें चखाऔ नाय, लडुआ सोंठिन के।
देखो बड़े मसालेदार...।
आधा देत मोय सरम लगै री,
अरी, पूरौ दियौ ना जाय, लडुआ सोंठिन के।
देखो बड़े मसालेदार...। (ब्रज)

इसी प्रकार नवजात शिशु हेतु माँ के स्तनों में पर्याप्त दूध उतर आये इसके लिए जीरे का प्रयोग दोनों लोकों में होता है, अतः जीरे पर भी प्रचुर गीत कौरवी व ब्रज लोक में पाये जाते हैं। कुरु-लोक में प्रचलित अनेक गीतों में इस प्रकार का वर्णन पाया जाता है। एक उदाहरण द्रष्टव्य है-

बहू! लाला कू उतरैगा दूध, सुहागिन जीरा लै।
दरवज्जे बैठी सास कहे, बहू! जीरा लै।
जीरा जो कडुआ, कसायता, बक-सायला
मेरा लाला ना पीवैगा, दूध, सुहागिन जीरा लै।
बहू! लाला कू उतरैगा दूध, सुहागिन जीरा लै। (कौरवी)

कुरु व ब्रज में ऐसी लोक-अवधारणा है कि प्रातःकाल में जीरा खाने से बच्चे के लिए ज्यादा दूध उतरता है।

इसी प्रकार दैनिक जीवन में प्रयुक्त सभी खाद्य-पदार्थों का उल्लेख हमें लोकगीतों में मिल जाता है। एक लोकगीत प्रस्तुत है, जिसमें अनेक खाद्य-वस्तुओं का वर्णन एक 'सांग-रूपक' के माध्यम से किया गया है।

केले की भई सगाई, सकरकन्दी नाचन आयी।
कासीफल के बने नगाड़े, भिण्डी की चोब बनायी।
गोभी फूल के गड़े शामियाने, मूली के खम्भ लगाये।
गाजर बिचारी के लाल भये, ये आलू छोछक लाया।

गोड़र बिचारी ने थैले भराये, गेहूँ ने गंगाल भरायै।
बेर कुरकली के भांड बराती, मूंगफली रंडी बनायी।
मक्का विचारी के साल दुसाले, जवार लहुए बधाये।
ज्वार बाजरा के डोम मिरासी, नटनी नाचन आयी। (कौरवी)

खाद्य-पदार्थों के अतिरिक्त ऐसी खाद्य-वस्तुओं का वर्णन भी लोकगीतों में मिलता है, जो नशे आदि से सम्बन्धित हैं। कौरवी व ब्रज में शराब, भांग आदि पर भी अनेक लोकगीत पाये जाते हैं। ये लोकगीत ऐसी वस्तुओं के लोक में प्रचलन को दर्शाते हैं, किन्तु उन्हें अच्छा या बुरा कदापि सिद्ध नहीं करते। यह लोकगीतों में समाज की मर्यादा सम्बन्धी सीमाओं के निर्वाह की परम्परा को भी प्रकट करता है। 'भांग' जो कि खेतों में सहज-सुलभ है व इन दोनों लोकों में सामान्य जन के प्रयोग की वस्तु है, एक ब्रज नृत्य-गीत में इस प्रकार प्रयुक्त हुई है-

भोला ने पी लई भंग, अरी माँ तेरी सौं।
दुनिया तो बोवै मैया, ज्वार-बाजरो,
भोला ने बो दई भंग, अरी माँ तेरी सौं।
दुनिया तो सींचे मैया, ज्वार-बाजरो,
भोला ने सींची भंग, अरी माँ तेरी सौं।
भोला ने पी लई भंग, अरी माँ तेरी सौं।

इस प्रकार कौरवी व ब्रज लोकगीतों में इन दोनों लोकों के खान-पान का पर्याप्त वर्णन मिलता है। समाज का रहन-सहन भी इन लोकगीतों में प्रयुक्त हुआ है। कुरु व ब्रज दोनों ही लोकों में जीवन-स्तर पर्याप्त उन्नत है। यह जीवन-स्तर इन लोकगीतों के माध्यम से परिलक्षित होता है। समाज का रहन-सहन, आधुनिक सुख-सुविधाएँ व आधुनिक वैज्ञानिक आविष्कार यथा रेडियो, विद्युत, मोटर, रेल, सिनेमा, टेलीविजन आदि इन लोकगीतों में प्रचुरता के साथ प्रयुक्त हुए हैं। "अच्छा खाना व अच्छा पहनावा" कुरु व ब्रज अंचल का सदैव से ही लोक-ध्येय रहे हैं। कृष्ण के श्रृंगार के माध्यय से ब्रज-लोक अपनी सौन्दर्य-प्रियता व उसके बोध को अभिव्यक्त करता है। स्त्रियों के अनेक लोकगीतों में पति से दस प्रकार की माँग, इन दोनों लोकों की सामाजिक अभिष्टि को इंगित करती है। ब्रज का एक ऐसा ही लोकगीत यहाँ प्रस्तुत है, जिसमें श्रेष्ठ वस्त्रों की युवती की माँग में यह तक स्पष्ट किया गया है कि कौन-सी वस्तु कहाँ की हो व उसमें क्या विशिष्टता हो, उदाहरणार्थ प्रस्तुत है-

चोली रेसम की बनवइयों भरतार,
मन्दौ तो आयौ कपड़ा कौ।
बनारस की साड़ी मँगवाऔ, चादर बढ़िया लाऔ जी,
आधी रह गयी कीमत सबरी, मत मन में डरपाऔ जी,
एजी सिल्की बनवा दीजो मोकूं सिलवार,
मन्दौ तो आयौ कपड़ा कौ।।
सोनों सस्तौ भयौ बलम कछु, गहनेऊ गढ़वाय लिजो,
भाँति-भाँति के फूल अरु बेलें, ऊपर तें कढ़वाय लिजो,
एजी ऐरन सोने के बनवा दे छल्लेदार।
मन्दौ तौ आयौ कपड़ा कौ।
चाँदी-सोने की चीजें मैं पहर-पहर हरसाऊँगी,
कपड़े-गहने पहरि बलम मैं तुमको प्यार दिखाऊँगी,
एजी कौंधनी लइयो रे बलम ठप्पेदार।
मंदौ तौ आयौ कपड़ा कौ।।
लाल दुपट्टा मलमल कौ और छींट बिलायत की लाना,
सुन्दर कपड़े पहनूँ मैं, तुम देख-देख कै हरसाना,
एजी चीजें लै आना निराली रंगदार।
मन्दौ तो आयौ कपड़ा कौ।।

इसी प्रकार एक अन्य नायिका, ब्रज के एक लोकगीत में अपने पति से एक फूलदार कंघी की इच्छा प्रकट करती है। इस लोकगीत में उस स्त्री के सौन्दर्य-संरक्षण व संवर्धन सम्बन्धी आधुनिकतम ज्ञान का भी पता लगता है। वह न केवल कंघी से ही भली-भाँति परिचित है, अपितु पाउडर, ब्रुश, क्रीम व स्नो आदि सौन्दर्य सामग्री के विषय में भी जानती है। लोकगीत द्रष्टव्य है-

कंघी लै अइयो बढ़िया फूलदार, सजन मेरी लट उलझी
तेल है गयौ मन्दौ याते खूब मूढ़ में डारौ है,
बढ़ि कै बाल हैं गये लम्बे कंघी बिना न गुजारौ है।
एजी गुस्सा मन में तू मत लइयो भरतार...।
पौडर, ब्रुश, क्रीम ओर स्नो प्राणनाथ ले आना जी,
इसतेमाल करूँगी इनको तुम मन में हरसाना जी।
एजी मैं तो जीवन भर रहूँगी ताबेदार।
सजन मेरी लट उलझी।।

इसी प्रकार नवीन आविष्कारों के आगमन से लोक में उत्पन्न कौतूहल एवं जिज्ञासा भी लोकगीतों का विषय रही है। यह एक आंचलिक तथ्य है कि कौरवी व ब्रज दोनों लोकों में एक विशिष्ट प्रकार की आत्ममुग्धता की रेखा द्युतिमान है। अतः ये नवीन वस्तुएँ इन दोनों लोकों में सामाजिक प्रतिष्ठा का हेतु भी बनीं। ब्रज के ऐसे दो लोकगीत यहाँ उदाहरणार्थ प्रस्तुत हैं, जिनमें नायिका बिजली का पंखा व रेडियो अपने व्यक्तिगत कक्ष में लगवाने की प्रार्थना, अपने पति से कर रही है। इन लोकगीतों में लोक की नवीन उपादानों के प्रति चेतन रुचि के दर्शन होते हैं–

(1) पंखा बिजली कौ लगवा दै भरतार,
महिना आइ गये गरमिन कें।
रोटी करूँ लगे अति गरमी,
टपकै बदन पसीनौ हैं,
खाऊँ हवा में बैठ बालम
तेरा बनौन झीनौ है।
मौ कू पंखा की बड़ी दरकार।
महीना आइ गये गरमिन के।।
एक न मानूं बात आपकी,
मैं पंखा लगवाऊँगी।
होय रोशनी बिजली की,
मैं हवा बैठ कै खाऊँगी।
अपनौ रचि–पचि के करूँगी सिंगार।
महीना आइ गये गरमिन के।।

(2) दीजो–दीजो रे लगाय भरतार
रेडियो मेरे कमरा में।
कमरा में रेडियो लगाय दे,
नयी–नयी बात सुनूँगी।
सुनकर बात सुनाऊँ तुमकूँ,
लीडर आज बनूँगी।
लीजो–लीजो रे बढ़िया सी मोटर कार।
रेडियो मेरे कमरा में।।

इसी गीत के एक चरण में यह ब्रज स्त्री रेडियो से नवीन जानकारियाँ प्राप्त करने को उत्सुक दीख पड़ती है। वह अपनी समकालीन सामाजिक

चेतना के विस्तार को सिद्ध करती हुई कहती है कि अब चूँकि हिन्दू-कोड बिल पास हो गया है, अतः मैं अब से भरतार तुमसे भयभीत नहीं हो सकूँगी। यह चरण द्रष्टव्य है–

नये-नये कानून बन रहे,
सबको याद करूँगी।
हिन्दू-कोड बिल पास है गयो।
तुम पे नाय डरूँगी।
देऊँगी-देऊँगी रे सजन ललकार।।
रेडियो मेरे कमरा में।

कौरवी व ब्रज में रेल का आगमन एक अभूतपूर्व घटना थी। परिवहन के क्षेत्र की इस सामाजिक क्रांति ने लोक-मानस में कौतूहल, जिज्ञासा, आनन्द व सुख का संचार किया। तभी ब्रज व कौरवी लोकगीतों ने इस अद्भुत अनुभव की अभिव्यक्ति लोकगीतों के माध्यम से की। रेल के विषय में एक लोकगीत, जो शोधार्थी ने कौरवी क्षेत्र के ही एक लोकगीतकार श्री सुलतान सिंह 'महाशय जी' से सुना, यहाँ प्रस्तुत है। यह लोकगीत, लोक की सामाजिक-समझ के साथ-साथ चलायमान बिम्बों व ध्वनि के अद्भुत शब्द-चित्रों का भी एक विशिष्ट उदाहरण है–

चला-चला रे डिलैवर गाड़ी हौले-हौले, हौले-हौले।
अंझन की सीटी से, मेरा मन डोले।
बीजड़ी का पंखा चालै, गूंज रहया जण-भोरा,
बैठ रेल में गावण लागा वो जाटन का छोरा।
चला-चला रे...।
देवर भागै, ननदी भागै ओर भगै रे खेत,
बागणियों का टोला भागै उड़ै रेत ही रेत।
चला-चल रे...।
बड़े जोर का अंजन चाल्या और बजावै सीटी,
डब्बा-डब्बा घूम रहया रे टोप लगाये टी.टी.।
चला-चल रे...।

इन लोकगीतों में समाज की परिवर्तित होती चेतना भी अभिव्यक्त हुई है। फैशन की कौरवी व ब्रज लोक ने व्यापक निन्दा की है। फैशन की व्याख्या, लोक-मानस में इसकी समय-निर्भरता के अनुसार है। यही कारण है कि ब्रज व कौरवी के लोकगीतों में जिस खान-पान, रहन-सहन व आचार-विचार को

फैशन बताकर निन्दित किया गया है, सामान्य शिष्ट-जन को वह सहज लग सकता है। कौरवी व ब्रज में फैशन व आधुनिकता के अन्धानुकरण के विरुद्ध अनेक लोकगीत उपलब्ध हैं। कौरवी व ब्रज का, फैशन की व्याख्या सम्बन्धी एक-एक गीत उदाहरणार्थ प्रस्तुत है–

(1) **टेक** : *ये आज कल नार, ओ नार,*
अब फैशन नया बनावै हैं।

कली : *दारी हैं रही हैं मस्तानी।*
रहै सूट पहन के दीवानी।।

टेक : *चोटी बाँधे झुब्बादार, ओ दार,*
एक कजरा नैन लगावैं हैं।

टेक : *ये आज कल की नार...।*

कली : *एक चीज बिलोज अब दूँड़ी है।*
लै पहिन चमक रही टूंडी है।।

टेक : *साड़ी की अजब बहार, औ बहार,*
यूँ दो गज की बनवावै है।।

टेक : *ये आज कल की नार, ओ नार,*
अब फैशन नयौ बनावै हैं।।

कौरवी

यह लोकगीत हिन्दी फ़िल्म 'काली-टोपी लाल-रूमाल' के लोकप्रिय गीत 'सर पर टोपी लाल, हाथ में रेशम का रूमाल...' पर आधारित है।

इस फैशन ने म्हारे देश की,
खूब बिगाड़ी रे चाल, हो तेरा क्या कहणा।
घूम-घाघरे छोड़ दियै अर साड़ी ओर सलवार लयी,
दो-दो चोट्टी कमर पै लटकै फैसन मैं क्या कसर रही,
मुंह में पौडर, आँख में काजल, होठ बनाय लये लाल,
हो तेरा क्या कहणा।।
छोरों में भी मस्ती छा रही रहै गले में रेडी[2] *जी,*
मुंह में पान हाथ में सिकरेट कहैं बहूँ से लेडी जी,
बनवा ली पैंट, बन स्टूडैण्ट, डिस्को का करें कमाल,
हो तेरा क्या कहणा।।

अरे या फैशन के मारे सब दाड़ी-मुँह कटावें हैं,
चौकीदार बनै नाय कोई जो बाबू बनना चावै हैं,
लूज शर्ट अर पैर पहन, अंग्रेजी रख लिए बाल,
हो तेरा क्या कहणा।।
घूंघट-गाती करैं नहीं अर खुल्ली छाती रहवै हैं,
हाथ मिला कै चलैं साथ अर जरा सरम ना आवै हैं,
आप करै आराम पंलग पै, खसम पका रया दाल,
हो तेरा क्या कहणा।।
भजन-कीर्तन छोड़ दिये सब फ़िल्मी गाने गावै हैं,
घर में मूसे बरत करै, होटल में खाना खावैं हैं,
साठ सात का बुड्डा देखै, फ़िल्म सोलवा-साल[3],
हो तेरा क्या कहणा।।

ऐसे अनेक लोकगीत कौरवी व ब्रज में उपलब्ध हैं, जिनमें समकालीन अति-आधुनिकता का मखौल उड़ाया गया है। इन लोकगीतों से लोक की सामाजिक चेतना के उस स्तर का उद्घाटन होता है, जिस पर लोक किसी वृत्ति-विशेष को करणीय या अकरणीय समझता है। कौरवी व ब्रज में स्त्री-पुरुष के व्यवहारों की मौलिक विभाजन-रेखा भली-भाँति उजागर हुई है। पुरुष की पर-स्त्री के प्रति आसक्ति, पारिवारिक उत्तरदायित्वों के प्रति उपेक्षा, स्त्री को स्वयं से छोटा समझना आदि सामान्य बातें जहाँ इन लोकगीतों का विषय हैं, वहीं दूसरी ओर मनोवृत्तियों का भी इन लोकगीतों में चित्रण हुआ है। गाँव की सामाजिक-संरचना में साझा अत्यन्त महत्त्वपूर्ण है। किन्तु एक भाई के विवाह या भाइयों के अपनी-अपनी इकाइयों में बँध जाने पर बहुधा बँटवारे की नौबत आती है। ऐसे पारिवारिक विघटन में स्त्रियों की सामान्य रुचि होती है। लोक में स्त्री की परिवार को बाँधने वाली व तोड़ने वाली दोनों छवि उपलब्ध हैं। अतः दोनों प्रकार के वर्णन लोकगीतों में मिलते हैं। कौरवी व ब्रज के ऐसे ही कुछ उदाहरण द्रष्टव्य हैं—

कौरवी

(1) *अरी! जिब होने लगा बटवारौ,*
बलम खेतों पै चले गये री!
मेरी सास पै आये कोठे-दल्लान,
देवर पै अट्टा आया री।
अरी मेरी फूट गयी तकदीर,

जले! पै झोपड़ी आइ री।
बलम खेतों पै चले गये री।।

इस लोकगीत में बलम का खेतों पर चला जाना अनायास नहीं, अपितु सायास है। यह बात उस नारी को भी ज्ञात है। वह बँटवारे के समय पर उसकी अनुपस्थिति से इतनी आहत है, कि गीत के अन्तिम चरण में वह उसे 'बलम' न कहकर 'जले' अर्थात् छल लिया गया, सम्बोधित करती है। एक अन्य उदाहरण देखें–

(2) *मेरी साझे में घुटै नाय दाल*
अकेली रहूँगी बाखल[4] मैं।।
राजा जी मैं तुमै बताऊँ
या सासू की बात।
मोसू रोज करै है तकरार
अकेली रहूँगी बाखल मैं।

ब्रज का एक इसी भावभूमि का एक लोकगीत प्रस्तुत है, जिसमें पति की अपेक्षा, बँटवारे की इच्छुक स्त्री, ननद से निन्दा कर रही है–

निभायौ नाय ननदी या घर में मेरौ।
सारे दिना तौ घूँघट डाटूँ,
तब भी कहैं मुँह खुला,
मुँह खुला मेरी ननदी, या घर गें मेरौ।
निभायौ नाय ननदी या घर मे मेरौ।

इसी प्रकार नारी के एक दूसरे रूप का वर्णन भी कौरवी व ब्रज लोकगीतों में मिलता है। यह नारी केवल परिवारिक विघटन के लिए आतुर नहीं, अपितु संयुक्त-परिवार के प्रति प्रतिबद्ध है। कौरवी का एक ऐसा ही लोकगीत उदाहरणार्थ प्रस्तुत है–

सुख-दुख साझला हो, दोनों परिवार का।
जुड़कै ना टूटै ऐसा रिश्ता हो प्यार का।।
बाबुल के जैसा हो ससुरे का आसरा।
एक सार लागै दोनों पीहर- सासरा।
सासू मैया का हो रूप देवर भैया का रूप।
अर राम दिखै वर में।

कौरवी व ब्रज लोक की सामाजिक-संरचना में अन्तःसम्बन्ध की एक अन्तःसलिता सदा ही प्रवाहित रही है। इन दोनों लोकों में विभिन्न जाति, धर्म,

सम्प्रदाय व मान्यताओं में विश्वास रखने वाले पारस्परिक प्रेम व सद्भाव के साथ निवास करते रहे हैं। इनकी यह सामाजिक-सहिष्णुता कौरवी व ब्रज के लोकगीतों में भी अभिव्यक्त हुई है। ब्रजभूमि, जिसकी रज को हिन्दुओं के सर्वप्रिय देव, विष्णु के अवतार भगवान श्रीकृष्ण ने पवित्र किया है, सामाजिक चेतना के स्तर पर इतनी अधिक सहिष्णु है कि वहाँ कन्हैया के 'रसिया' के अतिरिक्त आज भी विवाह पर रतजगे के समय सैयद, रैवारी, पाँच-पीर व चामण-भौमिया के गीतों को आवश्यक रूप से व सम्पूर्ण आदर, आस्था व श्रद्धा के साथ गाया जाता है। इसी प्रकार कौरवी लोक में सैयद, जहार-पीर, खोजा-बाबा, रेती वाले (अमरोहे वाले मियाँ) व उलग के गीत सगाई व जसोटन के समय पर तथा रतजगे में गाये जाते हैं। लोक की यह सर्वधर्म-समभाव वृत्ति, उसकी आदरणीय को आदर देने की सहजता व उसकी अन्तःचेतना में गहरे बैठी साम्प्रदायिक सहिष्णुता को रेखांकित करती है। इस प्रकार कौरवी व ब्रज लोकगीतों में समाज की जीवन पद्धति की, उसके रहन-सहन, उसके खान-पान व जीवन के विभिन्न स्तरों पर प्रयुक्त उसके आचार-विचार की सफल अभिव्यक्ति हुई है। इन लोकगीतों में माता-पिता व गुरु का सम्मान, परम्पराओं से सांमजस्य, ससुराल के विभिन्न प्रकार के अनुभव, विभिन्न जातियों की सामान्य प्रवृत्तियों का चित्रण आदि अनेक लोक व्यवहार की बातें मुखरित हुई हैं। लोक की समस्त प्रकार की क्रियाधर्मिता, कौरवी व ब्रज लोकगीतों में पूरी चेतना के साथ प्रकट होती है।

(ख) कृषि, खेत-खलिहान एवं खेल-कूद सम्बन्धी गीत

कौरवी व ब्रज दोनों ही क्षेत्र कृषि-प्रधान हैं। यहाँ के अधिकांश निवासी कृषि से जुड़े हैं, चाहे वे हल चलाने वाले किसान हों या उस फल को मण्डी में बेचने वाले व्यवसायी हों। यही कारण है कि कौरवी व ब्रज लोकगीतों में कृषि, खेल-खलिहान आदि से जुड़े असंख्य प्रसंग दृष्टिगोचर होते हैं। इन दोनों ही क्षेत्रों में नदी, नहरों का जाल जैसा बिछा हुआ है। इसलिए यहाँ की कृषि-अर्थव्यवस्था अत्यन्त सुदृढ़ है। धरती उर्वरा है व जल की कोई कमी नहीं है। कम-से-कम लागत में अधिकतम लाभ देने वाली यह शस्य-श्यामला वसुन्धरा इन क्षेत्रों पर अत्यधिक कृपालु है। इन क्षेत्रों में आने वाला बुलन्दशहर यदि आम व गन्ना उत्पादन में जिलेवार देश में अग्रणी स्थान पर है तो सरसों उत्पादन में ब्रज का भरतपुर जिला देश भर में सबसे आगे दिखाई देता है। खेती-बाड़ी यहाँ के किसानों का प्राण-तत्त्व है।

सम्भवतः इसी कारण यहाँ के लोक हृदय से निकली गीतात्मक अनुभूतियों के प्रवाह में कृषि रूपी वह प्राण-तत्त्व अनायास घुल-मिल गया है। खेती की तैयारी से लेकर निराई, गुड़ाई, पानी बालना (लगाना), रखवारी, कटाई, सिल्ला, खाद आदि कृषि से सम्बन्धित लगभग प्रत्येक बात इन गीतों में मुखरित हुई है। आज की आधुनिक शिक्षा-पद्धति में कृषि-विज्ञान की कृषि-वानस्पतिकी व कृषि-अर्थशास्त्र जैसी अनेक शाखाओं के आगमन से बहुत पहले से कृषि के दुरूह व केवल लम्बे प्रेक्षण व अनुभव से जाने जा सकने वाले सैकड़ों सिद्धान्त, इन लोकगीतों के रस में एकाकार होकर गूँज रहे हैं। इन लोकगीतों के माध्यम से जहाँ इन दोनों क्षेत्रों की कृषि की स्थिति ज्ञात होती है, वहीं अगली पीढ़ी तक कृषि को समझने की आवश्यक जानकारी सरस ढंग से सम्वहित भी होती है। इन गीतों में पुरुष व स्त्री दोनों वर्गों के गीत सम्मिलित हैं। कौरवी व ब्रज क्षेत्र में महिलाओं की कृषि में लगभग समान भागीदारी है। अनेक जातियों में तो उनकी भागीदारी पुरुषों से भी अधिक है। यदि पुरुष वर्ग के गीतों में बादर के, बुवाई के, हल के, कोल्हू के, पल्हाये, रहट के, मल्होर आदि के गीत प्रमुख हैं। तो महिलाओं में भी सिल्ला के, खाना खेतों पर पहुँचाने के व ईख नलाई आदि के गीत प्रचलित हैं। हम यहाँ ऐसे ही कुछ गीतों का अध्ययन करेंगे, जिनमें कौरवी व ब्रज लोक की कृषि सम्बन्धी चेतना का विस्तार प्रतिबिम्बित होता है। ब्रज क्षेत्र में किसान का रूप एक लोकगीत में इस प्रकार खींचा गया है–

काँधे कुदारी खुरपा हाथ।
लाठी हँसुवा राखे साथ।।
काटै घास अरू खेत निरावै।
सो पूरौ किसान कहलावै। (ब्रज)

भूमि की तैयारी करना, उस भूमि से अवांछित खूँट आदि झाड़-झंखाड़ों को उखाड़ कर, जोतने योग्य करना किसान का प्रारम्भिक कार्य होता है–

छोटी नसी-धरती हँसी।
हर लगा पताल-टूट गया अकाल।
जेतौ गहरौ जोतौ खेत
बीज परे फल आछौ देत।। (ब्रज)

इस बीजारोपण के कार्य के समय के अनेक गीत ब्रज व कौरवी में प्रचलित हैं। किन्तु आवश्यक नहीं कि उनमें भी कृषि-सम्बन्धी कथ्य हो। इस श्रम के बीच में व साथ-साथ गाये जाने वाले इन गीतों में जगत, जीवन,

अध्ययन, धर्म, समाज व न जाने कितने ऐतिहासिक व पौराणिक सन्दर्भ अन्तर्गुम्फित हैं। जैसे ईख बोने के समय पर ब्रज में 'जोगनी' नामक श्रम-गीत गाये जाते हैं। एक जोगिनी उदाहरणार्थ प्रस्तुत है–

जोगिनी जल जंगल सोहौ।
सब रानीन कूँ काजर बेंदी,
तै हमकूँ सिंदुरवा भेजौ।
सब रानीन कूँ हरी-हरी चुरियाँ,
तै हमकूँ चुरियाँ भेजौ।
जोगिनी जल जंगल सोहौ।

इस खेती को रखना, इसे सींचना, इसकी जड़ों से समय-समय पर अवांछित घास-पात को हटाना; इस सारी प्रक्रिया में केवल कृषक, नहीं अपितु उसका सारा घर लगा हुआ है। घर की स्त्री, छोटे-छोटे शिशुओं को सोता छोड़ सकती है, किन्तु ईख की नलाई[5] (निराई) नहीं छोड़ सकती। एक कौरवी लोकगीत में स्त्री की ऐसी ही पीड़ा मुखरित हुई है। यह गीत शोधार्थी ने सहारनपुर जिले के एक सड़क मार्ग के निकट के खेत में ईख की नलाई करती स्त्रियों से सुना–

बहोत सताई री ईखड़ी री,
तैने बहोत सताई री।
याने बालक छोड़े रोवते री।
तैने बहोत सताई री।
डाली में छोड़ा पीसणा री
अर छोड़ी दुधारू गाय।
निगोड़ी तैने बहोत सताई री।
बरखा पै छोड़ा मैने कातना,
अर छोड़े ससुर अर सास।
बहोत सताई तैनै ईखड़ी री
तैनै बहोत सताई री। (कौरवी)

इस लोकगीत में यह स्पष्ट होता है कि कृषक पत्नी ने किन-किन प्रतिकूल परिस्थितियों में, कर्त्तव्य व अधिकार के चयन में किस जीवट के साथ खेत में कार्य किया है। इतने श्रम के बाद जब इस सबका उसे प्रतिदान मिला तो क्या हुआ, कौरवी के एक लोकगीत में देखें–

ईख नलाई के फल पाई।
ईख नलाई मैंने कंठी घड़ाई,
लै गया चोर बहू के सिर लाई।
ईख नलाई के फल पाई। (कौरवी)

इन खेतों में पानी लगाना कुरु व ब्रज लोक में पुरुषों के हिस्से आता है। रहट या चरस-पुर से यह पानी अपने खेतों में किसान लगाते हैं। इस प्रक्रिया को पानी बलाना भी कहते हैं। इन दोनों क्षेत्रों में नहर व बम्बों[6] का पानी उपलब्ध है। यह पानी अपनी-अपनी बारी से मिलता है। अतः इन्हें 'बारे के गीत' भी कहा जाता है। खेत में रात भर जागकर किसान को पानी बलाना होता है। ऐसे समय पर गाये जाने वाले कौरवी के विस्तार में अपेक्षाकृत बड़े लोकगीत की कुछ पंक्तियाँ उदाहरणार्थ प्रस्तुत हैं–

केलागढ़ के मग राजा की,
धना द्वार पर झूल रही।
जिसकी बेटी कुँवर निहाल दे,
आज बाग में फूल रही। (कौरवी)

कौरवी में ईख नलाने को 'ईख हुलाना' भी कहते हैं। कौरवी का इस प्रयोग का एक गीत द्रष्टव्य है–

अरी री सिलवा री चद्दर ओढ़,
ईख हुलाऊँगी री।
मेरा जेठ बड़ा री चकचाल,
डोले-डोले हाँड्डे सै।
मेरे बलधो की आइयी जोट,
चुरास्सी बाजे सै।
अरी मैं सुरमा री डोरे सार,
ईख हुलाऊँगी री। (कौरवी)

खेतों में कृषि-कार्य कर रहे पुरुषों के लिए खाना पहुँचाने का कार्य भी घर की स्त्रियों के जिम्मे है। ये स्त्रियाँ घर-भर के कामों को निपटा कर, नहा कर, सर पर खाना और बगल में पानी व छाछ की मटकियाँ दबाये दोपहर में खेतों पर खाना लेकर पहुँचती हैं। प्रत्येक कार्य में राग का अन्वेषण कर लेने वाली ये महिलाएँ समूह में चलती हुई गाती हुई जाती हैं। ऐसे ही श्रम-भार से विवृत एक ब्रज-ललना द्वारा गाये जाने वाला एक लोकगीत उदाहरणार्थ प्रस्तुत है, जिसमें उसके कृषक पत्नी होने के दुःख को भाषा मिली है–

कैसे रोटी लै जाऊँ मुसकिल अटकी लम्बे हार की।
इत ते तौ ले जाऊँ कलेऊ उतते धरै गठरिया न्यार की।
लम्बी बेल उमर री रोटी नस-नस दूखै मेरी नार की।
जे आफत मेरे नाँय बस की बैयर कर लै जमना पार की। (ब्रज)

इसी प्रकार खेत पर रोटी ले जाते समय का एक गीत शोधार्थी ने निजी सर्वेक्षण के समय, ग़ाज़ियाबाद जिले के पिलखुवा नगर के निकटवर्ती ग्राम अतरौली में सुना, जिसे खेतों पर खाना ले जाती स्त्रियाँ व युवतियाँ गा रही थीं। यह गीत सांगीतिक दृष्टि से अत्यन्त मधुर है। गीत प्रस्तुत है–

सात भाइयों की बहन अकेली, बहन अकेली,
रोटी ले के आई होऽऽ,
रोटी ले के आई हो ऽऽ।
रोटी खालौ बीर 'विजय सिंह' बीर 'बिजय सिंह'।
मैं तेरी माँ की जायी हो ऽऽ,
मैं तेरी माँ की जायी हो ऽऽ। (कौरवी)

कौरवी व ब्रज में ऐसे अनेक लोकगीत हैं जिनमें कृषि-कार्य की कष्टप्रद स्थितियों का स्त्रियों ने वर्णन किया है। किसी में वे कृषक की पत्नी होने के कारण दु:खी हैं तथा नौकरी करने वाले सुरुचिपूर्ण पति की इच्छा करती हैं तो कहीं नौकरी करने वाले पति की व्यस्तताओं के चलते जीवन के नैसर्गिक सुखों को बाधित देखकर नौकरी को भला-बुरा कहती हैं। ब्रज के ऐसे दो लोकगीत प्रस्तुत हैं, जिन्हें स्त्रियाँ खेतों में काम करते हुए गाती हैं। शोधार्थी ने ये दोनों गीत एक ही समय पर क्रमश: भरतपुर जिले के पैंगोर नामक गाँव के खेतों में कार्य कर रही स्त्रियों से सुने। यहाँ यह भी उल्लेखनीय है कि ये दोनों गीत यद्यपि प्रश्न-उत्तर प्रणाली में नहीं हैं तथापि जिस भाव-भंगिमा व दक्षता के साथ खेतों में कार्य करती स्त्रियों के अलग-अलग समूहों ने इन्हें गाया उससे सम्भवत: अपने वैवाहिक जीवन के प्रति उनके दृष्टिकोण व उनके वृत्तिगत आकर्षण का पता चलता है। दोनों गीत उसी क्रम से उदाहरणार्थ प्रस्तुत हैं–

(1) हर जोता[7] कूँ अब ना बरूँगी मेरी बीर।
हर जोता कें अब ना रहूँगी मेरी बीर।
चाकरिया[8] बलम करूँगी।।
जब हरजोता हर पै तें आबै,

द्वार ई ते पैना[9] दिखावै मेरी बीर।
चाकरिया बलम करूँगी।।
जब चाकरिया चकरी ते आवै,
द्वार ई तै लडुआ दिखावै, मेरी बीर। (ब्रज)

(2) जे मत मैं कहा दुख पायो,
भ्रमर तूने नौकरी में नाम लिखायौ।
आवै हुक्म चलौ जाएगौ।।
भ्रमर मेरी सूनी रे सेज कर जाएगौ।
सोने को लोटा सिवाले को पानी,
पीमन में कहा दुख पायौ।
भ्रमर तूनै नौकरी मैं नाम लिखायौ।।
अरे फूलन की सेज अतर ते छिड़की,
सोमन में कहा दुख पायौ,
भ्रमर तूने नौकरी मैं नाम लिखायौ।। (ब्रज)

इस लोकगीत में जहाँ एक ओर नौकरी के प्रति इन स्त्रियों का उदास-भाव प्रकट होता है, वही दूसरी ओर 'भ्रमर' को सम्बोधित होने से लोक के साहित्य-परम्परा से सम्बन्ध जोड़ने वाले अदृश्य-सेतु भी प्रकाश में आते हैं। कृषि-सम्बन्धी अनेक कार्यों के विषय में भी कौरवी व ब्रज में लोकगीत प्रचलित हैं। ईख के कट जाने के बाद, गन्नों को कोल्हू में पेरा[10] जाता है। यह कार्य चौबीसों घण्टे लगातार चलता रहता है। रात्रि के निस्तब्ध वातावरण में कोल्हू पर काम करने वाले किसानों द्वारा 'मल्होर' नामक गीत कौरवी अंचल में गाया जाता है। लम्बी तान की दार्शनिक उक्तियों के ये छोटे-छोटे गीत-बन्ध अपनी रसमयता से सारे वातावरण को एकाकार कर लेते हैं। इन दिनों सम्पूर्ण मेरठ कमिश्नरी में चीनी-मिलों की अधिकता होने के कारण यद्यपि कोल्हू बहुत कम हो गये हैं, किन्तु अब भी किसी-किसी दूरवर्ती गाँव में 'मल्होर' की स्वर-लहरियाँ गूँजती हुई सुनाई पड़ जाती हैं। 'मल्होर' के पीछे 'मेरा बावणा मल्होर' या कहीं-कहीं 'मेरी बावणी मल्होर' का एक स्थायी सूत्र-वाक्य खण्ड प्रकार के रूप में प्रयोग किया जाता है। वैसे मल्होर, दोहा छन्द में होता है। श्रृंगार, नीति, उपदेश, दर्शन, ज्ञान व अनुभूति के स्तर पर पाये जाने वाले पराभौतिक बिम्ब अत्यन्त नवीन प्रतीक-विधान के साथ मल्होर के विषय होते हैं। कौरवी के कुछ अत्यन्त लोकप्रिय व श्रेष्ठ मल्होर उदाहरणार्थ प्रस्तुत हैं–

(1) पत्ता टूट्या डाल ते रे,
कोई ले गयी पवन उड़ाय।
ऐ जी अब के बिछड़े कब मिलेंगे,
कहीं दूर पड़ेंगे जाय। ऐ री मेरी बावली मल्होर।।

(2) रतन कहोटी घी जलै रे बीरा,
चूल्हे जलै रे कसार।
घूँघट में गोरी जलै,
जाके याने हो भरतार। ऐ री मेरी बावली मल्होर।।

(3) पर नारी पैनी छुरी,
कोई मत लाओ अंग।
रावन की मुक्ति हुई,
पर नारी के संग। ऐ री मेरी बावल मल्होर।

(4) अंगिया तेरी रेसमी।
लग्या हजारी सूत।
घूँघट के पट खोलिए,
तेरा जीवै पूत।
ऐ री मेरी बावली मल्होर।

(5) अंगिया मेरी रेशमी,
ना लग्या हजारी सूत।
घूँघट के पट ना खुले,
या मरो गोद का पूत। ऐ री मेरी बावली मल्होर।।

(6) अम्बर में तारे खिले,
जग में खिला बबूल।
गोरी का सुरमा खिला,
जैसे खिला कमल का फूल। ऐ री मेरी बावली मल्होर।।

(7) लीला ने दूँ लील का,
ले दूँ पेले पात।
सीसा ले दूँ दमकणा,
जो चले हमारे साथ। री मेरी बावली मल्होर।।

(8) लीला ना लूँ लील का,
फूकूँ पेले पात।
सीसा फोटूँ बाट पै,
जो चलूँ तुम्हारे साथ। ऐ री मेरी बावली मल्होर।।

(9) *हर बड़े हिरना बड़े,*
सुगनी बड़े किसान।
अर्जन रथ कूँ हाँक दे,
भली करे भगवान। ऐरी मेरी बावली मल्होर।।

इसी प्रकार अन्य कृषि-कार्यों के भी गीत कौरवी व ब्रज लोक में पाये जाते हैं। स्त्रियों के श्रमगीत भी कृषि व खेत-खलिहान से सम्बन्धित हैं। कौरवी व ब्रज में स्त्रियाँ चरखा कातते हुए, चक्की चलाते हुए, रसोई में, सुबह को झाड़ू व लीपना के समय तथा घास काटते समय गीत गाती हैं। ऐसे गीत भी इन दोनों लोकों में पाये जाते हैं। ऐसे ही कुछ गीत उदाहरणार्थ प्रस्तुत हैं—

(1) घास छीलने का गीत

मैं तो टोल्ले पे खोद रई घास,
कै ससुर म्हारे आवेंगे।
कै ससुर म्हारे आवेंगे,
के गाड़ी लावेंगे। (कौरवी)

(2) पनघट के गीत

(अ) *टाडै पै चला री बनजारा,*
कुएँ पै आसन डारा।
कुएँ पै सोरठ आई,
जैसे गूँठी बीच नगीना। (कौरवी)

(ब) *सासु पनिया कैसै जाऊँ,*
रसिले दोऊ नैना। (ब्रज)

(3) चक्की का गीत

चक्की पै धरा पीसना रे,
पत्थर फिरता नहीं।
मेरी सास बड़ी जल्लाद री,
मुझे उठावै आधी रात।। (कौरवी)

इस प्रकार कौरवी व ब्रज लोकगीतों में कृषि से सम्बन्धित प्रायः प्रत्येक आयाम उद्‌घाटित हुआ है। कहीं बूढ़े बैल की आँख के आँसू को भाषा दी गयी है तो कहीं फसल को देखकर कृषक के नृत्य करते हृदयगत भावों को स्वर दिया गया है। कौरवी व ब्रज लोकगीतों की यह विशेषता उसकी अत्यन्त सूक्ष्म सामाजिक चेतना व कृषि से उसकी निशि-दिन की अन्तःक्रिया का परिणाम है।

कौरवी व ब्रज़ लोक स्वभाव से उत्सवधर्मी है। यहाँ के वासी अपने कार्यों से निवृत्त होकर आमोद-प्रमोद, खेल-कूद करते हैं। आज भी सायंकाल व प्रातःकाल, इन दोनों क्षेत्रों के गाँवों में कबड्डी व कुश्ती करते, दण्ड लगाते व दौड़ लगाते बलिष्ठ युवक, जुते हुए खेतों में दिख जाते हैं। यद्यपि समय के साथ आये परिवर्तनों व टेलीविजन तथा सिनेमा के आगमन ने इन दोनों लोकों के सांस्कृतिक-स्वरूप को व्यापक रूप से प्रभावित किया है तथापि आज भी कौरवी व ब्रज में उसके मौलिक लोक-खेल विद्यमान हैं। इन खेलकूदों के लिए भी कौरवी व ब्रज लोकगीतों ने स्वयं को प्रस्तुत किया है। इन दोनों अंचलों के मनोरंजन व खेलकूद के उपादानों का भी कौरवी व ब्रज लोकगीतों में प्रयोग हुआ है। ब्रज व कौरवी में अनेक खेलकूद प्रचलित हैं। ये खेलकूद छोटे-छोटे बच्चों से लेकर वयस्कों तक में समान रूप से लोकप्रिय हैं। लोक के ये अनुभव-जन्य खेल अपने प्रयोगों से बालकों को शारीरिक व्यायाम, पुष्टता, धैर्य, सहिष्णुता, भाईचारा, समूह में कार्य करने की मनोवृत्ति व मानसिक चातुर्य की शिक्षा देते हैं। ब्रज में मुख्य भड्डू (कबड्डी), हावदूँ, गेंद-टप्पो, गिल्ली-डंडा, थूल्लगढ़ा, खो-खो, रस्सा-रसी, लम्बी-घोड़ी, नौनचौर, मदारी, गुल्लन-गुल्ल, काई-डंडा, रहुवा की नन्दी, डुब्बक-डुब्बा, राजा-भंगी, ऐंचा-तानी, कोरोमार, दुबका-दुबकी (लुका-छिपी, जिसे कौरवी में आईस-पाईस कहा जाता है), टिल्लो, बिस-इमरत, कैयामार, किल-किल-काँटे, रूमाल-झपट्टा, पान-ठीकरी (कौरवी में 'पैल-पट्टा' नाम से प्रचलित), चूहा-बिल्ली, चोर-सिपाही, अझन-कटोरा, चमक-चाँदनी, अपनम, पैंथा, मुद्गर, चंगापै, अठारह गोटी, नौ गोटी, छै गोटी, भैसा टोपिवौ, चुन-चुन मूँगा, मक्को, मटका दौर, गुटका, गुड़िका आदि न जाने कितने खेल कौतुक प्रचलित हैं। इसी प्रकार कौरवी लोक में भी खड्डी, गिल्ली-डंडा, गेंद-बल्ला, भूल-भुलैया, आईस-पाईस, खो-खो, चड्डी, चोर-सिपाही, कोड़ामार, पैल-पट्टा, रूमाल-दुपट्टा, अष्टम-चार-चौंगड़ा, गुड्डा-गुड़िया आदि अनेक खेलकूद दृष्टिगोचर होते हैं। इसके अतिरिक्त, पतंगबाजी, कबूतरबाजी आदि अनेक साधन भी खेलकूद में ही वर्णित होते हैं ऐसे खेलकूदों में चूँकि मुख्य कार्य खेलना है। अतः गीत या एक-दो पंक्तियाँ इसलिए प्रयोग की जाती हैं, ताकि खेल का रस अविरत रहे व गीत का यति-विधान खेल के विभिन्न स्तरों पर सहायक का कार्य कर सके। यहाँ हम कुछ ऐसे लोकगीत या गीतात्मक पंक्तियाँ प्रस्तुत कर रहे हैं, जो कौरवी व ब्रज लोक के खेल-कूद व मनोरंजन में प्रयुक्त होती हैं या इनमें इन दोनों लोकों के खेलकूद का उल्लेख हुआ है–

(1) गेंद-टप्पो

मेरौ बारौ सौ कन्हैया
कारीधै पै खेलन आयौ री। मेरो.......।
मारयौ टोल गेंद गयी धै में,
अरी यू तो गेंदई के संग धायौ री।
मेरौ बारो सो कन्हैया।.............।।
काहे की पर गेंद बनाई,
काहे कौ डंडा लायौ री।
मेरौ बारौ सो कन्हेया............।।
रेशम की पट गेंद बनाई,
सोन, चंदन का डंडा लायौ री।
मेरो बारौ सो कन्हैया...........।। (ब्रज)

(2) गुल्लन-गुल्ल

हमरौ दाँव कौन पै भाई?
कौन पै?
बन्टी गमार पै।
कब दैगौ भाई कब दैगौ?,
सामन में।
पन्हा 'परिगें आँगन में।। (ब्रज)

(3) ऐंचा-तानी

पोसम्पा भाई पोसम्पा
डाकिया ने का करयौ?
सौ रूपे की घड़ी चुरायी
अब तो जैल जानौ परैगौ।
सोनों लियो कै चाँदी। (ब्रज)

(4) पतंग

हमारी तुम्हारी पतंग लड़ेगी।
काहे की डोरी काहे का मंझा।
काहे से पतंग लड़ेगी।
रेशम की डोरी शीशे का मंझा

शहर से जाके दूर लड़ेगी।
हमारी तुम्हारी पतंग लड़ेगी।। (कौरवी)

(5) हरा-समुन्दर गोपी चन्दर

हरा समन्दर गोपी चन्दर,
बोल मेरी मच्छी,
कित्ता पानी?
इत्ता पानी।। (कौरवी)

(6) कोड़ा मार

कोड़ा है जमालशाही
देखेगा तो मार खाई।। (कौरवी)

(7) अक्कड़-बक्कड़

अक्कड़-बक्कड़ बम्बे बौं,
अस्सी, नब्बे पूरे सौ,
सौ में लग गया ताला
चोर निकल कर भागा।। (कौरवी)

(8) खिलौने वाला

कोई लेता हो तो लो,
श्याम लाया खेल अनोखे।।
राम का खिलौना ले लो
करी सै पुताई मनै।
कृष्ण का खिलौना ले लो
करी से चिताई मनै।
हनुमान का खिलौना ले लो,
कभी न पाई मनै।।
राम का खिलौना लो तो
सीता का साथ ले लो।
कृष्ण का खिलौना लो तो
रूकमण का साथ ले लो।
हनुमान का खिलौना लो तो

अंजना मात साथ ले लो।
करता नहीं उधार
दाम मैं लूँगा चोखे।
कोई लेता हो तो लो..........। (कौरवी)

इसी प्रकार लीला गुदवाने वालों के गीत, आइसक्रीम (कौरवी रूप 'चुस्की') बेचने वाले का गीत, चूस बेचने वाले का गीत, ककड़ी बेचने वाले के गीत आदि अनेक खेल-कौतुक से जुड़े सहज लोकगीत कौरवी व ब्रज में प्राप्त होते हैं। इससे स्पष्ट ही है कि कौरवी व ब्रज के लोकगीतों में समाज की चेतना का यही खेत-खलिहान व खेल-कूद से जुड़ा हुआ पक्ष, भली प्रकार उजागर हुआ है।

(ग) सामाजिक समस्याओं से सम्बन्धित गीत

कौरवी व ब्रज लोक अत्यन्त सचेत रहा है। समसामयिक समस्याओं के प्रति यह लोक अत्यन्त सचेत है। समय की प्रत्येक आहट को, इन दोनों के लोकगीतों ने स्वर दिये हैं। प्राकृतिक दृष्टि से सम्पन्न होने के कारण इन दोनों क्षेत्रों में पर्याप्त आर्थिक समृद्धता है। अतः आर्थिक समृद्धता के साथ आने वाली कुछ सामाजिक बुराइयाँ भी लोक में दृष्टिगोचर होती हैं। सामाजिक बुराइयों के प्रति लोक का अपना दृष्टिकोण है। यह दृष्टिकोण सत्यम्-शिवम्-सुन्दरम् की भावना से ओत-प्रोत है। यही कारण है कि समाज में व्याप्त इन कुरीतियों, कष्टों, परिवर्तनों व समस्याओं को लोकगीतों ने स्वयं के माध्यम से मुखरित किया है। ब्रज व कौरवी के लोकगीतों में मद्यपान, दहेज, राशन, बहुपत्नी-प्रथा, महँगाई, फैशन, गोवध, अकाल, घूस, साम्प्रदायिकता, बढ़ती जनसंख्या, पर्यावरण-प्रदूषण आदि अनेक समस्याओं को अभिव्यक्ति मिली है। समाज में घटित अनेक सामाजिक सुधारों जैसे परिवार-नियोजन, भूमि-हदबन्दी तथा ज़मींदारी-उन्मूलन आदि अनेक चेतन-स्तरों को इन लोकगीतों ने मुखरित करने का सफल प्रयास किया है। यहाँ कुछ ऐसे लोकगीत प्रस्तुत हैं, जो समाज की चेतना की सामयिकता को रेखांकित करने में सक्षम हैं–

(1) फैशन

(अ) **टेक :** *ये आज कल की नार ओ नार,*
अब फैशन नयौ बनावै हैं।

कली : *दारी है रही हैं मस्तानी।*
रही सूट पहन के दीवानी।।

तोड़ : *चोटी बाँधे झुब्बादार, ओ दार,*
सब कजरा नैन लगावै है।।

टेक : *ये आज कल की नार......। (ब्रज)*

(ब) इस फैशन ने म्हारे देश की
खूब बिगारीय चाल, हो तेरा क्या कहणा
घूम-घाघरे छोड़ दिये अर साड़ी और सलवार लयी,
दो-दो चोट्टी कमर पै लटकै, फैशन में क्या कसर रही,
मुँह में पौडर, आँख में काजल, होठ बनाय लये लाल,
ओ तेरा क्या कहणा। (कौरवी)

(2) राशन

यद्यपि आज हमारा देश खाद्यान्नों के क्षेत्र में आत्मनिर्भर है तथापि बहुत समय तक हमारे यहाँ खाद्यान्न-संकट रहा है। अन्न के अभाव में प्रशासनिक-दृष्टि से राशन-प्रथा लागू की गयी थी। राशन-कार्ड पर जो अन्न घर के प्रति सदस्य की दर से राज्य द्वारा उपलब्ध कराया जाता था, उससे घर के सदस्यों का भोजन कठिनता से मिल पाता था। ऐसे समय विवाह के अवसर पर बारात के खाने आदि की बड़ी समस्या खड़ी हो जाती थी। अतः कौरवी में अनेक बन्ने इस प्रकार के भी मिलते हैं, जिसमें इस सामाजिक समस्या का संस्पर्श दृष्टिगोचर होता है।

(अ) कैसा काल पड़ा दुनिया में भेन्ना
सुना ना देखा है,
घर के बच्चे खाना माँगै,
गेहुओं पै कन्टरोल।
घर की लुगाई खाना माँगै,
रोज लड़ाई हो।
घर के बच्चे बगड़ की रोट्टी, चावल माँगै,
चावल पै कन्टरोल। (कौरवी)

(ब) इतनी जल्दी क्यों मचाई, हरियाले बन्ने।
राशन में शादी कराई, शहजादे बन्ने।

हये, बाबा आवें राशनकार्ड माँगें,
दादी फिरै घबराई, हरियाले बन्ने।
राशन में शादी कराई, शहजादे बन्ने। (कौरवी)

(3) दहेज

(अ) बैठे मुँह खोल जित दानव दहेज कै।
दुख ना लो मोल बेट्टी ऐसे घर भेज कै।
घर के दहेज ऐसी जहरी शराब सै।
लेणा भी खराब जिसका देणा भी खराब सै।। (कौरवी)

(ब) क्वारी कन्या रहै जो घर मैं
उसका बस क्या चलता है।
जब लौं रकम पडै नहि पल्ले,
छोड़ हाथिन कूँ मलतौ है।।
बेशरमाई ओढ़ि लई,
ना कसर कोई भी छोड़ी है।
छोरिन खड़े बाजार बेचिरये,
जैसे भैंस अरू घोड़ी है।। (ब्रज)

(4) महँगाई

(अ) महँगाई कर रही ख्वार, ओ ख्वार।
सब तबाह भये नर और नारी।
जमाखोरी बढ़ रही भारी है,
ई ही सब की बीमारी हैं।
मिलै गेहूँ और ना ज्वार। ओ जवार।
सब दुख्वी भये नर और नारी।
महँगाई का रही ख्वार.....। (ब्रज)

(ब) सब चीजों में तेजी आग्गी बेशर्मी मन्दी होगी।
पाप का पहिया खड़क रहा अर धरम पै पाबन्दी होगी।।
(कौरवी)

(5) मद्यपान

मत करो नशा हो बुरी दशा,
सब इससे बचके रया करो।

सुलफा, गाँजा, भाँग, धतूरा,
दारू मतना पिया करो।।
सुलफा, गाँजा पीने वालों को,
होजा दमे की बीमारी।
होजा छेद फेफड़ो में,
यूँ काया सूखै सारी। (कौरवी)

(6) पाश्चात्य प्रभाव

(अ) छोरिन ते दो पग छोरा टोल बनाकै चालैं।
टोपी का रिवाज नहीं, अंग्रेजी बाल रखा लैं।
हिन्दी तै नफरत आती इंगलिस मैं घर घालै।
डीयर-डीयर कह छोरिन ते दौड़ के हाथ मिला लैं।। (कौरवी)

(ब) फिरंगी कल मत लगबावै रे।
फिरंगी नल मत लगबाबै।।
नल कौ पानी बहुत बुरौ।
मेरी तबियत घबड़ावै।।[8] (ब्रज)

(7) ज़मींदारी-उन्मूलन

जबते खतम भयी जमींदारी, सुन लेउ प्रीतम प्यारे।
खरचा नाँय-चलै हाय, अब कैसे होय गुजारो।
सब गहनौ बिक गयौ हमारौ कपड़न की कमताई।
थोरेई दिन में आप करकें ऐसी परी तवाई। (ब्रज)

(8)

(अ) लम्बौ परिवार बढ़ाई-बनाइ दई मैं तो रेलगाड़ी।
पिया ब्रेक न सिगनल होय कहाँ हुई हैं ठाड़ी।।
उत्पादन की तैंने साँची मेहनत कौ फल पायों।।
कौसलता कौ लै प्रमाण दुनिया में नाम कमायौ।।
जे सनमुख आइ खाड़ी ।। लम्बौ...........।
डिब्बा-चाल चलै मनमानी द्वार खिड़किया खोलैं।
अंधियारे मैं भिड़ै मुसाफिर तू-तू, मैं-मैं बोलैं।
अराजकता बाढ़ी।। लम्बौ.......................।।

झटिका में दुर्घटना घटि जाय ढूढ़े टूक न पावै।
करनी कौ फल मिलै मिनट में दुनिया दोष लगावै।।
पी राखी होयगी ताड़ी। लम्बौ................। (ब्रज)

(इस लोकगीत में रेलगाड़ी के रूपक के माध्यम से बढ़ती जनसंख्या के प्रति चिन्ता प्रकट की गयी है।)

(ब) बाबले हद कर दी।
तीस बरस की उमर दुकड़िया बच्चों से भर दी।।
तेरी समझ में धरती मुफ्त की सराय सै।
नौ बच्चा बाय बणे के जीवने का राहै सै।
दसवे की सल्हा से लज्जा, तार कै क्यूँ धर दी।
बाबले हद कर दी। (कौरवी)

(9) गौवध

सहर सड़क पै कसाई खाड्डा ले रह्या,
उसके धरी चरख पै गां, गऊ ने टेर सुनाई री।
कोई जो हिन्दू का जाया, गऊ की टेर सुनै।
अरी मैन्ने दे दिया गले का हार,
मैं गयी सास दरबार, गऊ की जाण बचाई री।
गऊ ने टेर सुनाई री। (कौरवी)

(10) अशिक्षा

नारि मेरी पढ़ने ते तू काहे रही घबराय।
अनपढ़ जन कौ नाँय जमानौ, रयौ तोय बतराय।
मानत कौ कल्यान जगत में, ज्ञान बिना हैं नाँय।।
नारि मेरी पढ़ने ते तू काहे रही घबराय। (ब्रज)

(11) लाटरी

बहना ठगने कूँ नर-नार चली भारत में लाटरी।। टेक।।
चल सखी बैठी बतरामैं अपने-अपने दुःख सुनामै।
पहली कहै बात सुन दारी, बलम नैं बेचे लोटा-थारी,
फिर लायो टिकट खरीद परी घर टूटी खाट री।।
बहना ठगने कूँ..। (ब्रज)

(12) घूसखोरी

कुर्सी पै जम मौज उड़ामैं,
खून रहे हैं चूस।
घूँस सौं का डरनौ।।
धन की महिमा इत्ती बढ़ि गयी, होय दफतर में पूँछ।
घूँस सौ का डरनौ।।
चमचा अपनौ काम बनावैं। उनको भारी छूट।
छूट कौ का कहनौ।। (ब्रज)

(13) राष्ट्रीय अराजकता

(प्रस्तुत लोकगीत में अनेक सामाजिक समस्याओं को एक साथ चिह्नित किया गया है। देश की राजधानी होने के कारण दिल्ली को समस्त प्रकार की अराजकता, भ्रष्टाचार, अलगावाद, घोटालों, अवसरवादिता व अनेक प्रान्तों में व्याप्त विघटनकारी तत्त्वों के कारण फैली अस्थिरता का प्रतीक मानते हुए; इस लोकगीत में डंकल-प्रस्ताव, हर्षद मेहता द्वारा किये गये आर्थिक घोटाले, बढ़ता वित्तीय-कर्ज, सत्ता-प्रियता की वृत्ति, भूख, गरीबी, बेकारी, काला-बाजारी, आपराधिकता, कश्मीर-समस्या आदि अनेक तत्त्वों को एक साथ समाहित किया गया है।)

दिल्ली तू बनी महान, पल रयी है खून हमारें ते।
तेरी रग-रग में छल छायौ है।
ऊपर ते डंकल आयौ है।।
माँथे पै करज बढ़ायौ है।।
भारत कौ सीस झुकायौ है।।
तैनै नैक न करी संभार, पल रयी है खून हमारें ते।।
नेता सब मौज उड़ावत है।
कुर्सी पै पैर जमावत है।।
हर्षद जैसे पल जामत है।
जो बैंकन कूँ लुटवामत है।।
तेरौ नॉय कोउ एतवार, पल रयी है खून हमारे ते।।
है भूक, गरीबी, बेकारी।
करतूत करीं तैनें कारी।।
जनता पिस रही है बेचारी।

पग-पग पै बढ़ रही है लाचारी।।
कर रहियै बण्टा धार। पल रयी है खून हमारे ते।।
कालौ धन तैंने जोरौ है।
दल-दल मैं शासन बोरौ है।।
अपराध करावै तू भारी।
जल रही हैं केसर की क्यारी।।
तोपै भरी ना एक दरार, पल रयी हे खून हमारे तें।।

इस प्रकार कौरवी व ब्रज लोकगीतों में प्रायः प्रत्येक सामाजिक समस्या को स्वर मिला है। यहाँ तक कि समय-समय पर घटित महत्त्वपूर्ण घटनाएँ भी इन लोकगीतों का विषय बनी है। सुन्दर डाकू, रंगा-बिल्ला द्वारा किया गया संजय-गीता हत्याकाण्ड, बीस-सूत्री कार्यक्रम, अनशन, अकाल साम्प्रदायिकता आदि अनेक सामाजिक चेतना के बिन्दु इन लोकगीतों में उद्घाटित हुए हैं।

(घ) ऋतु या मास सम्बन्धी गीत

समाज मनुष्य की क्रियात्मक चेतना का प्रतिफल है। भौगोलिक परिवर्तन के कारण उसकी संवेदनाओं के स्तर भी परिवर्तित होते रहे हैं। भारत पर प्रकृति की सदा से ही अहैतुक कृपा रही है। यह उन कुछ गिने-चुने स्थानों में से है, जहाँ समस्त ऋतुओं की छवि-छटाएँ बिखरती रही हैं। भारत में छह ऋतुएँ होती हैं। इन ऋतुओं में कड़कड़ाती शीत ऋतु है तो भयानक लू के थपेड़ों वाली ग्रीष्म भी है। यदि एक समय उबाऊ वातावरण व नीरस दृश्यों वाली हेमन्त है तो दूसरे समय में प्रकृति के कण-कण में मादकता भर देने वाली ऋतुओं में सर्वाधिक मनोरम बसन्त का सौन्दर्य भी इस देश के भाग्य में नियत है। ''संसार में भारत ही एकमात्र ऐसा देश है, जहाँ छह ऋतुएँ होती हैं। चैत-बैशाख में बसन्त-ज्येष्ठ-आषाढ़ में ग्रीष्म, श्रावण भाद्रपद में वर्षा, आश्विन-कार्तिक में शरद, अगहन-पौष में हेमन्त और माघ-फाल्गुन में शिशिर ऋतु होती है। प्रत्येक ऋतु की अपनी विशेषता अथवा आकर्षण है। बसन्त ऋतुराज है। जीव-जगत् वनस्पति सभी को अपनी मादकता से आपूरित करता है। शीताधिक्य से छुटकारा मिल जाता है, किन्तु गर्मी की प्रचण्डता भी अधिक नहीं होती। ग्रीष्म की लपटों से झुलसे जन-जीवन को वर्षा की प्रथम घटा अपनी ओर आकर्षित करती है। शरद तो धनी-निर्धन सभी के लिए सुखकर है। हेमन्त और शिशिर का शीत सुख-दुःख दोनों की अनुभूति कराता है।''[12] कौरवी व ब्रज लोक में यह ऋतु-परिवर्तन अपनी सम्पूर्ण रसमयता के साथ,

जीवन का अभिन्न अंग है। ऋतु और मासों का यह आवागमन व वैचित्र्य, कौरवी व ब्रज लोकगीतों का वरेण्य विषय रहा है। इसी प्रकार बारहमासों का भी, कौरवी व ब्रज के लोकगीतों में पर्याप्त वरेण्य उपलब्ध है। आषाढ़, सावन, भादों, असौज, कार्तिक, मगसिर, पूष, माघ, फागुन, चैत, बैशाख व जेठ की गणना ही आज तक लोक में स्वीकार्य व मान्य है। कौरवी व ब्रज लोक ने अभी तक भी अंग्रेजी समय-निर्धारण पद्धति को स्वीकार नहीं किया है। यह ऋतु व मास-वर्णन कौरवी व ब्रज लोकगीतों में इतना अधिक वर्णन है कि लोक में अनेक कथा-प्रसंग तो 'बारहमासा' शैली में ही लिखे गये हैं। कौरवी में अपने समय के प्रसिद्ध चौ. रामबक्स माली का 'राधा-विलाप' का बारहमासा अनेक पाठान्तरों के साथ उपलब्ध है। आज भी गाँवों के चौपालों पर शाम ढले, बारहमासा गानें वालों का स्वर अपनी सम्पूर्ण ऊर्जस्विता के साथ वातावरण में तैरता रहता है। कौरवी व ब्रज लोकगीतों में छह ऋतुओं व इन बारहमासों का जो वैविध्यपूर्ण वर्णन मिलता है उसके कुछ लोकगीत उदाहरणार्थ यहाँ प्रस्तुत हैं। छह ऋतुओं का अनेक रूप में इन दोनों बोलियों में वर्णन उपलब्ध है। इन सभी छह ऋतुओं बसंत, ग्रीष्म, वर्षा, शरद, हेमन्त व शिशिर का कौरवी व ब्रज लोकगीतों में पर्याप्त उल्लेख मिलता है। इन ऋतुओं पर यद्यपि स्वतन्त्र रूप से प्राप्त लोकगीत लगभग नगण्य है तथापि बाहरमासा व ऋतुओं के विभिन्न पर्वों में इनका वर्णन भरा पड़ा है। इन गीतों में चैत मास में गाये जाने वाले दुल्हैंड़ी, पटका व साँग के गीत, देवी जागरण के गीत, रामनवमी के गीत, वैशाख मास में गाये जाने वाले वैशाख स्नान, आखातीज, काकड़िया एकादशी के गीत, जेठ में गाये जाने वाले बड़मावस या वट-सावित्री या बरसाती मावस, गंगा दशहरा के गीत, निर्जला एकादशी के गीत, असाढ़ में गाये जाने वाले देव-सोनी एकादशी के गीत, श्रावण मास में गाये जाने वाले हरियाली तीज के व झूले के गीत, भादों में गाये जाने वाले कृष्ण जन्माष्टमी के गीत, क्वार के नौ दुर्गे के गीत, साँझी टेसू के गीत, कार्तिक के करवा चौथ, अहोई आठें, धनतेरस, गौधन, भैयादूज के गीत, माघ के सकट संक्रान्ति के गीत, फागुन के फगुआ और होली प्रमुख हैं। इन सब गीतों में लोक की ऋतु सम्बन्धी अनुभूतिजन्य चेतना के विविध स्तर उद्घाटित हुए हैं। यहाँ हम कुछ संक्षिप्त बारहमासों का उदाहरणार्थ उल्लेख कर रहे हैं। यह एक विचारणीय तथ्य है कि कौरवी लोक में श्रावण मास में गाये जाने वाला बारहमासा, भक्तिकालीन सूफी-कवि मलिक मुहम्मद जायसी के बारहमासे के समान ही आषाढ़ से ही प्रारम्भ होता है। मेरठ के आस-पास

के कुछ क्षेत्रों में यह वैशाख मास से भी प्रारम्भ होता है। कौरवी के एक बारहमासे में, जो इस लोक में अत्यन्त लोकप्रिय है, विरहिणी के हृदय में, प्रिय–बिछोह के कारण पूँजीभूत पीड़ा को इस सुन्दर ढंग से चित्रित किया गया है कि यह उस भाषायी–संवेदना से जुड़े श्रोता को एकदम तरलीकृत कर देता है। इसकी सरलता, इसके गायन की सामूहिकता में वृद्धि करती है। यह बारहमासा हल्की कलात्मक सजगता व भावात्मक सघनता से ओतप्रोत है। उदाहरणार्थ कौरवी लोक का यह बारहमासा प्रस्तुत है–

जौबन लहरे लेय,
सुण सुन्दर बैशाख की बिटिया में नू कहे
जोबन लहरे लेय तो बौत करे मीनती।
बौत रही समजाय मैं बाले से जीव कूँ,
है कोई चला सुजान मिलावे वाले जीव कूँ।
सासु का जाया है पूत नणद का वीर है,
दो पिया चतुर सुजाण, मिलावे वाले जीवन कूँ।
आया हैं जेठ मास, सूखी है जल कूबरी,
सूखा हैं सरवर ताल, सूकी है जल माछरी।
आया साढ़ जे मास, भरी हैं जल कूबरी,
भर गये सरवर ताल, सुखी है जल माछरी।
पानों का बंगला छिवावती, रेसम के बंद लगावती,
आया है सावन मास रचे हैं हिंडोलने।
रेसम लेज बँटाय, सहेली संग झूलती,
तुम पिया झोंटे दोय झूलेंगी बाली कामनी।
आया है भादो जे मास, झुकी हैं अंधेरिया,
तड़क उजाला होय, डरे है बाली कामनी।
आया है असोज जे मास, तो पितर जिमावती,
धोती का देती दान, मुठ्ठी भर दच्छिणा।
मुंड तुउ लागू पाँडे पाँव, बौत करे मीनती,
आया है कातक मास, मैं काग उड़ावती।
उड़ जा रे काले कागा, ललन लोभी चाकरी,
आया है मँगसिर मास, मैं माँग भरावती।
माँग भरी सिस फूल जे हार गुँधावती,
आया है पोष जे मास, सिया ले जाड़ा चोगणा।

चादर बीच गलेय, नैन भर रोवती,
आया हे माह जे मास, माह जल न्हावतीं।
आया हैफागन मास, तो फगवा मैं खेलती,
अंबर अबीर गुलाल, पिचकारी भर खेलती।
आया हैं चैत जे मास, मैं चिन्ता लगावती,
ससुर के घर है दूध, जेठ घर हैं पेखणा।
म्हारे बलम परदेश, हमें क्या देखणा।
जिन खूँटी हतियार तो वे खूँटी सज गयीं।
पिया पै करे सिंगार, तो वे धन सज रई,
जिन खूँठी न हतियार, तो वे खूँटी झूठी हैं।
पिया बिनकरे सिंगार, तो वे धनि फीकी हैं।

कौरवी लोक के इस बारहमासे में महाकवि जायसी की ही भाँति अति–दृश्यात्मकता व भावात्मक वैविध्य दृष्टिगोचर होता है। खूँटी पर हथियार जहाँ एक ओर इस क्षेत्र के सनातन वीर–भाव वाली संस्कृति की ओर संकेत करता है, वहीं दूसरी ओर यह प्रतीक वियोगिनी के प्राण–शक्ति रूपी प्रिय को एक सर्वथा नवीन प्रयोग से जोड़ता भी है। कौरवी व ब्रज दोनों ही बोलियों के बारहमासों की नायिका स्वकीया है। इन बारहमासों के अतिरिक्त अलग से सावन के, फागुन के, कार्तिक–स्नान के अनेक गीत इन लोकों में प्रचलित हैं। बारहमासों में अनेक कथागीत भी इन बोलियों में दीख पड़ते हैं। चन्द्रावल का कथागीत कुरु व ब्रज दोनों ही अंचलों का प्रसिद्ध ऋतुगान है। जनश्रुति पर आधारित यह एक प्रसिद्ध ऋतुगान है। ऐसा कहा जाता है कि चन्द्रावली, मेरठ कें पास के किसी ग्राम की अत्यन्त रूपवती कन्या थी। किसी कामी नवाब ने उसका अपहरण कर लिया था। जब वह प्रयत्न करने पर भी उसकी कैद से मुक्त न हो सकी तो उसने अपने सतीत्व व कुल की लज्जा की रक्षा के लिए आत्मदाह कर लिया। यह गीत मुगल–कालीन सामाजिक अत्याचार व हिन्दू नारी के चरित्र तथा मनोबल का मार्मिक ढंग से चित्रण करता है। इसकी रसमयता व काव्य–कला अत्यन्त प्रखर व उच्च–कोटि की है। इसके अनेक पाठ लोक में उपलब्ध हैं। कौरवी में अनेक बारहमासे, छमासे, चोमासे आदि कथा–सूत्रात्मक ऋतु–गान प्रचलित हैं। 'अंजना का बारहमासा', 'कुँअर निहालदे का बारहमासा', 'राधा किसन का बारहमासा', 'गाँधी जी का बारहमासा', 'चन्द्रावली का गीत' आदि अनेक ऋतुगान प्रसिद्ध हैं। इन ऋतुगानों का अध्ययन करने पर यह तथ्य सम्मुख आता है कि ये

ऋतु-गान वास्तव में लोक के कथा-सूत्रों के संवाहक मात्र थे। चन्दना जाटनी, निबिया, धोबी, बिजैरानी, लहरिया, बींझा, सिड़रिया, मानों-गूजरी, कलासिन, नटिनी, मारूजी, पनिहारिन, चम्पा दे, मनरा, मोरा, लच्छो व धोबन आदि अनेक पात्रों की मार्मिक लोककथाएँ इन ऋतुगीतों की प्राण-शक्ति बनी हैं। ब्रज में अनेक कथात्मक बारहमासे लोकप्रिय हैं। भैन-भइया ('दौलत की चाह' बारहमासा), 'मंझा की बारहमासी', 'डाकू छबिराम की बारहमासी', 'ढोला-मारू (गौने का चाउ)', 'हत्यारी भाभी का बारहमासी', 'दौरानी-जेठानी का बारहमासा', 'फूहरिया की बारहमासी', 'हत्यारी बहन की बारहमासी', 'हरम्मा की बारहमासी', 'भारत की मशहूर बारहमासी' आदि अनेक कथात्मक ऋतुगीत ब्रज में प्रचलित हैं। हाथरस के क्षेत्र में गाये जाने वाली 'भारत की मशहूर बारहमासी' नाम-परिगणन शैली की एक नितान्त अद्‌भुत रचना है। इसमें लोक में जो-जो नगर, ग्राम, कस्बा, जिस-जिस वस्तु, स्थान या व्यक्ति के लिए ख्यात हैं, उसका उल्लेख किया गया है। इसी प्रकार दोनों ही लोकों में प्रचलित 'झूलने या झूले' (हिंडोले) के गीतों में भी ऋतु-वर्णन पर्याप्त मात्रा में उपलब्ध होता है। ऐसे ही ऋतु या मासों के रसमय उल्लेख से बने कुछ लोकगीत यहाँ उदाहरणार्थ प्रस्तुत हैं–

(1) सावन

सावन व फागुन लोक के अत्यन्त प्रिय मास हैं। सावन में जी-तोड़ परिश्रम के बाद पृथ्वी की उर्वरा-कोख से मनुष्य की सर्जनात्मक क्षमता का प्रतिदर्श अंकुरित होता है। यह जेठ मास की भीषण गर्मी के बाद का वह महीना है, जिसकी प्रतीक्षा असहनीय ताप में झुलसता पृथ्वी का कण-कण करता है। अत्यन्त कष्टप्रद समय के बीत जाने के बाद जब सावन के घिर-घिर कर आते काले बादल, अपने गर्जन-तर्जन के राग-स्वर से बिजली के बन्दनवार सजाये, पृथ्वी के हरित बिछौने पर अपने बौछारों के पाँव हौले से रखते हैं, तो आकाश से रंग-बिरंगी घटाओं की वर्षा होने लगती है। सावन वह महीना है, जिसकी प्रतीक्षा में कृषकों का पसीना, विलासियों का आलस व बहनों की आँखों का सत्व सम्मिलित है। सावन के आगमन के साथ ही बहन के मायके से बँधे स्नेहसूत्र, भाई की कलाई खोजने लगते हैं। उसकी मर्यादा भरी आँखों में मायके का निर्बन्ध बचपन उड़ान भरने लगता है। सावन पर शोधार्थी को कौरवी व ब्रज में प्रचुर मात्रा में लोकगीत प्राप्त हुए हैं। ऐसे ही कुछ लोकगीत यहाँ उदाहरणार्थ प्रस्तुत हैं–

(1) सामन आयो अजब सुहावनौ जी,
एजी कोई आइ अजब बहार,
सखियन बागन झूला झूलती जी।
कारे-कारे बदरा बिजुरी चमकती जी,
ऐजी कोई बरसत मेघ अपार,
नदियन किश्ती अम्मा मेरी चल रही जी।
सामन आयौ.................................। (ब्रज)

(2) सावन सूना भैया बिन हो गयौ जी,
ऐजी कोई घर ना है भगत सिंह बीर। सावन..........।
कौन कूँ राँधूँ मैना मेरी, सेमरी जी,
एजी कोई कौन कूँ राँधूँ-खीर। सावन........। (कौरवी)

(3) बाग में पपैया बोले, मैं जानूँ कोई आया है।
आया है मेरा आलोक सा भैया,
क्या-क्या सोभा लाया है।
आप कू घोड़ा, बाप कू जोड़ा।
माँ कू तीपल लाया है।
बहन की चूदँरी भूल गया तो,
सौ-सौ नाम धराया है।
बाग में पपैया..................। (कौरवी)

इसी गीत का ब्रज रूप भी द्रष्टव्य है-

(4) बाबा जी के बाग में हम झल्लर-मल्लर झूले हैं।
बाबाजी के बाग में दो चिड़ियाँ चूँ-चूँ करती है।
इत्ते आये मोहन भैइया, का का सोदा लाए जी।
आप कूँ घोड़ा बाप कूँ घोड़ा, कै माँ कूँ जोड़ा लाए जी।
बहन की चुँदरी ना लाए तो सौ-सौ नाम धराए जी।। (ब्रज)

(5) कच्चे नीम की निबौली, सावन जल्दी अइयो रे।
बाबा! दूर मत ब्यहियो, दादी नहीं बुलाने की।
ताऊ! दूर मत ब्यहियो, ताई नहीं बुलाने की।
कच्चे नीम की निंबौली, सावन जल्दी अइयो रे।। (कौरवी)

(6) कचेरी बैठते ससुरे भले जी
के आई रुत सावन की

हम क्या जाणा म्हारी बाली बहू री। के आई.........।
अपने जेट्ठा जी से पूच्छो.........।
भरी दुहते म्हारे जेट्ठा भले जी। के आई.........। (कौरवी)

(7) अरी भैना, घटा तो उठी है घनघोर।
सामन में चमकै बीजुरी जी।
कारे कजरारे री बदरा झुकि रहे।
अरी भैना उमड़ि घुमड़ि चहुँ ओर,
सामन में चमकै बीजुरी जी।। (ब्रज)

(2) फाल्गुन

फागुन लोक का एक और अत्यधिक प्रिय मास है। यह मास प्रकृति एवं प्राणी दोनों के उल्लास में वृद्धि करता है। यह मास फसल के पक जाने की सूचना हर तरफ बिखेर देता है। लोक में तो यह माना जाता है कि इस मास में वृद्धा व विधुर भी मादकता के अचूक कामशर से नहीं बच पाते। इस माह में शिवरात्रि, फुलैरा-दौज, होलिकाष्टमी, आमला-एकादशी या रंग-एकादशी, होली आदि लोक रंजक उत्सव व त्योहार मनाये जाते हैं। इन त्योहारों के लोकगीत इतनी ख्याति प्राप्त कर चुके हैं कि लोकगीतों की होरी नामक एक विशिष्ट शैली तक उपलब्ध है। फागुन के लिए 'फागुन में जेठ कहे भाभी' तथा 'पकी अमिया गदराई फागण मैं, राँड़-लुगाई मस्तायी फागण में', जैसी लोकोक्तियाँ प्रचलित हैं। फागुन में गाये जाने वाले ऐसे अनेक गीत इस शोधार्थी को उपलब्ध हुए हैं, जिनका फागुन या होली से यद्यपि कोई प्रत्यक्ष सम्बन्ध नहीं है तथापि उनमें कोमल भावनाएँ ही चिह्नित हुई है। फागुन के कुछ विशिष्ट गीत उदाहरणार्थ उल्लेखित हैं–

(1) जब साजन ही परदेश गये, मस्ताना फागण क्यूँ आया?
जब सारा फागण बीत गया, तैं घर में साजन क्यूँ आया?
छम-छम नाचैं सब नर-नारी, मैं बैठी दुखों की मारी।
मेरे मन में जब अंधेर मचा, तैं चाँद का चाँदण क्यूँ आया।। (कौरवी)

(2) फागन के दिन चार री सजनी, फागन के दिन चार,
मध जोबन आया फागन, फागन भी आया जोबन में।
झाल उठे सैं मेरे मन में, जिनका बार न पार री सजनी।
फागुन के दिन चार..................। (कौरवी)

(3) कच्ची अम्बली गदराई रे फागन में,
रांड-लुगाई मसताई फागन में,
कहियो रे उस ससुर भले सै,
चाल्ला ले कै आ फागन का,
बिना मुकलाई ले जा फागन में
कच्ची अम्बली....................। (कौरवी)

फागुन के विशेषोल्लेख वाले चित्र ब्रज में नगण्य हैं। यद्यपि ब्रज में फागुन में गाये जाने वाले विशिष्ट होरी लोकगीत प्रचुर मात्रा में उपलब्ध हैं।

(3) कार्तिक

कार्तिक शरद ऋतु का एक त्योहारों से भरा हुआ महीना है। कुरु व ब्रज लोक में इसका तद्भव रूप 'कातक' प्रचलित है। इस माह में लगभग प्रत्येक दिन कोई-न-कोई उत्सव या त्योहार है। करवा चौथ, अहोई आठै, धनतेरस, नरक चौदस, दिवाली, गोधन या अन्नकूट, भैयादूज, देवउठनी एकादशी, तुलसी विवाह आदि उत्सवों के अतिरिक्त कार्तिक में कुरु जनपद गंगा-स्नान के लिए उमड़ पड़ता है। कार्तिक पूर्णिमा के दिन ब्रज-मंडल में भी यमुना-स्नान की अत्यधिक मान्यता है। इन दोनों नदियों के तटों पर इनके उपासकों व आस्थावानों की भारी भीड़ इस दिन जुड़ती है। कुरु-प्रदेश में गाज़ियाबाद जिले के सीमान्त पर स्थित गढ़-मुक्तेश्वर (गढ़-गंगा या ब्रजघाट) का मेला इस लोक के सबसे बड़े मेलों में गिना जाता है। भैंसा-बुग्गी, बैलगाड़ी, ट्रैक्टर, ट्रॉली आदि में अपने तीन-चार दिन के प्रवास का समस्त सामान रखे, नर-नारियों के गाते समूह इस क्षेत्र के सड़क-मार्गों पर इस दिन के आस-पास बहुतायत में पाये जाते हैं। कार्तिक के कुछ ऐसे ही गीत यहाँ उदहारणार्थ प्रस्तुत हैं–

(1) राधा बूझे बात किसन सौं किस बिध कातिक न्हाइये राम।
नोंन मिरच कौं नेंम राधा प्यारी की कोई भोजन करिये राम।
अपने पति को नेंम राधा प्यारी धरती में सेज बिछाइये राम।
दामोदर के मन्दिर जइये, हरिगुन प्रभुगुन गइये राम।। (ब्रज)

(2) उठो री सुहागिन नारि
झाड़ू दै लो अंगना
हाथ मेरे कंगना,
री गोद मेरे ललना। उठो.............।

कैसे तो बुहाँरू,
मेरौ बासी घर अंगना
पौढाय देओ ललना। उठो.............। (ब्रज)

(3) पास बैठता अपना बाबल बूझा, रहो तो कातक, न्हा ल्यू हो राम।
कात्तक-महीणा बेटी बड़ाये दुहेल्ला, लाइयो बाग बगीचे हो राम।
दूध घमोड़ती अपनी मायड़ बुज्झी, कहो तो कातक न्हा ल्यू हो राम।
कात्तक न्हाया बेटी बड़ाये दुहेल्ला, सिच्चो धरम की क्यारी हो राम।
(कौरवी)

इसी प्रकार अन्य मासों व ऋतुओं के उल्लेख वाले अनेक गीत कौरवी व ब्रज में उपलब्ध हैं। ब्रज अंचल के भरतपुर जिले के 'आजउ' ग्राम में शोधार्थी ने आषाढ़ मास के उल्लेख का एक गीत, अपने मायके के लिए विदा होती युवती को बस में बिठाने के लिए सड़क के किनारे प्रतीक्षा करती स्त्रियों से सुना। यह गीत उदाहरणार्थ प्रस्तुत है–

भैया मोय लै जइयो लगत असाढ़
बीरन मोय लै जइयो, लगत असाढ़
अब सुधि आवै तो माँ के जाये बीर की जी
ऐसी कोई ले जा लगत असाढ़
छज्जे पै ठाड़ी तो भैया मेरे देखती जी
मोर भी डारन हम दाना गये जी। (ब्रज)

इसी प्रकार वर्षा ऋतु के वर्णन का एक गीत, जो ब्रज क्षेत्र में गाया जाता है, यहाँ प्रस्तुत है–

जल बरसे बिजुरिया तड़पे, तड़पे मोरे राम।
कुवाँ से पानी भरनों ना जानूँ, पतरी सी कमरिया लचकै,
लचकै मोरे राम।
चूल्हे से रोटी करनी ना जानूँ, आँखियों से जलवा बरसे,
बरसे मोरे राम।

इस प्रकार प्रकृति में ऋतु-चक्रों ने लोक के मन को, अन्दर तक अपने संजीवन स्वरों से गुंजरित किया है। 'मेघासिन', झूलने व अन्य अनेक प्रकार के ऋतु-वर्णन से संस्पर्शित गीत कौरवी ब्रज में उपलब्ध होते हैं जो लोक की भौगोलिक परिवर्तन के प्रति सचेत चेतना को प्रदर्शित भी करते हैं।

(ङ) स्त्री-पुरुष सम्बन्धी गीत

स्त्री एवं पुरुष के पारस्परिक सम्बन्धों पर सृष्टि की धुरी टिकी हुई है। लोक में स्त्री व पुरुष का परस्पर आकर्षण व प्रेम सम्बन्ध, विवाह से पूर्व वर्जित है। सम्भवतः इसी वर्जना ने इस विषय को सामान्य जन समाज में अधिक चर्चित व आकृष्ट करने योग्य बनाया है। वर्जित फल के प्रति पुरुष की सहज जिज्ञासु प्रवृत्ति का रुझान व स्त्री के हृदय की तरलता का सम्मिश्रण सदैव से ही लोक वर्जना का विषय रहा है। यही कारण है कि लोकगीतों में स्त्री व पुरुष के मध्य प्रेम की एक ऐसी धारा प्रवाहित रही है, जिसमें स्नान करने से ग्राम्य-संसार में शायद ही कोई बच सका। स्त्री व पुरुष के जिन सम्बन्धों का हमारे लोकगीतों में बहुतायत में उल्लेख मिलता है, वे तीन प्रकार के हैं। पहले स्त्री व पुरुष के मध्य के प्रेमगीत हैं, जिनमें वर्जित प्रेम भी है तथा दाम्पत्य के स्वस्थ व साफ-सुथरे गीत भी सम्मिलित हैं। दूसरे प्रकार के गीत वे हैं, जिनमें स्त्री व पुरुष के मध्य जन्म से नियत उस अमर सात्विक-प्रेम का चित्रण है, जिसे 'भाई-बहन' के सम्बन्ध का नाम दिया जाता है। स्त्री व पुरुष के इस अमर स्नेह-सम्बन्ध का भी लोकगीतों में पर्याप्त उल्लेख मिला है। तीसरे प्रकार के गीत वे हैं, जिनमें इन दोनों महत्त्वपूर्ण सम्बन्धों के इतर अन्य सम्बन्धों पर आधारित गीत आये हैं। ये गीत बहुधा देवर-भाभी, जीजा-साली, सलज-ननदोई आदि लोकगर्हित किन्तु लोक अभीष्ट सम्बन्धों पर आधारित हैं। कौरवी व ब्रज लोक यद्यपि सदा से स्वस्थ सम्बन्धों के पक्षधर रहे हैं, किन्तु इन लोकों ने ही भगवान कृष्ण की अमर प्रेमलीला के सम्मोहन के कारण ही उनकी प्रेमिका 'राधा' को देवी की भाँति पूजा भी है। यही कारण है कि कौरवी व ब्रज में ऐसे अनेक लोकगीत प्राप्त हुए हैं। ऐसे ही कुछ लोकगीत यहाँ उदाहरणार्थ प्रस्तुत हैं, जो उपरोल्लेखित तीनों सम्बन्ध श्रेणियों का प्रतिनिधित्व करते हैं–

(1) रागभाव दाम्पत्य

(1) *अरे मेरे मेरे दिल पै लिख दिया नाम*
गुलाबो छोरी नै।
और रे बहू बना दे राम,
गुलाबो छोरी ने।
सगरे गाम बेलण की तरियाँ, रातों करवट बदलूँ मैं।।

उसकी परछाई भी दीखे उसके पाछे पड़लूँ मैं।।
जी चाहवे धोरे आ ज्यावै तै कसके कौली भरलूँ मैं।
ओ रे मेरी कर दी नींद हराम,
गुलाबो छोरी नै। (कौरवी)

(2) चन्दा ओ चन्दा, तेरी निरमल कायै चाँदनी,
पनियो भरन गोरी नींकसी।
ओ कुंअरा, तेरे ऊँचे-नीचे घाट रे, ओ कुंअरा,
बापै तो धोवै छोरा धोवती।
ओ छोरा, तू मारू बैंगन तोर ला, ओ छोरा,
तौलो मैं धोऊ तेरी धोवती।
ओ छोरी, तेरे गोबर ल्हिस रहे हाथ री, ओ छोरी,
दाग लगेगी मेरी धोवती।
ओ छोरा, मेरे मेंहदी रचि रहे हाथ रे, ओ छोरा,
रंग-रंग चूवै तेरी धोवती।
ओ छोरी, तू अति की बहुत मलूक री, ओ छोरी,
एती बड़ी पै क्वाँरी च्यौ रही।
ओ छोरा, बर ढूँढ्यो देख-विदेस रे, ओ छोरा,
मेरी जोड़ा कौ बर ना मिलयौ।
ओ छोरा, तू अति कौ रूप-सरूप रे, ओ छोरा,
एते बड़ै पै क्वाँरो च्यों रहयौ।
ओ छोरी, मेरे परि गये भैया-बाप रे, ओ छोरी,
भइय भरोसे क्वाँरो रहि गयौ।
ओ छोरी, तू कहियो माँ सों जाइकै, ओ छोरी,
मेरी जोड़ी कौ बर बाग में। (ब्रज)

यह गीत ब्रज-क्षेत्र में 'क्वाँरा-क्वाँरी' का गीत कहलाता है, तथा यह 'साँझी' के खेत व सावन में झूले पर मल्हार के समय गाया जाता है।

(3) कुएँ की मन पै खड़ी कामिनी,
लहरे ले रही यौवन की,
जी भला लहरे ले रही यौवन की।
चलते मुसाफिर घड़ा उठा जा,
कन की देखूँ बाट खड़ी,
जी भला कन की देखूँ बार खड़ी। (कौरवी)

(4) *सैया तोरी गोदी में गेंदा बन जाऊँगी।*
जो मारे सैंया को भूख लगेगी
लड्डू, कचौरी ओर जलेबी बन जाऊँगी।
सैंया तोरी...। (ब्रज)

(5) *मेरे राजा की ऊँची अटरिया मिलन जाने कब होयेगा*
पहन ओढ़ मैं अँगना में ठाड़ी, आय गयी सास डुकरिया।
मेरे राजा...।
पंइयाँ लाग मैंने सासु विदा करी
आय गयी सौत जिठनियाँ, मिलन जाने कब होयेगा।
मेरे राजा..। (ब्रज)

(6) दाम्पत्य में ग्राम्य-संसार में अत्यन्त एकनिष्ठ प्रेम के दर्शन होते हैं। यही कारण है कि सम्बन्ध की संवेदनात्मक तरलता का मापक दोनों ही दिशाओं में परम पर है। यदि प्रेम में नोक-झोंक न हो तो उसकी रसमयता व निरन्तरता बाधित हो जाती है। ऐसे ही दो गीत यहाँ प्रस्तुत हैं। जिनमें पति के क्रोध से व्याकुल स्त्री व अन्ततः अनुरक्त प्रेमी पति, दोनों का सुन्दर चित्रण हुआ है।

(अ) *मेरे ऐसी भारी लात कनकवा टूटा रे,*
मैं तो पियर जाऊँगी, फिर कभी न आऊँगी
मेरे ऐसी..।
मैं तो चिट्ठी भेजूँगा, मैं लिफाफा भेजूँगा,
मैं तो भेजूँ डाक-तार, तू दौड़ी आयेगी।
मै तो चिट्ठी लौटा दूँ, मैं लिफाफा लौटा दूँ,
मैं लौटा दूँ डबल-तार, फिर कभी न आऊँगी।
मेरे ऐसी भारी.....................................। (ब्रज)

(ब) *छज्जे ऊपर धम-धम कुट रई,*
कोई ना आयौ बचाबै कूँ।
दौड़ी-दौड़ी आई मेरी सासू,
आई सास बचाबे कूँ।
हाथ-पैर वाके चले बचाने,
नैन चले पिटवाने कूँ।।
छज्जे ऊपर...............। (ब्रज)

(7) *जुबना ऐ छुअन नांए देऊँगी,*
बलम तोय मारूँगी तरसाय कैं।

लहँगा पहरि ओढ़नी ओढ़ी,
सलूजा पहिरौ बनाय कैं।।
सलूजा भीतर चोली पहिरी,
टेला ते छिपाय के।। बलमा................। (ब्रज)

(8) *मेरी नाजुक नरम कलाई, राजा छोड़ो तो सही*
राजा जी खाना बनाकर लाई,
ओ मेरे दोनों हाथ कटोरी,
राजा खाओ तो सही। अरी मेरी..................।
राजा जी सेज बिछाकर आई,
मेरे दोनों हाथ में गेंद,
राजा सोओ तो सही। अरी मेरी......................। (कौरवी)

(9) *आये नहीं नन्द के लाज, अरी सुन मेरी बहना।*
लिख-लिख चिट्ठियाँ में डाल रही सुन मेरी बहना।
ब्याही की गये सुध भूल, खबर मेरी अब तक लई ना।
आये नहीं नन्द के लाल..........................। (कौरवी)

(10) *उड़ जा रे बैरी कागा रे मेरै राजा घर नायें*
पाँच बरस मेरे ब्याह कूँ है गये सात बरस मेरे गौना,
बाहर बरस पिया चाकरी तें आये, हमकूँ का का लाये रे,
गरम गेन्दुआ, तोसक तकिया, सूत को पलिका लाये रे,
सबरी रात गैं चरन दबायै लै करवटिया सोये रे। (ब्रज)

(2) भाई-बहन के स्नेह के गीत

विश्व के पावनतम् सम्बन्धों में से एक है, भाई-बहन का सम्बन्ध। यह सम्बन्ध शताब्दियों से अपार स्नेह, अटूट विश्वास, अद्‌भुत समर्पण व अनन्त निरन्तरता का प्रतीक रहा है। यह सम्बन्ध बहन के लिए इतना आश्वस्त करने वाला है कि कौरवी व ब्रज में भाई के लिए 'बीरन' था 'बीर' शब्द का प्रयोग किया जाता है, जो बहन की रक्षा के लिए उसकी संकल्पबद्धता और इस हेतु के प्रति उसकी आश्वस्तकारिणी वीरता का परिचायक है। लोक में इस अनघ सम्बन्ध पर अनेक गीत रचे गये हैं। कौरवी व ब्रज लोक में युवतियों के विवाह के लिए भी एक निश्चित भौगोलिक सीमा-रेखा है, अतः विवाह के पश्चात् यह सम्बन्ध कृश होने की अपेक्षा अधिक सुदृढ़ हो जाता है। कौरवी व ब्रज में भाई-बहन के पारस्परिक स्नेह को लेकर अनेक गीत लिखे गये हैं, उनमें से कुछ गीत यहाँ उदाहरणार्थ प्रस्तुत हैं–

(1) *बिटिया हरिया जो उतरी बाबुल तले,*
वहाँ अच्छी-अच्छी चुनरी बिकाऊ
बलैया लैहैं बीरन की
अब कौन से भैया लावेंगे मोल,
बलैया लैहे बीरन की। (ब्रज)

(2) *कौण सजावै मेरा भात बाबुल बिना?*
कौण रक्खै मेरा मान भैया बिना
किन्ने री जिज्जी तुझै मारे हैं बोल?
किन्ने री तुझे दिया है उलाहणा?
ताउ जाये दिये हैं उलाहणा।
चाचा जाये मारे हैं बोल। (कौरवी)

(3) *रखियाँ बँधा लै भैया सामन आयौ रे।*
रिमझिम-रिमझिम मेघा बरसै
भैया को देख मोरा मनुआऊ हरसै
मेरा हजारी भैया, भौंअन आयो रे।
राखियाँ बँधा लै भैया सामन आयो रे। (ब्रज)

(4) *भईया रघुबीर*
मेरे भात सबेरे लइयो।
मेरो सास कू फरिया लइयो,
मेरे सुर कु कुर्ती लइयो।
मेरे गले कू लइयो झन्झीर,
मेरे भात सबेरे लइयो
भईया रघुबीर.......। (कौरवी)

(5) *सिदौसी अइयो भातई*
मेरे बाबुल के हाथी झूमने
झूमैं-झूमैं रे जमईया दरबार।। सिदौसी.........।
मेरे बिरन के घोड़ा हींसने
हीसैं-हीसैं रे बहनोई दरबार।। सिदौसी.....। (ब्रज)

इसी प्रकार अनेक लोकगीत कौरवी व ब्रज में भाई-बहन के प्रेम के सम्बन्ध में पाये जाते हैं। कौरवी व ब्रज के 'भात' जो भाई के विषय में बहन द्वारा गाये जाते हैं, इतने मार्मिक हैं कि उनके सम्मुख करुण रस की प्रत्येक रचना तुच्छ प्रतीत होती है। कौरवी के एक भात की दो पंक्तियाँ

यहाँ उदाहरणार्थ प्रस्तुत हैं, जिसमें बहिन ने अपनी कमजोर आर्थिक स्थिति व भाई से सहायता को अत्यन्त सुन्दर ढंग से व्यंजित किया है–

मैं कोटी जम्फर पहन खड़ी कोठे में।
भईया चोखो भारियो भात बहन टोटे में।

इसी प्रकार अनेक लोकगीतों में इस सम्बन्ध की उपमा तरलीकृत होकर प्रवाहमान है। बहन के साथ बड़े होने से लेकर, उसके पतिगृह चले जाने और उसके बाद के सम्बन्ध-निर्वहण के प्रत्येक पड़ाव को कौरवी व ब्रज के लोकगीतों ने स्वर प्रदान किया है। भौजाई के साथ चुहल भरी छेड़छाड़ तथा भाई लाड़ तथा हस्तक्षेप भी इन लोकगीतों में मुखरित हुए हैं रक्षा बन्धन व भैया दूज जैसे त्योहारों पर भी कौरवी व ब्रज में लोकगीत हैं। इन लोकगीतों में भी भाई-बहन के सम्बन्ध की मधुरता को चिह्नित किया गया है। इसके अतिरिक्त सावन मास में झूलों पर झूलते समय गाये जाने वाले 'मल्हारों', 'झूलनों' में भी भाई-बहन के सम्बन्ध को अत्यन्त सुन्दर ढंग से गुंजरित किया गया है।

(3) अन्य सम्बन्ध

अन्य सम्बन्धों में यहाँ उन लोकगीतों का विवेचन करेंगे, जो उपरोल्लेखित दोनों सम्बन्धों के अतिरिक्त स्त्री व पुरुष के मध्य समाज में उल्लेखित रहते हैं। इन सम्बन्धों में पिता-पुत्री जैसा पावन सम्बन्ध भी है तथा जीजा-साली, देवर-भाभी व सलज-ननदोई जैसे चुहल भरे सरस सम्बन्ध भी हैं। इन सम्बन्धों में यद्यपि कुछ लोक-गर्हित भी हैं, किन्तु उनमें निहित वर्जना की जिज्ञासा उन्हें अभीष्ट बनाती रही है। पिता की पुत्री से प्रेम पश्चिमी मनोवैज्ञानिकों की विपरीत लिंग के प्रति आकर्षण के कारण हो या भारतीय सोच के अकारण, किन्तु वह अपनी प्रखरता के साथ लोक में विद्यमान है। विवाह से पूर्व वह, पिता को अपनी पत्नी व पुत्र से भी अधिक प्रिय होती है। कौरवी व ब्रज के लोकगीतों में पुत्री का सर्वाधिक संवाद-सम्बन्ध, अपने पिता से ही हैं। ऐसे ही कुछ वात्सल्य से भरे लोकगीत यहाँ उदाहरणार्थ प्रस्तुत हैं–

(1) लाड़ो खड़ी स्वयंवर के बीच, बाबा जी से अरज करै।
बाबा। वर ढूंढ़ो जगदीश, जिनहो के गल माला पड़ी।
माला, माला, गले में जंजीर, जिन्हो के गल माला पड़ी।
लाड़ो खड़ी ....। (कौरवी)

(2) मड़ये तरे बीच, लाड़ो ने केश सुखाये।
बाबा चतुर वर ढूंढ़ो, सुघड़ वर ढूंढ़ो।

दादी लोगी कन्यादान, लाड़ो के केश सुखाये,
बाबुल चतुर वर ढूंढ़ो..................। (ब्रज)

(3) *हरे-हरे बांस कटाओ मेरे बाबल*
घर ई हिंडोला गडैयो मेरे बाबल
दूर कुसम मत बो मेरे बाबल
फल बीनण कौन जाये मेरे बाबुल................। (कौरवी)

इसी प्रकार अनेक लोकगीत, कौरवी व ब्रज में पिता-पुत्री के स्नेहिल सम्बन्ध के रस से सिक्त प्राप्त होते हैं। कौरवी व ब्रज में गायी जाने वाली 'लाड़ो' में तो जितने भी संवाद-सन्दर्भ हैं, वह प्रायः पिता से ही अभिमुख हैं। योग्य वर के लिए वह विनती भी पिता से ही करती है और पिता ही उसे सुयोग्य वर के चयन के प्रति आश्वस्त भी करते हैं। कौरवी की एक लाड़ो यहाँ उदाहरणार्थ प्रस्तुत है, जिसमें दो बातें विशेष रूप से उल्लेखनीय हैं। एक तो यह कि कौरवी व ब्रज लोक में पिता व पुत्री के बीच सम्प्रेषण कितना सहज व सम्पूर्ण है तथा दूसरी यह कि पिता की अपनी पुत्री के विषय में आत्ममुग्धता कितनी परम कोटि की है।

बाबा देस जइयो, परदेस जइयो,
हमारी जोड़ी के वर ढूंढ़ियो।
कचनार बैठी लाड़ो पान चाबै,
करे बाबा जी से बिनती।
एक रात रहियो उनका गोत पूछीयो,
तब मेरे बरण मिलइयो।
तुम सुख-सेज सोओ मेरी सरब-सुन्दरी।
ढूंढा है फूल गुलाब का। (कौरवी)

इसी प्रकार अनेक अन्य कौरवी व ब्रज लोकगीतों में भी पिता-पुत्री का यह सम्बन्ध अनेक रूपों में उद्‌घाटित हुआ है।

कौरवी व ब्रज में स्त्री-पुरुष के मध्य पलने वाले अन्य सम्बन्धों का भी निरूपण हुआ है। देवर-भाभी का सम्बन्ध लोक में जीजा-साली के सम्बन्ध के जैसा ही सरस व मादक है। कौरवी व ब्रज में इन सम्बन्धों पर सर्वाधिक गीत मिलते हैं। देवर, जिसे लोक में दूसरा वर भी माना जाता है, कौरवी व ब्रज के लोकगीतों में तीन प्रकार से रूपान्तरित हुआ है। एक तो पुत्र या छोटे भाई के रूप में, दूसरे सामान्य हास्य-व्यंग्य व परिहास-चहल करने वाले के रूप में, तीसरे भाभी से यौन-सम्बन्ध चाहने वाले के या रखने वाले रूप में। यहाँ हम तीनों

रूपों के उदाहरणों को उल्लेखित करेंगें। ब्रज के एक लोकगीत में माँ सीता के रूपक के माध्यम से देवर के लिए जो कामना है, वह कितनी सुन्दर व पावन है।

सीय ठाड़ी जनक दरबार,
सूरज कूँ जल दे रहीं।
मैंने वर मों सिरी राम,
देवर माँगे लक्ष्मन से। (ब्रज)

देवर का यह रूप कौरवी व ब्रज के लोकगीतों में निहित कौटुम्बिक-सात्विकता का प्रतिरूप ही है। ब्रज के इस लोकगीत की निम्न पंक्तियों में बड़ी भाभी का देवर के प्रति अत्यन्त महत्त्वपूर्ण वात्सल्य भाव मुखरित हुआ है।

छोटौ सौ प्यारौ देवर चिरई उड़ावै रे।
चिरई उड़ावै मेरौ जी ललचावै रे। (ब्रज)

यह देवर का वह रूप है, जिस पर भाभी को माँ जैसी मानता है। कौरवी में तो कई बालक अपने चाचाओं से माँ के लिए 'भाभी' सम्बोधन सुनकर बहुत आयु तक माँ को 'भाभी' ही कहते हैं। यह देवर भी भाभी के प्रति मातृवत् व्यवहार ही करता है। यह अनेक बार देखा गया है कि बड़े व छोटे भाई के मध्य आयु का बहुत अधिक अन्तर होने पर, बड़े भाई की पत्नी के आगमन के समय छोटा भाई बालक जैसा ही होता है। ऐसी स्थिति में यह सम्बन्ध माता-पुत्र जैसा ही हो जाता है। देवर की यह अभिव्यक्ति, सम्बन्ध के इसी आयाम का फलित है-

भाभी जैसी कौसल्या रानी।
माता जैसी मैंने जानी।।

दूसरा देवर वह जो भाभी से मीठी-मीठी चुहल करता रहता है-

(1) *मेरे छोटे से देवरिया, बोली मत मारो,*
देवर कहै भाभी घूंघट उघाड़ो,
संय्यां कहें लग जायेगी नजरिया,
मेरे छोटे से देवरिया................। (कौरवी)

(2) *सर-सर करती रेल निकल गयी,*
ठाड़ौ रह गयौ देवरिया।
जैसी टोपी राजा पहनैं,
वैसी पहने देवरिया।
या राजा के धोखे में,
मैंने जाय उठायौ देवरिया।। (कौरवी)

देवर-भाभी के इन मधुर सम्बन्धों के मध्य कहीं-कहीं अनुचित सम्बन्ध व गर्हित यौन-संकेत भी दृष्टिगोचर होते हैं। पति की नौकरी या अन्य कारणों से अनुपस्थिति इन सम्बन्धों के प्रारम्भ व निर्वहण में सहायक होती है। कहीं-कहीं यह सम्बन्ध पारस्परिक सहमति से है, तो कहीं बलपूर्वक या अनिच्छा से स्वीकार करा पा गया है। कौरवी व ब्रज के ऐसे दो लोकगीत यहाँ प्रस्तुत हैं, जिनमें इस सम्बन्ध के इस रूप का चित्रण हुआ है-

(1) *बीरा ने फेरी है पीठ, डोल थामा सेले बड़ तले।*
देक्खूँ भाभी री तेरा आग्गा, कैसे तो निंबुआ पक रहे। मेरे लाल।
बीरा ने फेरी हैं पीठ, वारिलाल।
देवर ने जुल्म गुजारिये, मेरे लाल।
फटा हैं दक्खन चीर, वारिलाल,
चुड़ला तो मौला हाथी दांत का, मेरे लाल। (कौरवी)

(2) *सास बहू से पूछे, पर हौले-हौले।*
का कारन मुख पीला, पर हौले-हौले।
बहु : *घर में होंगे नन्द लाला, पर हौले-हौले।*
सास : *बेटा तो मेरा परदेसी पर हौले-हौले।*
किन का जायेगी लाल, पर हौले-हौले।
बहू : *बेटा न सही बेटा का भाई, पर हौले-हौले।*
उन्हीं के होंगे नन्द लाला, पर हौले-हौले।
बारह बरस पे बेटा आये, पर हौले-हौले।
लालन खेल रहे द्वार, पर हौले-हौले।
पति : *अम्मा किन कौ जे बेटा, पर हौले-हौले?*
अम्मा : *जे बेटा तेरौ बेटा, पर हौले-हौले।*
है तुम्हारा नहीं छोटे भइया कौ, पर हौले-हौले।
इतना सुन राजा कांपे, पर हौले-हौले।
बल दिये परदेस, पर हौले-हौले।
मेरा यहाँ नहीं कोई, पर हौले-हौले।
छोटे देवर ही राजा, पर हौले-हौले। (ब्रज)

इसी प्रकार के अन्य गीत भी कौरवी व ब्रज में उपलब्ध हैं, किंतु उनकी संख्या कम ही है। अधिकतर लेकगीतों में देवर-भाभी के उन्हीं रूपों का वर्णन अधिक मिलता है, जिनमें इन दोनों का सम्बन्ध वात्सल्य भरा हो या इस सम्बन्ध की चुहल भरी रंगत हो।

इसी प्रकार कौरवी व ब्रज लोकगीतों में लोक के दूसरे सर्वाधिक सरस स्त्री-पुरुष सम्बन्ध 'जीजा-साली' का भी पर्याप्त चित्रण हुआ है। यह सम्बन्ध मानो हास-परिहास, चुहल व कभी-कभी यौन-सम्बन्ध के लिए ही अधिकृत है। 'साली आधी घरवाली' जैसी उक्तियाँ लोक की इसी मानसिकता को प्रदर्शित करती हैं। इसी मानसिकता के कुछ लोकगीत यहाँ उदाहरणार्थ प्रस्तुत हैं–

(1) *ए दूध मलाइ का प्यार सै,*
जीजा साली का प्यार सै,
कही ना हो तकरार, हो मैं तेरी झुकमा डार।
मुडढे पै जीजा बैठे, जड़ में बैट्ठी साली। (कौरवी)

(2) *छोटी साली पे जीजा दीवाने हुए।*
खत लिखने के लाखों बहाने हुए।
टोपी वाले जवान, जरा टोपी सम्भाल
तेरी जुल्फों पे लाखों दीवाने हुए।
छोटी साली............। (कौरवी)

(3) *धीरे-धीरे आओ जीजा, परदा हिलने ना पावै।*
खाना पकाया मैंने बो आपके लिए,
धीरे-धीरे खाओ जीजा, चामर गिरने न पावै।
सिजिआ बिछाई मैंने बो आपके लिए,
धीरे-धीरे चढ़ो जीजा, सिजिया हिलने न पावै। (ब्रज)

इसी प्रकार अनेक गीत जीजा-साली के सम्बन्ध पर विवाह से लेकर आगे तक अनेक विषयों पर कौरवी व ब्रज में उपलब्ध हैं। एक अन्य सम्बन्ध भी कौरवी व ब्रज लोक में सरसता का प्रतीक है, यद्यपि उसका अधिक वर्णन कौरवी व ब्रज लोकगीतों में नहीं है। वह सम्बन्ध है 'सलज-ननदोई' का। पत्नी के भाई की पत्नी व उसी घर की पुत्री का पति, इन दोनों के बीच भी प्रबल आकर्षण, कभी-कभी गर्हित सम्बन्ध व चुहल-छेड़छाड़, कौरवी व ब्रज के लोकगीतों में अभिव्यक्त हुई है। कौरवी व ब्रज की एक पहेली में ननदोई स्वयं को व अपनी सलज को एक ही स्तर पर ला देता है। पहले प्रस्तुत है–

पीसनहारी पीस कपास,
तेरी मेरी एकई सास।

ऐसे ही एक गीत में जब विवाह के अवसर पर, खिचड़ी के नेग के लिए सलज अपने ननदोई की इच्छा पूछती है, तो वह उसे ही माँग बैठता है।

हँस-हँस पूछै साला सलज,
खिचड़ी का नेग क्या लोगे लला?
चाँद-सूरज जैसी सलज माँगूँ।
साले को रथ मैं जुताए माँगूँ।। (कौरवी)

कभी-कभी पति के मूर्खता की सीमा तक सरल होने पर सलज ननदोई से प्रेम-सम्बन्ध तो जोड़ ही लेती है, साथ ही अपने पति की खिल्ली भी उड़ाती है। ब्रज का एक अत्यन्त लोकप्रिय नृत्यगीत, कुछ ऐसी ही भावनाओं को अभिव्यक्ति करता है यह गीत उदाहरणार्थ प्रस्तुत है-

सरौता कहाँ भूल आये प्यारे ननदोइया?
ननदी मेरी लड्डू खाये, पेड़ा ननदोइया,
मैं विचारी रबड़ी खाऊँ, दोना चाटै सैंया।
सरौता कहाँ भूल आये, प्यारे ननदोइया?
ननदी मेरी छालियाँ खाये, इलायची ननदोइया,
मैं बिचारी पान चाखूँ, चूना खायै सैंया।
सरौता कहाँ भूल आये, प्यारे ननदोइया? (ब्रज)

इस गीत में सलज के रबड़ी खाने, ननदोइया के पेड़ा खाने, और इस सारी प्रक्रिया के प्रति सहयोगी रहने वाली ननद के, लाभ के लड्डू खाने के अतिरिक्त, पति के बचा हुआ दोना चाटने की क्रियाओं के बिम्ब-विधान से जो अद्‌भुत व्यंजना की गयी है, उसका साधारणीकरण सहज ही हो जाता है।

इसी प्रकार अन्य स्त्री-पुरुष सम्बन्धों के गीत भी कौरवी व ब्रज में पाये जाते हैं। इन सभी स्त्री-पुरुष सम्बन्धों पर आधारित लोकगीतों में लोक की सामाजिक चेतना का सम्बन्ध आधारित आयाम पूर्णरूपेण मुखरित होता दिखाई पड़ता है।

(च) आर्थिक समस्याओं से सम्बन्धित गीत

यद्यपि कौरवी व ब्रज लोक अत्यन्त समृद्ध क्षेत्र हैं, तथापि वहाँ की सामाजिक संरचना में अर्थ-तन्त्र की महत्त्वपूर्ण भूमिका है। यही कारण है कि कौरवी व ब्रज में आर्थिक समस्याएँ उतनी ही महत्त्वपूर्ण रही हैं, जितनी अन्य किसी लोक में। यह आर्थिक पक्ष लोकजीवन में इतना अधिक प्रभावी रहा है, कि उसके स्पर्श के छींटे कौरवी व ब्रज लोकगीतों पर भी पड़े हैं। कौरवी के एक लोकगीत में हमारी शास्त्रीय मान्यता "सर्वे गुणा कांचनमाश्रयन्ते" को इस प्रकार स्वर दिया गया है-

बिन पैसे के ना आदर है,
पैसे से सब जगह कदर है
जर बिन नर कूड़ी का घर है
खाय सूका सड़ा।।

यह आर्थिक समस्या का मूल आधार है। इस आर्थिक उलटफेर ने लोक के जीवन को जितना स्पष्ट किया है, उतना ही यह कौरवी व ब्रज के लोकगीतों में उभर कर आया है। कौरवी व ब्रज के ग्राम्यवासी आधुनिक युग के वैज्ञानिक चमत्कारों व आविष्कारों के सीमातीत सहयोग के बाद भी कृषि के भविष्य के विषय में नियति पर ही आधारित हैं। पसीना बहा कर जब अन्ततः वह खेतों में लहलहा रहे अपने जीवन रस को निहार रहा होता है तो कभी बाढ़, कभी समय पर वर्षा न होने के कारण वह अनेक बार सपरिवार भूखा सोता है। कौरवी व ब्रज के लोकगीतों में महँगाई, दहेज का आर्थिक पक्ष, संवत् 1917 व चालीस के भीषण अकाल, रुपये का अवमूल्यन व यहाँ तक कि स्वदेशी वस्तुओं की खरीद के कारण अपना धन विदेश चले जाने की चिन्ता जैसी आर्थिक चेतना के न जाने कितने आयाम उद्घाटित हुए हैं। 1917 के अकाल से उत्पन्न आर्थिक अस्थिरता कौरवी के इस लोकगीत में किस प्रकार प्रकट हुई है, उदाहरणार्थ प्रस्तुत है–

पड़ते अकाल जुलाहे मरे, अर बीच में मरगे तेली।
उतरते अकाल बणिये मरे, अर रूपे की रहगी धेली[13]।
चना, चिरौंजी हो गया, अर गेहूँ होगे दाख,
सत्रह भी ऐसा पड़ा, चालीसा का बाप। (कौरवी)

इसी प्रकार प्राकृतिक आपदाओं के कारण उद्भूत आर्थिक विपत्ति, अनेक रूपों में कौरवी व ब्रज के लोकगीतों में आकार लेती रही है। यह आर्थिक कष्ट, पारिवारिक पक्षों को भी प्रभावित करता रहा है।

ब्रज के एक लोकगीत में अत्यधिक श्रम करके धन अर्जित करने वाली युवती, पति द्वारा रुपयों पर दृष्टि रखे जाने से आहत दीख पड़ती है। उसका यह कष्ट इस दृष्टि से भी बड़ा है कि वह घर पर चरखा चला कर जितना धन अर्जित करती है, नौकरी करके भी उसका पति उतना नहीं कमा पता। ऐसे में उसका क्रोध इस लोकगीत में फूट पड़ा है–

चार महीना चरखा काता रुपिया कमाये बीस,
मेरे जी के जलावा तू अब गिन लै।
चार महीना कही चाकरी रुपिया आये देई,
मेरे जी के जलावा तू अब गिन लै। (ब्रज)

इसी प्रकार धन के प्रति अत्यधिक परिग्रहणशील पिता द्वारा दहेज न देने की इच्छा के कारण पुत्री का बेमेल विवाह कर देने पर, पुत्री का क्रोध भी उसकी आर्थिक समस्या का वैवाहिक प्रतिदर्श ही तो है। गीत प्रस्तुत है–

माय के लोभ्भी बाप रे,
बुड्ढे को ब्याह दई रे,
बुड्ढा तो चलता नौकरी में,
मैं केल्ली रह गयी रे। (ब्रज)

पढ़ी-लिखी ब्रज की एक आधुनिका का विवाह, जब एक अनपढ़ व अयोग्य बनिए से हो गया तो उसकी आत्मा ससुराल के उस व्यापारी वातावरण को अंगीकार करने से इनकार कर देती है। ऐसी ही भावनाएँ ब्रज के एक लोकगीत की इन पंक्तियों में प्रतिबिम्बित हो रही हैं–

मैं फैशन बारी, बलम मेरी बनिया,
सास बेचे हरदी, ननद बेचे मिरची,
मैं बैठी देखूँ बलम बेचे धनिया।
मैं फैशन बारी, बलम मेरौ बनिया। (ब्रज)

यदि नगर के निवासी वस्तुओं के महँगे होने पर कष्ट अनुभव करते हैं, तो किसान फसल के सस्ते होने पर हानि व दुःख का अनुभव करता है। ब्रज का एक ऐसा लोकगीत यहाँ उदाहरणार्थ प्रस्तुत है, जिसमें कृषक-पत्नी, फसल के सस्ते हो जाने की दशा में विवाह-योग्य पुत्री के परिणय में आने वाली सम्भावित कठिनाइयों के प्रति अत्यधिक चिन्तित दिखाई पड़ती है। लोकगीत उदाहरणार्थ प्रस्तुत है–

सुनि कैं सरसौं का भाव भरतार,
करेजौ मेरौ थर-थर थर्रायौ,
तीस रुपैया मन की सरसौं,
बालम तुमने भरि लीनीं,
जाई बिरते पै मुन्नी की,
शादी पक्की कर दीनीं
एजी रुपया ठहराये हैं तीन हजार।
करेजौ मेरौ थर-थर थर्रायौ।।
या तेजी की सौ मन सरसौं,
तीन हजार रुपैया की,
घर में भरी धरी बोरिन में,
अब बिक रही अढ़ैया की।

एजी रुपैया टोटे में गये डेढ़ हजार।।
करेजौ मेरौ थर-थर थर्रायौ।। (ब्रज)

कौरवी व ब्रज के लोकगीतों में समाज की आर्थिक समस्याओं के प्रति जागरूक चेतना का स्वर इतना उन्नत है कि ब्रज के एक लोकगीत में पत्नी द्वारा विदेशी सामान की इच्छा जागने पर वह उसको अत्यन्त सहज तरीके से समझाता भी है। लोकगीत का यह चरण उल्लेखनीय है–

घर में माल विदेसी कबहुँ भूल नहीं लाऊँ बावरिया,
अरी बावरी माल विदेसी,
पैसा जावै भारी।
पैसा जाय देस सौं बाहर,
जीवन की है ख्वारी।
बैठे देस पै कर्ज, कर्ज ते टूटै कमरिया।
घर में माल विदेसी कबहुँ नहीं लाऊँ बावरिया।

इसी प्रकार अन्य अनेक गीतों में भी लोक की आर्थिक समस्याओं का उद्घाटन हुआ है।

सन्दर्भ

1. पाव सेर या एक पाव के लिए प्रयुक्त कौरवी शब्द।
2. रेडियो का कौरवी रूप।
3. अपने समय की प्रसिद्ध हिन्दी फ़िल्म 'सोलहवाँ साल'।
4. कौरवी लोक में घर के अन्दर के भाग के लिए प्रयुक्त शब्द।
5. नलाई से तात्पर्य, समय-समय पर दराँती से ईख की जड़ों की मिट्टी को खोदकर जल विसरण के योग्य बनाने व घास-पात को काटने की प्रक्रिया से है।
6. नहरों से गाँव तक पानी पहुँचाने के लिए बनाये गये राजकीय राजवाहे। कौरवी में इन्हें बम्बा कहा जाता है।
7. 'हल जोता', अर्थात हल से जुताई करने वाला।
8. नौकरी करने वाला।
9. बैलों को हाँकने के लिए प्रयोग में लाये जाने वाला डण्डा।
10. एक यन्त्र के सहारे जब गन्ने का रस निकाला जाता है, तो उसे पिराई कहते हैं।
11. जूतियाँ।
12. डॉ. चन्द्रपाल शर्मा : मूल अंकों में ध्वनित सांस्कृतिक चिन्तन, पृ. 61
13. आधा रुपया।

पंचम अध्याय

कौरवी और ब्रज लोकगीतों में अभिव्यक्त सांस्कृतिक चेतना

जीवन की नैसर्गिक गति को पहले स्वयं व तदुपरान्त समाज की आवश्यकता के अनुसार परिभाषित करके जो सार्वभौम व सर्व-स्वीकार्य जीवन-दर्शन या जीवन-शैली प्राप्त होती है, वही संस्कृति कहलाती है। यही कारण है कि संस्कृति सापेक्ष है। लोक-संस्कृति, लोक मन का आभ्यन्तरिक संस्कार है। यह संस्कार लोक को आनन्दपूर्वक जीने की अबाधित इच्छा-शक्ति व अपने उत्स के प्रति निर्विवाद आस्था प्रदान करता है। इस लोक-संस्कृति में जीने वाला, पृथ्वी और आकाश के रासायनिक गुणों एवं प्रकृति की अपेक्षा उनके पराभौतिक गुणों को पूजता है। उसके लिए भूमि जीवनयापन का हेतु नहीं है, अपितु उसके अशिक्षित मानस में 'माता भूमि पुत्रोऽहम् पृथिव्या' की व्याख्या गहरे जड़ जमाए बैठी है। इसी लोक-संस्कृति के प्रति लोक-मानस में जो चेतन तत्त्व सतत जाग्रत एवं प्रकाशवान है, वही उसकी सांस्कृतिक चेतना है। लोक की यह सांस्कृतिक चेतना उसे शाश्वत मानवीय-मूल्यों के प्रति उन्मुख व अधिकाधिक विस्तृत समाज के प्रति उत्तरदायी बनाती है। ''लोकचेतना, लोक-संस्कृति का परम्परा सम्मत व्यवहार-सिद्ध व्यापक रूप है। जब लोक-संस्कृति अपने समष्टिगत संस्कारित मूल्यों को आत्मसात कर सामूहिक चेतना का उल्लेख-बिन्दु बनती है, तब यह लोकचेतना को व्याख्यायित करने में समर्थ होती है। 'लोक-संस्कृति' में एक-एक व्यक्ति सहजता से जुड़कर पूरा समूह, एक उद्वेलनकारी समष्टि बन जाता है। उल्लेखनीय है कि यह समष्टिगत चेतना 'लोक-संस्कृति', के तत्त्वों को आत्सात करने वाले और उससे मात्र साक्षात्कार करने वाले दोनों ही पक्षों को अभिभूत करती है।''[1]

लोक की यह सांस्कृतिक चेतना, लोकगीतों में अत्यन्त व्यापक फलक पर प्रतिबिम्बित होती है। लोक की उत्सवधर्मिता, उसकी संवेदना के विभिन्न स्तरों पर लोकगीतों में पायी गयी है। लोक में उपलब्धियों के क्षण साझे होते हैं। ये क्षण विशेषतः इसी सामूहिकता की वरेण्यता को ध्यान में रखकर ही नियत किये गये हैं। लोकगीतों के ये 'साझे क्षण' अपनी सम्पूर्ण रसमयता के साथ चित्रित हुए हैं। संवेदना के ऊर्ध्व पर खड़ा लोक जब भी कभी हँसता, रोता या गाता है, तो इन्हीं लोकगीतों का सहारा लेता है। उसके मानस का सांस्कृतिक नियामक व विधायक धर्म, उसकी संस्कारित जीवन-शैली के सोपान त्योहार, उसकी आस्थाएँ, उसका विश्वास, उसकी मान्यताएँ और इन सबके साथ बिताई गयीं शताब्दियों के कारण प्रेक्षण, विचार तर्क व भावना के निकष पर खरा उतरा उसका जीवन दर्शन, यह सब लोकगीतों का वरेण्य विषय रहा है।

(क) त्योहार के गीत

कौरवी व ब्रज लोकगीतों में समाज की इसी सांस्कृतिक चेतना का विभिन्न आयामों के फलक पर रसमय चित्रण हुआ है। इन दोनों लोकों में विशुद्ध भारतीय सांस्कृतिक-चिन्तन की ही भाँति कौटुम्बिक विचार अधिक प्रभावी है। इसी कारण से कौरवी व ब्रज लोकगीतों में सांस्कृतिक चेतना के विभिन्न स्तरों पर जुड़े त्योहारों का प्रचुर-वर्णन मिलता है। लोकजीवन से जुड़े इन निजी उत्सव-क्षणों के प्रति अत्यधिक आस्था कौरवी व ब्रज के लोकगीतों में प्रतिध्वनित होती है। वर्ष में तीन सौ पैंसठ दिन होते हैं और पण्डित हनुमान शर्मा ने अपनी 'व्रत-परिचय' नामक पुस्तक में वर्ष में तीन सौ बासठ व्रतों और त्योहारों का वर्णन किया है।[2] इसके अतिरिक्त विभिन्न प्रकार के व्रतों को भी यदि जोड़ा जाये तो वे भी सौ के आसपास होंगे। इन व्रतों में अधिकांश, संक्रान्ति, अयन, पथ, वार व प्रकीर्ण व्रत सम्मिलित हैं। एक जैसा जीवन जीते-जीते जो नीरसता या ऊब जीवन में पैदा होती है, उसे भंग करने के लिए ये त्योहार अत्यन्त महत्त्वपूर्ण हैं। समय-समय पर आने वाले ये त्योहार उसकी उत्सवधर्मिता को तो प्रगाढ़ करते ही हैं, साथ ही उसमें नवीन उत्साह व स्फूर्ति का संचार भी करते हैं। कौरवी एवं ब्रज लोक में अनेक धर्मों के लोग निवास करते हैं, किन्तु हिन्दू त्योहार ही इन क्षेत्रों में प्रमुखता के साथ मनाये जाते हैं। इन त्योहारों की विषय-वस्तु विभिन्न है, जैसे महान व्यक्ति और उनके जीवन के निर्णायक वे महत्त्वपूर्ण क्षण, प्राकृतिक परिवर्तन,

नवीन अन्न का आगमन, देवी-देवताओं के उपासना क्षण या मनोरंजन। कौरवी व ब्रज के लोकगीतों में इन त्योहारों का प्रमुखता से उल्लेख हुआ है। त्योहारों की यह सूची इतनी विस्तृत है कि कौरवी व ब्रज लोकगीतों में उल्लेखित सभी त्योहारों का वर्णन व उदाहरण तो पृथक् से एक शोध का विषय है। यहाँ कुछ विशेष त्योहारों का उल्लेख करते हुए कौरवी व ब्रज लोकगीतों में उनके उदाहरण प्रस्तुत किये जा रहे हैं–

(1) हरियाली तीज

कौरवी व ब्रज लोक में तीज का अपना विशिष्ट स्थान माना जाता है। सावन को लोक में गीतों का माह भी कहा जा सकता है। मुख्यत: यह त्योहार स्त्रियों का और उसमें भी विशेषत: सुहागिन स्त्रियों का त्योहार है। इसे स्त्रियाँ अपने मायके या पीहर में मनाती हैं। इस उत्सव के आगमन से पहले स्त्रियों की मायके आने की तीव्र इच्छा और न आ सकने की सम्भावनाओं के कारण अत्यधिक कष्ट, टीस व कसक के भाव कौरवी ब्रज के लोकगीतों में मुखरित हुए हैं। तीज में बहन के मायके से बँधे स्नेह-सूत्र गीतों की फुहार पाकर हरे-भरे होने लगते हैं। उन्हें अपने भाई की कलाई स्मरण आने लगती है। उसकी मर्यादा से भरी और ससुराल की लज्जा से झुकीं आतुर पलकों के नीचे, बिछड़े घर-परिवार के स्वप्न सागर की भाँति हिलोरें लेने लगते हैं। तीज के सन्दर्भ में ऐसे ही कुछ लोकगीत उदाहरणार्थ प्रस्तुत हैं–

(1) *आयी-आयी हरियाली तीज, हिंडोले पड़े बागन में।*
मेरो पैलो ही सामन रे, मइया ना छोड़ सासुरे,
मेरे वीरन को जल्दी से भेज पड़ी हूँ वाके आसरे,
हल्की-हल्की पड़े है फुहार, फुरैरी उठे तन-मन में।
मेरे वीरन की हैं ससुराले हमारे मारग में,
रहे सामन के दिन चार, हँसाई देगी सब जग में।
जाये सामन नर नार बीत, बीर के आमन कें। (ब्रज)

(2) *सामण मस्ताना है सासड़ संग की सहेली आवें।*
भेज दियो पीहर तावली।। टेक।।
देख रंगीली तीज सबका जासै मन रीझ,
बारिश में भीज सारी बागो में झूलण जाँय
होके चाव मैं बावली।।1।।

मनै मत भेजण मै नाट देख रही माँ होगी मेरी बाट।
लगाकै ऑट मेरे मतना जी नै तरसावै,
हुई फिरूँ सूँ चावली।।2।। (कौरवी)

(3) *सामन आयो मइया मेरी रंगीलो जी,*
ऐ जी कोई आई हरियाली तीज।
घर-घर में झूला झूलें कामिनी जी,
ऐ जी कोई गावत गीत मल्हार।
बन में पपीहा तो भैना मेरी बोलते जी,
ऐ जी कोई कोयल करत पुकार।
बादल गरजे, चमके बीजुरी जी,
ऐ जी कोई पारि मझिम करत पुकार।
सामन आयो मइया मेरी रंगीलो जी,
ऐ जी कोई आइ हरियाली तीज। (ब्रज)

(2) रक्षा बन्धन

श्रावण-मास का यह अत्यन्त लोकप्रिय त्योहार है। वर्ण-क्रम के अनुसार लोक में त्योहारों का एक स्वनिर्मित वर्गीकरण प्रचलित है, उसके अनुसार यह ब्राह्मणों का त्योहार है। श्रावण की पूर्णिमा को मनाये जाने वाला यह त्योहार 'श्रावणी' या कौरवी में 'सलूनो' भी कहा जाता है। इस दिन घर की दीवारों एवं द्वारों पर गेरू एवं खड़िया से देव-चित्र उकेरे जाते हैं। जिन्हें लोक में 'सोन' कहते हैं। इन्हें इस दिन विशेष रूप से बनाये जाने वाले 'जवे' या 'सेवँई' से जिमाया जाता है, तथा उसी से एक-एक राखी प्रत्येक सोन पर चिपका दी जाती है। बहनें भाइयों को राखी बाँधती हैं तथा उनसे रक्षा का वचन लेती हैं। ब्राह्मण अपने-अपने यजमानों को राखी बाँधते हैं। कौरवी में रक्षाबन्धन पर कोई विशेष गीत नहीं उपलब्ध हो सका है, किन्तु ब्रज में इस त्योहार पर अनेक गीत प्राप्त हुए हैं। उन्हीं में से कुछ गीत यहाँ उदाहरणार्थ प्रस्तुत हैं–

(1) *आयौ राखी कौ त्योहार, सजन मैं पीहर जाऊँगी,*
भइया मोरी बाट तकै ओर भाभी काग उड़ावै,
मइया को हरसै जियरा, भैना कूँ हिचकी आवै,
मोरी डोली कर देओ तैयार, सजन मै पीहर जाऊँगी।। (ब्रज)

(2) *भैया की भैना तो ठाड़े रोवै द्वार में जी,*
आज तो भैया जो होते मेरे बाँधती जी,
राखी का दिल करे भैया मेरी बाँधबे जी,
आपनो नाय भाई सो भैया मेरी दूसरा जी।। (ब्रज)

(3) कृष्ण जन्माष्टमी

श्रीकृष्ण पूर्णावतार हैं। लोक में उनका विस्तार अद्भुत है। जितना प्रेम लोक में भगवान श्रीकृष्ण को मिला है, उतना अन्य अवतारों में किसी को भी प्राप्त नहीं हो सका है। श्रीकृष्ण जन्माष्टमी, भादों मास की अष्टमी को मनाई जाती है। कुरु व ब्रज लोक में इस दिन मन्दिरों में श्रीकृष्ण के जीवन से सम्बन्धित अनेक घटनाओं की झाँकियाँ बनायी जाती हैं व मन्दिरों को सजाया जाता है। इस दिन व्रत रखा जाता है और कृष्ण-जन्म के समय रात्रि में इसे खोला जाता है। इस अवसर पर गाये जाने वाले कुछ गीत यहाँ उदाहरणार्थ प्रस्तुत हैं–

(1) *जसोदा जायौ ललना मैं जमुना पै सुनि आई।।*
ब्रह्मा से सुनि आई, मैं वेदन में पढ़ि आई।।
मथुरा में लाला जन्म लियौ है। मथुरा में.....।
अर र र गोकुल जाय झूले पलना, मैं जमुना....।। (ब्रज)

(2) *झुलाओ सजनी पालना।*
काहे का तेरा पालना रे सजनी, काहे की लग रही डोर?
झुलाओ मेरे श्याम को, झुलाओ मेरे लाल को।
अंदन-चंदन का पालना, रेशम की लग रही डोर। (कौरवी)

(4) गणेश चतुर्थी

भादों मास की चतुर्थी को लोक में प्रथम पूजा का अधिकार रखने वाले भगवान गणेश जी का जन्म-दिन मनाया जाता है। इसे गणेश-चतुर्थी, गणेश-चौथ, चट्टा-चौथ या डण्डा-चौथ के नाम से भी जाना जाता है। गणेश जी की आरती के पश्चात् लड्डुओं का भोग लगाकर प्रसाद बाँटा जाता है। आज के दिन चन्द्रमा का दर्शन निषिद्ध माना जाता है। पाठशालाओं एवं स्कूलों में पढ़ने वाले छोटे-छोटे बच्चों के लिए चट्टा-चौथ का दिन अत्यधिक महत्त्व रखता है। लगभग आधा-इंच मोटे और एक-एक फुट के दो डण्डे, जो कि रंग-बिरंगे भी होते हैं, बजाते हुए बच्चे घर-घर जाते दिखाई पड़ते हैं। गुरुओं को ये छोटे छात्र गुड़ व भुने गेहूँ की 'गुरधानी' प्रदान करते हैं।

इस अवसर पर बालक जो लोकगीत गाते हैं वे बहुधा कथात्मक होते हैं। ऐसे दो लोकगीत यहाँ प्रस्तुत हैं। जिनमें कौरवी व ब्रज लोक का बारीक संरचनात्मक विभेद रेखांकित होता है–

(1) मालागढ़ छोटा सा गाँव, कैदे में हो गया सरनाम।
मण्डी बेच किला बनवाया, अंग्रेजों से बैर लगाया।
करी कचहरी मानूँ कहना, जा लूटो तुम कुल्ली भटोना।
कुल्ली भटोना[3] कीन्ही तोप, मारा जूता उतार लिया टोय।
आया बसन्तक सुन ले सही, मालागढ़ की चौपाई कहीं। (कौरवी)

(2) गुरु गोविन्द कौ करि ध्यान, सेठ चूही कौ करूँ बयान।
एक चूही नामन में डरी, उधरी सेठ की धोती परी।
चूं चूं चूं धोती में करे, सेठ धोती पकरे फिरै।
जबई सेठ ने दई दुहाई, घर से दौड़ सेठानी आई।
भयौ सोर कोलाहल भारी, भीर भई सेठन के भारी।
कोई लेवै सेर–दुसेरी, कोई ले पक्की पसेरी।
सबने मिली पंचायत कीनी, बार–फेर चूही कूँ दीनी।
ऐ चूही तू बाहर आ, घी सक्कर कौ भोग लगा।
जब चूही ने दाँत दिखाये, पाँच सात सेठन लुढ़काए।
जब चूही ने दियौ झटोका, खुली गयी धोती चेल पिटोका।
होस भयो बिल में गयी चूही, कहन लगे अब हारी तू ही।
आयौ बसन्त के सुनि लेओ सही, वीर सेठ चौपाई कही। (ब्रज)

(5) नौ दुर्गा या नवरात्र

असोज या क्वार सुदी पड़वा से नौमी तक के नौ दिनों में दुर्गा का व्रत रखकर पूजन किया जाता है। इन्हें 'नवरात्र' या 'नौरते' भी कहते हैं। कुरु व ब्रज अंचल में स्त्री–पुरुष नौ दिन व्रत रखते हैं। इस अवसर पर देवी, साँझी या झाँझी के गीत गाये जाते हैं। लोक में देवी को झाँझी भी कहते हैं। देवी की मिट्टी की मूर्ति बनाई जाती है अथवा दीवार पर उसकी मूर्ति उत्कीर्ण की जाती है। यह मूर्ति साँझी या झाँझी कहलाती है। साँझी की पड़वा के दिन प्रतिष्ठा हो जाने पर कुमारी कन्याएँ आरता गाती हैं। ऐसा ही एक आरता तथा नवरात्रियों में संध्या के समय घर–घर जाकर गाये जाने वाले टेसू से कुछ लोकगीत उदाहरणार्थ प्रस्तुत हैं–

(1) आरता

आरता री आरता, मेरी झाँझी माई आरता।
आरते के फूल महेसरे की बाती।
गोरा री गोरा, भरा है कटोरा
इतनी सी सेलखड़ी में, कौन-कौन गोरा?
चन्दा गोरा, सूरज गोरा। (कौरवी)

(2) मेरी झाँझी कौ नाम झंझनिया री,
पानी भरन गयी, रोटी करन गयी
बन खेलन चलौ री बन खेलन चलौ।
मेरे दिये कौ नाम दिवलिया री। पानी.........
मेरी बाती कौ नाम बतुलिया री। पानी..........
काका बाबा दमरी खुरचै, मामा मोर चुगावै।
पैर लैरी झाँझी भैना, सोने की अँगूठी। (ब्रज)

(3) टेसू

नवरात्र में सायंकाल बालकों के समूह, तीन सरकंडों को आड़ा बाँधकर तथा उनके बीच सरसों के तेल का एक जलता दीपक और एक सरकंडे में सिरे पर मिट्टी का खिलौना सदृश मानव शीश रखकर, द्वार-द्वार टेसू नामक लोकगीत गाकर पैसें माँगते हुए घूमते हैं। इसे टेसू माँगना कहते हैं।

कंकड़-कुइयाँ सीतल पानी नौ मन मंग उसी में झानी,
चल बे चट्टे, भर ला लोट्टे, पी-पी भंग उड़ायें सोट्टे।
इस लौंड्डे को चढ़ी तरंगी, पी के भंग बन गया भंगी।
उल्टी गाड़ी उल्टी खाट, ये देखो बिजली के ठाट। (कौरवी)

(4) माँ भइया कहाँ-कहाँ ब्याहये-पारेबरिया
माँ भाभी को मुखड़ो कैसो-पारेबरिया
नाक चना सी, म्हो बटुआ सौ,
घूँघट में घुर्राई-पारेबरिया
माँ रोटी कितनी खावै-पारेबरिया
थोरौ खानी, बहौत कमानी
चई की चई उड़ावै-पारेबरिया
आठ बिलैया, नौ चकचूँदरि
सोल्ह मूसे दीए-पारेबरिया। (ब्रज)

(6) करवा चौथ

कार्तिक बदी चौथ को 'करवा चौथ' का त्योहार होता है। सौभाग्यवती स्त्रियों के लिए यह त्योहार अत्यन्त महत्त्वपूर्ण है। कौरवी में तो यह कहावत प्रसिद्ध है कि 'होई करै सब कोई, करवा चौथ खसम नै खोई'। इस दिन सुहागिन महिलाएँ व्रत रखती हैं। और चन्द्रमा के निकलने पर पति के हाथ से जल पीकर ही व्रत खोलती हैं। करवा चौथ का एक लोकगीत उदाहरणार्थ प्रस्तुत है–

(1) करवा ले, करवा ले, वीर पियारी करवा ले।
बाप भाई की खट्टी खानी, करवा ले करवा ले।
धौले नाडे, धौले साढ़ै, तेरा जनम जाइयो, करवा ले करवा ले।
अधूरे चाँद खानी, करवा ले करवा ले।
बाप भाई कमाई खानी, करवा ले करवा ले। (ब्रज)

(7) अहोई-आठै

कार्तिक कृष्ण पक्ष की अष्टमी को पुत्रवती माताएँ पुत्र मंगल के लिए व्रत रखती हैं, आज के दिन होई का चित्र बनाया जाता है और जमीन पर चौक पूजकर एक घड़िया रखी जाती है, जिस पर स्याऊ और बछड़ों की मूर्तियों की एक माला चढ़ाई जाती है। संध्या के समय पुत्रवती स्त्रियाँ बायना निकालती हैं और तारे उदय होने पर व्रत की पारणा की जाती है। अहोई पूजन के समय जो गीत गाया जाता है, वह कौरवी व ब्रज में एक जैसा है, केवल भाषा विभेद है। यह लोकगीत प्रस्तुत है–

अहोई आठें पूजो सखि हिल-मिल कै।
स्याहो माता को पूजों सखि हिल-मिल कै।
लीप पोत दीवार बनाओ भाँति-भाँति के रूप।
चन्दा तारे मोर बनाओ सतिया धरौ अनूप।
बच्चन की माँगो खैर सखि हिल-मिल के। (ब्रज)

(8) गोधन या अन्नकूट

कार्तिक सुदी प्रतिपदा को गोधन का त्योहार मनाया जाता है। विश्वास किया जाता है कि भगवान श्रीकृष्ण ने गोवर्धन द्वारा इन्द्र के प्रकोप से गोकुल की रक्षा की थी। आज के दिन कुरु व ब्रज लोक में गोबर की एक मानव-आकृति

बनाने का प्रचलन है। इस दिन गाय-बैलों की पूजा होती है व कृषि-कार्य से बैलों को अवकाश दिया जाता है। ब्रज-मण्डल में गोवर्धन पर्वत के कारण यह त्योहार बड़े फलक पर मनाया जाता है। गोवर्धन के भोग के समय का एक ब्रज लोकगीत प्रस्तुत है–

चलौ री चलौ सखी सब हिलमिल के, श्री गिरिराज पुजावन को।
रोरी अच्छत पुस्पन माला, संग लै भेंट चढ़ावन को।
धूप दीप नैवेद आरती, कर बांके वा गावन को।
छप्पन भोग बत्तीसों व्यंजन, गिरवर भोग लगावन को। (ब्रज)

(9) भैया-दूज

कार्तिक शुक्ला द्वितीया को 'भैया-दूज' कहते हैं। आज के दिन भाई-बहन के घर जाते हैं और बहन से टीका करवाते हैं। भाई, बहन को यथा सामर्थ्य धन-वस्त्र आदि भेंट भी करते हैं। इस दिन भैया की रक्षा के लिए गीत गाये जाते हैं। एक लोकगीत उदाहरणार्थ प्रस्तुत है–

दौजरिया भल पूजियो।
कल्लन की बहन को डब्बू की बहन वो चिन्टू की बहन,
वो पिन्टू की बहन वो दौजरिया भल पूजियो।
दौज पूजत मेरो मन हँसे, मन हँसे हियरा हिलौरे लेए
दौजरिया भल पूजियो। (ब्रज)

(10) देवउठनी एकादशी

कार्तिक सुदी एकादशी को 'देवोत्थानी' या 'देवउठनी एकादशी' कहते हैं। आषाढ़ शुक्ल एकादशी से कार्तिक शुक्ल एकादशी तक चार्तुमास को विद्वान देवों का विश्राम या शयन का काल माना जाता है। देवउठनी एकादशी से पठन-पाठन तथा नाना संस्कारों का कार्यकलाप पुनः प्रारम्भ कर नया गन्ना, या गुड़ का सेवन प्रारम्भ किया जाता है। नवीन अन्न, धान, मक्का, ज्वार, बाजरा, उड़द, गुड़, कपास व विभिन्न मौसमी फलों जैसे सिंघाड़े, शकरकन्दी, बेर आदि का पूजन कर उन्हें ब्राह्मणी को दिया जाता है। इस समय पूजा के लिए गाये जाने लोकगीत उदाहरणार्थ प्रस्तुत हैं–

(1) उठ नारायन बैठ नारायन, चल चने के खेत नारायन।
मैं बोऊँ तू सींच नाारायन, मैं सीचूँ तू गोड़ नारायन।

मैं गोडूँ तू काट नारायन, मैं काटूँ तू ढो नारायन।
मैं ढोऊँ तू गहा नारायन, मैं गहाऊँ तू उड़ा नारायन।
मैं उड़ाऊँ तू उठा नारायन।
कोरा करवा ठंडा पानी, उठो देव पियो पानी। (कौरवी)

(2) उठो देव, बैठो देव।
आँगुरिया चटकाओ देव।
क्वारेनि के ब्याह करौ
ब्याहेनि के गौने करौ।
रीतौ भरौ, भरे लुठकाऔ।
उठो देव, बैठो देव,
आँगुरिया चटकाओ देव। (ब्रज)

(11) होली

फाल्गुन सुदी पूर्णिमा को होली कहते हैं। समस्त भारत की भाँति, कौरवी व ब्रज में भी होली हिन्दुओं का एक बड़ा सामाजिक त्योहार है, जिसे बालक-वृद्ध व स्त्री-पुरुष सभी अत्यन्त उत्साह के साथ मनाते हैं। यह त्योहार जाति और वर्ण-भेद से ऊपर उठकर सभी लोगों के द्वारा सामूहिक रूप से मनाया जाता है। ब्रज की होली तो विश्व विख्यात है। दिन के तीसरे पहर स्त्रियाँ होली के स्थान पर जाकर होली-दण्ड या प्रहलाद पर बुरकलों की माला[4], गुड़, आटा आदि आठ पूरियों से होली का पूजन करती हैं। होली के स्थान को लीप कर उस पर सतिये बनाये जाते हैं। फिर वहाँ आटा, गुड़, पूरियाँ आदि सामग्री रखकर उसका जलसिंचन किया जाता है। तदोपरान्त कच्चे धागे को पूरती हुई स्त्रियाँ होली की परिक्रमा करती हैं। इसे होली पूजना कहा है। होली पर असंख्य गीत लोक में उपलब्ध हैं, किन्तु कुछ ही प्रमुख गीत यहाँ उदाहरणार्थ प्रस्तुत हैं-

(1) बाबली बन आई, तुझे किन्ने होली खिलाई?
ऊदा-ऊदा सालू, जरद किनरी घूँघट में समझाई। तुझे...।
बड़ी-बड़ी अँखियाँ, मिम्मी सुरमा, डोरों में समझाई। तुझे...।
बाबली बन आई, तुझे किन्ने होली खिलाई? (कौरवी)

(2) होरी खेल रहे नन्दलाल मथुरा की कुँज गलिन में।
मथुरा की कुँज गलिन में, गोकुल की गली गलिन में।
मेरे भर पिचकारी मारी, घुँघटा की आब बिगाड़ी,
मेरे भर पिचकारी मारी, लहँगा की आव बिगाड़ी। होरी।... (ब्रज)

(3) किन्ने डाला रे, मुट्ठी भर गुलाल।
किन्ने डाल रे।
जिन्नै भी डाला, लाला, सनमुख अइयो,
नयी तो दूँगी सहज, गाली, गुम-गुम गाली रे।
मुट्ठी भर गुलाल, किन्नै डाला रे। (कौरवी)

(4) यशोदा तेरे लाल ने मोपे दियो है हरो रंग डार।
हरो रंग मोपे दियो डार विसाखा की दइ चूनर फार,
हाथ पकड़ मेरे पोंचो पकड़ो, हो मेरो टूटो गले को हार,
बिरज में छाये रही अजब बहार, ग्वाल सब लीने है बुलवाय,
केसर कीच कपोलन दीनी,
लिए गुलाब ठाडौ मुसकाय, होरी खेली न जाय।
नेक न कान करत काउ की, नजर बचावै भैया बलदाऊ की। (ब्रज)

(5) होली खेलन चलो री बिरज मैं।
साँसू भी खेले, सौरा भी खेले,
म्हारे खेलन की क्या चोरी जी बिरज में।
होली खेलन चलो री बिरज में।

(6) होरी खेलन आयो स्याम भैन जाय रंग में बोरो री।
कोरे-कोरे कलस मँगाओ, जामें केसर घोरों री।
और मॉह पै मल अहि मलौ, करौ कारे ते गोरो री।।
होरी.......हरे बाँस की बाँसुरी, जाय तो मरोरो री।
और हा-हा खाइ परे जिय पइयाँ जब जय छोड़ो री।
और एसो ढीट नन्द कौ लाला, जाने घूँघट खोलो री।।
होरी.......सबरी गोपी है के इकट्ठी जा कूँ झकझोरो री।
सबके बिरज की गाय चरावै, ऐसो भोरो री।। होरी.......। (ब्रज)

(7) मत करियौ तनिक मलाल, गुजरिया मस्त महीना फागुन कौ।
मन भावन फागुन अलबेलौ।
प्रेम रंग कौ पावन मेलौ।
उडै अबीर गुलाल। गुजरिया........
हम ब्रज के रसिया तुम गोरी।
भागन ते मिलि पाइ जोरी।
बँधे प्रेम के जाल। गुजरिया.......
गाँव-गाँव रसियन की टोली।

जुरि मिल कै सब गामें होली।
नाँचे दै-दै ताल। गुजरिया..............। (ब्रज)

इसी प्रकार शिवरात्रि, कार्तिक-स्नान, बसन्त-पंचमी व दशहरा आदि त्योहारों पर भी विभिन्न गीत गाये जाते हैं, किन्तु उनकी संख्या विशेष उल्लेखनीय नहीं है।

(ख) संस्कार, उत्सव या टेहले के गीत

कौरवी व ब्रज में संस्कारों, उत्सवों व टेहले (लोक-उत्सव) के अनेक लोकगीत उपलब्ध होते हैं। ऋषियों ने जीवन को संस्कारित करने के उद्देश्य से जो सोलह संस्कार निश्चित किये हैं, उनमें से प्रायः सभी कौरवी व ब्रज लोक में मनाये जाते हैं। गर्भाधान, पुंसवन, सीमन्तोनयन, जातकर्म, नामकरण, निष्क्रमण, अन्नप्राशन, चूर्णाकर्म, कर्णछेदन, विद्यारम्भ, उपनयन, वेदारम्भ, केशान्त, समावर्तन, विवाह, अंत्येष्टि आदि सभी 16 संस्कारों के लोकगीत कौरवी व ब्रज में उपलब्ध हैं। अनेक गीत दो-दो संस्कारों में काम आते हैं तथा विवाह संस्कार के सर्वाधिक प्रकार के गीत पाये जाते हैं। स्थूल दृष्टि से विचार करने पर यह ज्ञात होता है कि ये लोकगीत मुख्यतः लोक की 'तरण-परण-मरण' (अवतरण, परिणय, मरण) अर्थात् जन्म संस्कार, विवाह संस्कार व मृत्यु संस्कार के शीर्षक से उपलब्ध हैं। यहाँ सुविधा की दृष्टि से हम कौरवी व ब्रज लोकगीतों को इन्हीं उपशीर्षकों के अन्तर्गत वर्गीकृत व व्याख्यायित करेंगे।

(अ) जन्म संस्कार

मनुष्य की विराट् यात्रा का अर्थ है उसका जन्म। लोकजीवन में जन्म तथा विशेष रूप से पुत्र जन्म अत्यन्त महत्त्वपूर्ण घटना होती है। यह पुत्र अनेक उपवासों, व्रतों, दान, मनौतियों व साधना का प्रतिफल होता है। ऐसा भी माना जाता है कि पुत्र मनुष्य को 'पुम' नामक नरक से त्राण दिलाता है। जन्म की इस सम्पूर्ण प्रक्रिया में साध के गीत, स्वप्न-संकेत के गीत, दोहद (गर्भिणी की इच्छा), जच्चा, बधाया, पालना, झुन्झुना, कठला, टोना, पासनी (अन्नप्राशन), सालगिरह (वर्षगाँठ), पट्टी पुजाने के गीत (विद्यारम्भ), मुंडन (चूड़ाकर्म), यज्ञोपवीत (जनेऊ) आदि के गीत गाये जाते हैं। यद्यपि इनकी संख्या व प्रकार अद्भुत रूप से विशाल है तथापि यहाँ उदाहरणार्थ कुछ लोकगीत प्रस्तुत हैं—

साध–

स्वप्न में पुत्र की अभिलाषा का लोकगीत प्रकटीकरण साध कहलाता है। कौरवी व ब्रज में साध पूजी भी जाती है। साध में विभिन्न प्रतीकों के माध्यम से सृजन को निरूपित करने का प्रयास किया जाता है। यहाँ कौरवी व ब्रज की कुछ साध उदाहरणार्थ प्रस्तुत हैं–

(1) सपने में जौं का खेत, हरी-हरी दूब लहरें लेय रे।
सासू सपने का अरथ बताओं?
सपने में हरी-हरी दूब, जौं का खेत लहरे ले रह्या।
बहू होंगे तुम्हारे नन्दलाल, जौं का हरा-हरा रात जो देखिये।
सासू किस बिध होंगे नन्दलाल, इसकू भी हमें बताइये।
कौढ़े में सिर, बहू। चूल्हें में टांग, आँखों पै पट्टी बाँधिये।

(कौरवी)

(2) मेरी मालन गूंद लाई हार, जच्चा लचकावनिया,
धन पुरष मसलत करे मेरे राजा जी
कोई, क्या कुछ हमको काज।
जो गोरी। तुम धीय जनोगी,
सड़कों पै बिछाऊँ तेरी खाट,
कोई सीरे की पिलाऊँ तुझे पात,
कोई, जेवर लूँगा काढ़।
जो गोरी। तुम पूत जनोगी,
कमरों में बिछाऊँ तेरी खाट,
बूरा की पिलाऊँ तुझे पात,
पीहर से लूँगा बुलाय,
कोई, हीरों के धड़ाऊँ हार,
कोई, हरदम ताबेदार। (कौरवी)

(3) गूंद ला री मालनिया हार, जच्चा मेरी कामनिया।
राजा रानी दो जने री, आपस में बढ़ रहे होड़,
जो गोरी! तुम धीय जनोगी, महलों से कर दूँ बाहर,
जो गोरी! तुम पूत जनोगी, सब कुछ ले लो इनाम,
गूंद ला री मालनिया हार, जच्चा मेरी कामनिया।। (कौरवी)

(4) सासू सपने में अमुआ का पेड़,
तो झलर झलर करे।
सुनियो मेरी सासू। कंवर जी की अम्मा।
ऐ चतर जी की अम्मा।
सासु सपने में अमुआ का पेड़,
तो झलर-झलर करै।
चुपकर बहु! मेरी चुपकर,
बैरी ना सुने, दुश्मन ना सुनै री,
बहु! ये बड़े भाग हमारे,
ललन जी के सोहले। (कौरवी)

दोहद–

दोहद इच्छा को कहते हैं और वह भी विशेष रूप से गर्भवती की इच्छा[5]। उसकी पूर्ति आवश्यक है। कौरवी व ब्रज लोक में यह माना जाता है कि इस समय माता व शिशु, दोनों के दो हृदयों की एक ही इच्छा होती है। अतः उसकी पूर्ति आवश्यक है, अन्यथा दोनों के मन पर उसका बुरा प्रभाव पड़ता है। यद्यपि दोहद शब्द की 'दो + हृद' व्याख्या का कोई ठोस आधार उपलब्ध नहीं हो सका है।

(5) मुझे कलमी आम मँगा दो जी,
पिया-प्यारी के आम मन भाये,
वो तो खड़ी सुसर जी से अरजे,
दो तो खड़ी जेठजी से अरजे,
मुझे कलमी आम मँगा दो जी,
पिया-प्यारी के आम मन भावै।
बहु! नीबू नौरंगी खालो,
आमों का मौसम ना है री,
पिया-प्यारी के आम मन भाये।।

(6) हलवईया कढ़ईवा न दे जज को मन हलवे पे,
जैसे री तैसे कढ़ईया लाई, सास रानी चून न दे, जच्चा को...
जैसे री तैसे मैं चून भी लाई, जिठानी रानी घी न दे, जच्चा को
जैसे री तैसे मैं घी भी लाई, दौरानी रानी चीनी न दे, जच्चा को
जैसे री तैसे मैं चीनी भी लाई, ननद रानी खाने न दे, जच्चा को
जैसे री तैसे मेने हलवा खायो, हुरलवा पचने न दे, जच्चा को। (ब्रज)

(7) *मेरा मन माँगे ताजी बड़ी,*
सरस मन माँगे ताजी बड़ी।
उन बड़ियों को तोड़न बैठी,
धूप निगोड़ी चली गयी। मेरा मन.....
उन बड़ियो को छौंकन बैठी,
आँच निगोड़ी बुझ गयी। मेरा मन.....। (कौरवी)

(8) *बढ़ै चलो राजा पीहर में लाल होंगे,*
यहाँ लाला होंगे तो दाई नेग माँगेगी,
यहाँ लाल होंगे तो सासुल नेग माँगेगी,
बढ़े चलो राजा दादी को नेग देंगे,
बढ़े चलो राजा मम्मी को नेग देंगे,
यहाँ लाल होंगे तो जिठनी नेग माँगेगी,
यहाँ लाल होंगे तो छोटी नेग माँगेगी,
बढ़ो चलो राजा ताई को नेग देंगे,
बढ़ै चलो राजा चाची को नेग देंगे। (ब्रज)

(9) *मुझे माँगे कढ़ैया ना देय,*
हमारा जिया हलवे को।
हाथ जोड़ मैंने लीन्ही कढ़ैया,
सासु धीय ना देय, हमारा जिया......।
हाथ जोड़ मैंने घी भी लीन्हा,
जिठनी चून न देय, हमारा जिय.......। (कौरवी)

जच्चा–

प्रसूता स्त्री को लोकभाषा में 'जच्चा' कहा जाता है। अतः इसी आधार पर जच्चा के विषय में गाये जाने वाले गीत जच्चा कहलाते हैं। प्रसव के समय होने वाली अभूतपूर्व पीड़ा के विषय में तथा उन कष्टों के पश्चात प्राप्त होने वाले सर्जन–सुख का वर्णन आदि इन गीतों के वरेण्य विषय है।

(10) *ऊँची अटारी पै जच्चा अकेली,*
पति अपने को जगा रही है।
उठो पति दाई को बुलाओ,
ये पीर हमको सता रही है।
हमको ते पड़ रहे जानो के लाले,
तुमको नींद कैसे आ रही है। (कौरवी)

(11) सटक गयी साबुत गोला, जच्चा मरी दरद के मारे।
ये टीका मेरा ले लो, ये झूमर मेरा ले लो,
ये दे दो वेद हकीमों को, दिखला दो नबज हमारी।
सटक गयी.........।
ये कुण्डल मेरे ले लो, ये नैकलैस मेरा ले लो,
ये दे दो वेद हकीमों को, दिखला दो नबज हमारी।
सटक गयी......। (कौरवी)

(12) तुम सबसे झगड़ा कर बैठी हम किसे बुलायेंगे,
दाई बुलाने मैं गया, वो भी नहीं आई,
अम्मा बुलाने मैं गया, वो भी नहीं आई
दरवाजा कर लो बन्द, बच्चा हम ही जनावेंगे।
दरवाजा कर लो बन्द, चरवा हमीं बढ़ावेंगे।
तुम सबसे झगड़ा कर बैठी हम किसे बुलायेंगे। (कौरवी)

(13) सासु मेरे दरद उठौ है री, सासू मैं अब न बचूँगी री।
सासु मेरी गोदी को लाला री, सासु जाय तुम लै लीयो री।
ननद मेरे दरद उठौ है री, ननद मैं अब न बचूँगी री,
ननद मेरी पेटी में तीहर री, ननद जाय ले जीयो री।
जिठानी मेरे दरद उठौ है री, जिठानी मैं अब न बचूँगी री,
जिठानी मेरो बलम नगीना री, जिठानी तुम जाय लै जीयो री।
सासु मेरे हुरल भयो है री, सासु मेरे मोई दै दियो री।
ननद मेरे हुरल भयो है री, ननद मैं अब न मरूँगी री।
ननद मेरी पेटी को तीहर री, ननद मेरौ मोई दै दियो री।
जिठानी मेरे हुरल भयो है री, जिठानी मैं अब न मरूँगी री।
जिठानी मेरो बलम नगीना री, जिठानी मेरौ मोई दे दियो री।। (ब्रज)

बधाया–

(14) जायो यशोदा रानी लल्ला मोहल्ला में हल्ला सो मच गयौ।
जायो कौशल्या रानी लल्ला मोहल्ला में हल्ला सो मच गयौ।
राजा दशरथ के तीन रानियाँ, तीन रानिन के चार लल्ला।
मोहल्ला में हल्ला सौ मच गयौ।
ऋषियों के उर आनन्द छायो, राक्षसो के निकले दिवल्ला।
मौहल्ला में हल्ला सौ मच गयौ। (कौरवी)

झूलना–

(15) झूले में झूलै मेरा लाल, मैं वारी जाऊँ।
पालने में सोवै मेरा लाल, मैं वारी जाऊँ।
रेशम की डोरी से को पलना बनाया,
चाँदी और सोने का डंडा लगाया।
जननी झुलाये प्रातःकाल मैं वारी जाऊँ। झूले में...। (कौरवी)

झूनझुना–

(16) मोहन प्यारे के हाथों सोने का झुनझुना।
बाबा ने गढ़ायों सोने का झुनझुना,
और दादी खिलावे तुम खेलो लालना।
उसके पापा ने कढ़ाया सोने का झुनझुना,
मम्मी रानी खिलावे तुम खेलो लालना। (ब्रज)

पालना–

(17) माता अनसुइया ने डाल दिया पालना,
तीनों देव झूल रहे बनकर के लालना।
बाबा लाये पालना ताऊ लाये पालना,
दादी झुलावै तू झूल मेरे लालना।। (ब्रज)
(18) पालने में झुलइयो रे लाल कूँ, पालने में।
जब मेरा लाला दादी कहेगा,
जब मेरा लाला ताई कहेगा,
दूरो से ताई बुला दूँ लाल कूँ।
पालने में झुलइयो रे लाल कूँ, पालने में। (कौरवी)
(19) तू झूल मेरे ललना पालना में झूल
बाबा के अंगना गढ़यौ है पलना, दादी क्या झोटा लगावे फूल।
तू झूल......
ताऊ के अंगना गढ़यौ है पलना, ताई क्या झोटा लगावे फूल।
तू झूल....
चाचा के अंगना गढ़यौ है पलना, चाची क्या झोटा लगावे फूल।
तू झूल....
भैया के अंगना गढ़यौ है पलना, भाभी क्या झोटा लगावे फूल।
तू झूल....।। (ब्रज)

(20) कन्हैया रुन झुन रुन-झुन खेले, लेगा पालना लोरी।
अर, काहे का तेरा बना पालना, कोहे की डोरी?
कन्हैया काहे की डोरी? कन्हैया रुन-झुन.....।
चांदी का मेरा बना पालना, वा रे कन्हैया,
रेशम की डोरी। कन्हैया रुन-झुन........। (कौरवी)

टोना–

(21) कौन सी ने मार दियो री टोना।
अरी मेरो मचलो है श्याम सलोना।।
भूल गयी मैंने नाय लगायो माथे बीच ढिटौना।
नहावे ना धोवे लाला सुध बिसरावे आँख न खोले मेरो छोना।।
दूध ना पीवै दहीये ना खावै, ना लै माखन लोना।
रोये-रोय रुन्दन मेरे कान्हा, फोड़ दिये सबरे खिलौना।। (ब्रज)

वेदारम्भ–

(22) मेरो पढ़ने को जावेगौ लाल, पण्डित बुलवाओ।
पाँच बरस को है गयौ लाल,
कृपा करी कृपाल, पण्डित बुलवाओ।।
पण्डित बुलाओ पट्टी पुजवाओ,
कछु दक्षिणा देवो हाल, पण्डित बुलवाओ।।
मन से पण्डित इसे पढ़ाना, ओम-ओम का अर्थ बताना।। (ब्रज)

वर्षगाँठ–

(23) साजो-साजो ये मंगल का साज है।
प्यारे बेटे की साइलगिरे आज है।।
उसके बाबा की फूले फुलवारिया,
उसके ताऊ की फूले फुलवारियाँ,
दादी रानी का अमर सुहाग है,
ताई रानी का अमर सुहाग है,
राजे बेटे की साइलगिरे आज है।। (ब्रज)

मुंडन–

(24) हये, घूँघर वाले बाल, मेरे लला के।
दादी जियो, बाबा जिओ।
हये, जियो सारा परिवार, मेरे लला के।
हयें घूँघर वाले बाल, मेरे लाला के। (कौरवी)

(25) मेरे लाला का मुंडन होय सखी मिल मंगल गाओ।
ललना की दादी बड़ी हरसाई, ललना की ताई बड़ी सुख पाई,
नाचै गावे दै ताल, सखी मिल मंगल गाओ।।
ललना की बुआ बड़ी हरसाई, ललना की ताई बड़ी सुख पाई,
नाचै गावै दै ताल, सखी मिल मंगल गाओ।। (ब्रज)

अन्नप्रासन–

(26) अन्नप्रासन होयगौ मेरे आज लाला कौ।
छः महिना को है गयौ लाला, सातवाँ महीना होय रे।।
पाचन सक्ति बढ़ती जावै, दाँत निकासी होय रे।
सम्बन्धी अपने बुलावाये, जगर मगर सी होय रे।।
मखमल फर्स बिराजे पण्डित, हवन हुतासन होय रे।
दान दिये पण्डित जस गाये, जय, जय, जय, जय, होय रे।। (ब्रज)

नामकरण–

(27) जशोदा की गोद में गोपाल की कर बाँकी-झाँकी।
नामकरण को पण्डित बुलाये, कुल के पुरोहित संग में छाये,
पौथी निकाली ग्रह चार-की कर बाँकी-झाँकी।।
विप्र ने दान दई नन्द गैया, पाड-पड़ोसनि लेत बलेया,
झांकी अनौखी नन्दलाल-की कर बाँकी-झाँकी।। (ब्रज)

यज्ञोपवीत–

(28) होय जनेऊ आज हमारे ललना कौ।
पण्डित जी ने वेदी रचाकर, मन्त्रन की आवाज।।
स्वाह बोले आहोती छोड़ी, है रह्यो मंगल गान।।
माता-पिता और कुटुम कबीला, सब ही हरस में आज।
ओम् कुलगुरु मन्त्र दे दियो, वेदन रीति रिवाज।। (ब्रज)

इसी प्रकार अनेक प्रकार की जच्चा, लोरी, कठला, काजल डालने के गीत, नहाने के गीत, कपड़े पहनाने के गीत तथा विभिन्न शिशुकर्म के गीत कौरवी व ब्रज में उपलबध हुए हैं। इनकी विशाल संख्या व भिन्नता लोक की विविधमुखी उत्सवधर्मिता, सांस्कृतिक रुचि व सांस्कृतिक चेतना के विविध आयामों को प्रदर्शित करती है।

(आ) विवाह संस्कार

विवाह मनुष्य की सामाजिक अन्तःक्रिया का सनातन मान्यता प्राप्त संस्कार है। प्रणालियों के भेद से ऊपर यह प्रत्येक जाति, धर्म व देश में प्रचलित है। यह सामाजिक संरचना की धुरी है। स्त्री व पुरुष के शारीरिक, मानसिक व हार्दिक सम्बन्धों का अनुशासित सामाजिक व्यवहार है। परिवार नामक सृष्टि की इकाई का यह प्रारम्भिक सोपान है। विवाह के समय पर वर (बन्ना) व वधू (बन्नी) रहता है। दोनों के परिवार में उत्सव जैसा उल्लास छाया रहता है। दोनों ही घरों में लौकिक, सामाजिक तथा सांस्कृतिक महत्त्व के कार्य सम्पन्न किये जाते हैं। गोद, लग्न, सगाई, बान-तेल, उबटन, सिरगूंदी, भात, खोड़िया, बन्ने, लाड़ो, हल्दी, चाक, घुड़चढ़ी, बारौठी, भांवरें, कन्यादान, विदा, गृहप्रवेश, कंगन-डोर, सुहागरात आदि न जाने कितने प्रकार के गीत विवाह के अवसर पर गाये जाते हैं। कौरवी व ब्रज में विवाह के अवसर पर गाये जाने वाले इन गीतों की संख्या व प्रकार इतना विस्तृत है कि इस पर अलग से एक शोधकार्य सम्भव है। तब भी यहाँ उदाहरणार्थ कौरवी व ब्रज के कुछ ऐसे लोकगीत प्रस्तुत हैं, जो विवाहोत्सव के विभिन्न सोपानों में उल्लास व सांस्कृतिक जागृति का दृश्य प्रस्तुत करते हैं–

(1) लग्न

(i) *किन्नै दियो री लगुन में होती।*
बरनी को बाबा राजा कइये, बिन्ने दियो री लगुन में होती।
किन्नै दियो री थार भर मोती।
बरनी की दादी रानी कइये, बन्ने दियो री थार भर मोती।। (ब्रज)

(ii) *एजी मेरे बाबाजी/ ताऊजी लगन लिखाइयो।*
मैं तोय पूछूँ रुकमनि लाड़ली, तेरे किस विध लम्बे केस,
मेरी माता तौ केस पंछारियो, मेरे इस विध लम्बे-लम्बे केस।
मैं तोय पूछूँ रुकमनि लाडली, तेरे किस विध मोटे-मोटे नैन।
माँ मेरी कजरा सारियो, मेरे इस विध मोटे-मोटे नैन।

मैं तोय पूछूँ रुकमनि लाडली, तेरे किस विध गौरो-गौरो अंग,
माँ मेरी उबटन नहवाइयो, मेरो इस विध गोरो-गोरो अंग।। (ब्रज)

(iii) *दशरथ जी के लाल ब्याहने चले रघुराई।*
ब्याहने चले रघुराई चले चारों भाई।
सीस बने के चीरा, बने के चीरा,
कलगी दे रही बहार, ब्याहने चले रघुराई।
दशरथ जी के लाल, ब्याहने चले रघुराई।। (कौरवी)

(iv) *रघुनन्दन फूले ना समाये,*
लगन आई, हरे-हरे, लगन आई मेरे अँगना।
बाबा सज गये, ताऊ सज गये, सज गयी सारी बारात,
रघुनन्दन तो ऐसे सज गये, जैसे सिरी भगवान।
लगन आई हरे-हरे, लगन आई मेरे अँगना।। (कौरवी)

(2) सगाई

(i) *सारे सैर में सहनाई सी बज रही।*
लाड़ली की आज सगाई हो रही।
सीस बरनी के आज टीका सोह रहा।
कान बरनी के आज झाले सोह रहे।
दादी रानी आज खुशियाँ मना रही।
ताई रानी आज मोहरें लुटा रही।
गले बन्नी के आज हरवा सोह रहा,
हाथ बन्नी के आज कंगन सोह रहा,
मम्मी रानी आज खुशियाँ मना रही,
चाची रानी आज मोहरें लुटा रही।। (ब्रज)

(ii) *पण्डित टीके आये,*
रोक रुपैया लाये, लाल बहलावन आये।
बाबा टीके आये,
रोक रुपैया लाये, लला बहलावन आये।
दादी टीके आई,
रोक रुपैया लायी, लला बहलावन आयी।। (कौरवी)

(3) उबटन

गेहूँ चना की उबटनौ, राय चमेली को तेल।
हत लाडा बैठो उबटनौ।
आ दादी देखलै, तोय घनेरी चाव, हत लाडा बेटौ उबटनी।
देखे को कहा देखियौ, जैसे पूनौ को चाँद,
हत लाडा बेटौ उबटनौ।। (ब्रज)

(4) हल्दी

(i) *बरना पै हरद चढ़इयो री सब आऔ सहेली।*
हल्दी केसर रोरी मँगाओ, थारी में घर कै लइयो री।
दादी चाची माता बुलाओ, बूआ को जल्दी बुलइयो री।
पीला रंग सुघड सोने के, बाले तुम पहरइयो री।
लाकै हल्दी रोरी खस-खस, महअट जल्दी लगइयो री।
सब आऔ सहेली।। (ब्रज)

(ii) *तन लागे हल्दी हाथ बाँधे काँगना,*
राम जाने कब होगा, बन्ने जी का सामना।
शीशबनी के टीका सोहे, बिंदया लगाके पूरन हुई कामना।
राम जाने कब होगा, बन्ने जी का सामना। तन लागे...।। (कौरवी)

(5) मेंहदी

बन्ना तेरी मेंहदी बनी मजेदार।
बनी मजेदार, रची मजेदार।
बन्ना तेरे बाबा ने सूत मँगाई, बन्ना तेरी दादी गयी बलिहार।
बन्ना तेरे ताऊ ने सूत मँगाई, बन्ना तेरी ताई गयी बलिहार।
(ब्रज)

(6) चाक

तै जी रांड कारे! कुम्हार का रे! बासन गढ़यौ छोड।
हमने खिंदायो मांटी लैवे लै आयौ फूटी कूलडौ रे।
रॉड कारे.......।
हमने खिंदायो तूडी लैवे कूँ, लै आयौ फूटी सकोरे रे।
रांड कारे.......।। (ब्रज)

(7) सिरगूंदी

किन्ने गूंदी री लाडो की रंग बोटी।
लाडो की दादी बडी चतर है,
लाडो की ताई बडी चतर है,
उन्ने गूंदी री माँग भर चोटी। किन्ने गूंदी.....।। (कौरवी)

(8) सेहरा

इतर में भीग रही एक लड़ी सेहरे की।
महफिल में जाके कह दो बन्ने के बाबा जी से,
दोनों हाथों से उठा लाये लडी सेहरे की।
महलों में जाकर कह दो बन्ने की दादीजी से
मोहर अशरफी बारें आज घड़ी सेहरे की। इतर में....। (कौरवी)

(9) घुड़चढ़ी

बन्ने की घोड़ियों ठमुकारे से चलती है,
बन्ने के बाबा लाये सजा-सजा कर घोड़ी,
दादी के प्यारे चढ़ो घोड़ी, करो ना देरी,
बख्त अब हो गया सजनि घर जाने का। बन्ने की....। (कौरवी)

(10) गौरा-पूजन

लाडली अम्बे को पूजन चली,
लाडली गौरी को पूजन चली।
सोने का थाल कपूर की बाती,
संग सहेली लई। लाडली अम्बे......।
ऐसा वर हमें देना भवानी,
जो मिल जांय हरी। लाडली अम्बे.....। (कौरवी)

(11) लाडो

(i) *निंदिया उछट गयी री, लाडली, आई ब्याहने की रात।*
बाबा तेरे लाड़ली, दिन सोवैं ना रात,
दादी समझाय रही री, लाडली का जल्दी रचाय दो ब्याह।
निंदिया उछट गयी...........................।। (कौरवी)

(ii) सास घर जाना, हये लाडो मेरी।
सो लाडो मेरी! सबसे पीछे सोना,
सबेरे उठ जाना हये, लाडो मेरी! सास घर.....।
से लाडो मेरी! सबसे पहले नहाना,
रसोई सम्भालना! तप लेना हये, लाडो मेरी! सास घर....। *(कौरवी)*

(12) बन्ना

बन्ने तुझे राखूँ नजरियों के बीच।
मालिन बनके देखूँ बन्ने को, बन्ने मुझे मिलना बगीचा के बीच।
धीमर बनके देखूँ बन्ने को, बन्ने मुझे मिलना कुआटिया के बीच।
धोबन बनके देखूँ बन्ने को, बन्ने मुझे मिलना तलैयों के बीच।
रसिया बनके देखूँ बन्ने को, बन्ने मुझे मिलना सेजरिया के बीच।
बन्ने तुझे राखूँ नजरियो के बीच।। *(ब्रज)*

(13) सीठना

खानदानी दुपट्टा हमारा जी, खानदानी।
इन ननदोई जी को अम्मा का नौता हमारे री, खानदानी।
खाने को लड्डू पेड़ा, पीने को ठण्डा पानी,
सोने को सुसरे हमारे री खानदानी। खानदानी दुपट्टा.....। *(कौरवी)*

(14) भात

(i) करूँ विनती सुन मोरे भइया, समय पर भात ले आना।
बहन प्यारी के आँगन में, शोर करके दिखला देना।
सास को धोती ले आना, ससुर को कुरता लै आना।
अगर कुछ भी न हो भइया तो, खाली हाथ ही आ जाना।
जिठनी की साड़ी लै आना, जेठ को साफी लै आना।
अगर इतना भी न हो तो, खाली हाथ ही आ जाना। *(ब्रज)*

(ii) चौखट चटक रही, इकसट दारैगो भातइया।
सासुल मटक रही, सारी लावैगो भातइया।
मीठी बोल रही, महमद लावैगो भातइया।
जिठनी मटक रही, धोती लावैगो भातइया।
नन्दुल मटक रही, सूट लावेगो भातइया।
लौरी बोल रही, सारी लावैगो भातइया।। *(ब्रज)*

(iii) मेरे भैया रघुवीर! भात सबेरे लाइयो।
मेरे गाथे कूँ टीका लइयो, मेरे कानों कुं कुण्डल लइयो,
मेरे बिन्दी पै रतन जड़इयो, गले को लइयो जंजीर,
मेरे भैया गले को लइयो जंजीर, भात सबेरे लइयो।
मैरे भैया।। (कौरवी)

(iv) दिल्ली के दिलदार, मेरे घर आ जइयो भातैयाँ।
मेरठ के सूबेदार मेरे घर आ जइयो, भातैयाँ।
कपड़ा-कपड़ा क्या करते भातैयाँ।।
बजाजे की मेरे दुकान, मेरे घर आ जइयो भातैयाँ।
दिल्ली के....। (कौरवी)

(15) बारौठी

चन्दा की चाँदनी में मेरा बरना आया है।
बरना पूछे बाबा से ये कलियुग कब से आया है।
जब से तेरी हुई सगाई, तब से कलयुग आया है।
बारौठी पर नैन चलावे, फेरों पर बतराया है।
जनमासे में ललना जाया, गोद खिलाता आया है।। (ब्रज)

(16) ज्यौनार

(i) बाबा अपने को नौतियो रे, हरियाले बनड़े।
ताऊ अपने को नौतियो रे, हरियाले बनड़े।
हम तो करेंगे ज्योनार, मेरा हरियाला बनड़ा।
लड्डू, कचोड़ी, रायता रे, हरियाले बनड़े,
और पेठे का साग, मेरा हरियाला बनड़ा,
और गोभी का साग, मेरा हरियाला बनड़ा।। (कौरवी)

(ii) इन्हें हँसि-हँसि के जियाऔ ज्यौनार सजन आये हमारी नगरी।
गहि-गहि हाथ बिठाये तुमने आसन दीने डारि,
ऐसे सजन कबहू ना पावे खूब करो सत्कार,
देर अब काहे को करी।।
असलि ढाक की पत्तर परसो, हरी-हरी छविदार।
फेरि भोलुआ ओर सकोरा परसे कर-कर प्यार।
बात बनि जाय खरी।। (ब्रज)

(17) खोड़िया

मैं तो दूरो से आया री माई रामलीला।
मुझे सुबोध ने भेजा री भाई रामलीला,
बहु की सुध ला दे री माई रामलीला,
मुझे पास ही सुला दे री माई रामलीला। (कौरवी)

(18) भाँवरें

(i) *पहला फेरा आलम साईं, मांई बाप से की है पराई।*
दूजा फेरा आलम साईं, मांई बाप से की है पराई।
तीजा फेरा आलम साईं, मांई बाप से की है पराई।
चौथा फेरा आलम साईं, मांई बाप से की है पराई।
पाँचवाँ फेरा आलम साईं, मांई बाप से की है पराई।
छठवाँ फेरा आलम साईं, मांई बाप से की है पराई।
सातवाँ फेरा आलम साईं, मांई बाप से की है पराई।। (कौरवी)

(ii) *मेरी पैली भमरिया रे, अबई तो बेटी बापई की।*
मेरी दूजो भमरिया रे, अबई तो बेटी बापई की।
मेरी तीजी भमरिया रे, अबई तो बेटी बापई की।
मेरी चौथी भगरिया रे, अबई तो बेटी बापई की।
मेरी पांचई भमरिया रे, अबई तो बेटी बापई की।
मेरी छटही भमरिया रे, अबई तो बेटी बापई की।
मेरी सातई भमरिया रे, कि अब बेटी साजन की। (कौरवी)

(19) गारी

(i) *गंगा कैसी बहे मोहे देखने को चाव,*
धारा कैसी बहे मोहे देखने को चाव,
दारी समधिन न्हावै चली, संग लिए सब यार। गंगा....।
जब दारी ये जाड़ो लागौ, चुपट पड़े सब यार। गंगा....।
जब दारी ये गरमी लागी, छूट पड़ै सब यार। गंगा.....।
जब दारी ये भूख लागी, लड्डू लावै सब यार। गंगा.....।
जब दारी न्हावै लागी, गोता लगावै सब यार। गंगा.....। (ब्रज)

(ii) *देखे मन मोहन की है प्रीत,*
भोजन पर हरे-हरे भोजन पे कैसो मटके।

सखी री इनने खाये हैं बासेन कूसे टूक,
पूडी ये देख के कचौड़ी देख के कैसौ मटकै।
सखी री इनने पीयो तलैया को पानी,
कोकाला देख के हरे-हरे लेमन देख के कैसो मटके। (ब्रज)

(20) कन्यादान

(i) *राजा जनक कियौ कन्यादान महल आनन्द बरसे।।*
आय आप बैठे मण्डप पर नारि सुनैना साथ,
हो कर मन में मगन सीया के पीरे कीने हाथ,
दोउन निज-निज कर से।।
दासी दास हजारो दीने भूषण बसन अपार,
मोतिनि सों भरि-भरि कंचन के दीये सहस्त्र थार,
देख दसरी हरसे।। (ब्रज)

(ii) *बाबुल का घर छोड़ के लाड़ो, हो गयी आज पराई रे।*
जिन गलियों में बचपन बीता, आज़ उदासी छायी रे।
बाबा भी रोयें दादी भी रोयें, कहाँ चली मेरी प्यारी रे।
बाँहे पसार उसका भैया रोवै, कहाँ चली माँ जायी रे।
बाबुल.......।। (ब्रज)

(21) गृह प्रवेश

उठ री सासू मेरे ससुर जगाय लाय रे।
बोल के आई अटे ये रथ जुडवाय।
पूरी सा पेट कतन्नी से कान, कतन्नी सी सासु
अरे मोटे-मोटे नैन ढरकि रहे आँसू।
रथ नीचे उतरी ओर फूल को सौ बच्चा।
अरे मोटे-मोटे नैन ढरकि रहे आँसू।। (ब्रज)

(22) कंगन-डोरा

(i) *कंकन की घुटि गयी गाँठि के खोलो मेरे राम जी बन्ना।*
उबटन घुटी गाँठ कंकन की छुटी न तुम पै राम,
भूल गय सारी चतुराई, पड़ा आज यहाँ काम,
कौसल्या मातहि बोलो, के खोलो मेरे राम जी बन्ना,
छूटो न कंकन सिया कुँवरि को गये लालजी हार,

खोले तुरन्त कहो तुम सुख से जीती जनक कुमारि,
क्यों मन भटकत खोलो, के खोलो मेरे राम जी बन्ना। (ब्रज)

(ii) तू खोल छिनली की काँगना।
तू खोल क्वारी की काँगना।
तेरी माँ बहन का माँगना।
किस बिगड़ी ने बाँधा काँगना। (कौरवी)

(23) सुहागरात

(i) मेरी गगरी का नीर सैंया छलक न जाय।
सिर गोरी के टीका सोहे,
मेरी झूमर की आब सैंया बिगड़ न जाय।
हाथ गोरी के दसते सोहै,
मेरी चूड़ियों की आब सैंया बिगड़ न जाय,
कमर गोरी के पेटी सोहे।। (ब्रज)

(ii) पलका टूटौ साल अटरिया में।
कै कछु दोस बुनईया में कइयै, ना कछु दोस सलईया में।
ना कछु दोस बुनईया में कइयै, ना कछु दोस सलईया में।
कै कछु दोस बिछैया में कइयै, कै कछु दोस उढ़ईया में।
ना कछु दोस बिछैया में कइयै, कै कछु दोस उढ़ईया में।
कै कछु दोस राजा जी में कइयै, सगरौई दोस लुगईया में। (ब्रज)

(iii) हाय जरा दिल्ली से वैद बुलाय रंग रसिया, मरी दरद की मारी।
पहलौ दरद मेरे गालो पे आयौ,
चूमा-चाटी में दिल घबराय रंग रसिया, मरी दरद की मारी।
दूज दरद मेरे पेडू पे आयौ।
खोला-खाली में दिल घबराय रंग रसिया, मरी दरद की मारी।
तीजौ दरद अर्टि पै आयौ,
झगड़ा-झगड़ी में दिल घबडाय रंग रसिया, मरी दरद की मारी।
(ब्रज)

इसी प्रकार अन्य अनेक विषयों पर कौरवी व ब्रज में लोकगीत उपलब्ध हैं। विवाह-संस्कार की प्रत्येक हलचल इन लोकगीतों में आबद्ध है। कुछ लोकगीत आकार में लघु हैं। कुछ लोकगीत ऐसे भी हैं जो दोनों क्षेत्रों में प्रचलित न होकर एक ही क्षेत्र में प्रचलित हैं। एक लोकगीत 'छन'[6] यद्यपि

दो-चार पंक्तियों का ही होता है तथापि विवाह-समारोह का अत्यन्त लोकप्रिय क्षण है। उदाहरणार्थ कौरवी के दो 'छन' प्रस्तुत है-

(24) छन

(i) *छन पकाऊँ, छन पकाऊँ छन पक्रे का तोता,*
तुम्हारी बेटी ब्याहने आया लक्ष्मीनारायण का पोता।। (कौरवी)

(ii) *छन पकैया छन, छन पक्रे का लोटा,*
तुम्हारी बेटी ब्याहने आया विनोद शर्मा का बेटा।। (कौरवी)

इस प्रकार विवाह संस्कार लोकजीवन में अत्यन्त महत्त्वपूर्ण संस्कार है। कौरवी व ब्रज लोकगीतों में इस संस्कार की प्रचुर अभिव्यक्ति हुई है। कौरवी व ब्रज में इस विषय पर इतने विविध व परिमाणात्मक अधिक लोकगीत उपलब्ध हैं कि उन्हें पूर्ण-रूपेण संकलित करना कलेवर की लघुता के रहते सम्भव नहीं है। तथापि उपरिल्लेखित लोकगीतों से कौरवी व ब्रज लोकगीतों में अभिव्यक्त उल्लासमयी सांस्कृतिक चेतना के विभिन्न पक्षों पर पर्याप्त प्रकाश पड़ता है।

(इ) मृत्यु-संस्कार

यह मनुष्य के शरीर के जीवन की यात्रा का अन्तिम लक्ष्य है। इस संस्कार के गहन रुदनयुक्त आवेग को भी ब्रज व कौरवी के लोकगीतों ने अपने स्वर का सहारा दिया है। कौरवी में इस अवसर पर 'उलाहणी' नामक लोकगीत गाये जाते हैं। इस गीत की पहली पंक्ति नायन अथवा अन्य कोई स्त्री बोलती है। तब दूसरी पंक्ति अन्य स्त्रियाँ समवेत स्वर में बोलती हैं। यद्यपि इस संस्कार में कम ही गीत गाये जाते हैं तथापि उदाहरणार्थ यहाँ कुछ ऐसे गीत प्रस्तुत हैं, जो कौरवी व ब्रज में इस अवसर पर गाये जाने वाले गीतों का प्रतिनिधित्व करते हैं।

(1) विलाप

अरे हये री, मेरी राम कचौरी, अये हये री मेरी नरम कचौरी।
नरम कचौरी जब खिलै जब बढ़िया मैदा होय। अये हये......।
बढ़िया मैदा जब खिलै जब बढ़िया दाल होय। अये हये......,
बढ़िया दाल जब खिलै जब बढ़िया घी होय। अये हये......।। (कौरवी)

(2) उलाहणी

(i) *कहाँ गये तेरे वो अलबेले ठाठ,*
अब क्यों खामोशी हैं ऐसी गरबीली बोली कहाँ गयी।
क्यों चित पड़ी है चाल तेरी बाकी मस्तानी कहाँ गयी,
चेहरे पे चमक बिल्कुल ना रही सारी नूरानी कहाँ गयी।
कुछ तो बतलादे आज हमें तेरी गुमक गुमानी कहाँ गयी,
अब बोल जरा ओ अभिमानी तेरा वो इठलाना कहाँ गया।। (ब्रज)

(ii) *ऐ जी कौन मरा धरमात्मा रे, बोलो हरिहर रे,*
अये पोतों का मर गया बाबा, के बोलो हरि रे,
अरे बाजारों निकला, ये बोलो हरिहर रे।
सातों बाजे बाजै वे, बोलो हरिहर रे।। (कौरवी)

(3) अस्थि विसर्जन

पाँच पेड़ गंगाजी में लगाये
तै बिन बिरछन कछु संग रे
कछु कर के धरम जा तिर रे।
आप तिरे माई बाप तिराये, तो सबरौ कुटुम ले तिर रे
तिर रे माया के लोभी तिर रे।। (ब्रज)

(ग) धर्म, मान्यता, विश्वास एवं नीति के गीत

लोक में धर्म एवं लोकविश्वास की जड़ें अत्यन्त दूरगामी व मजबूत हैं। धर्म का सम्बन्ध आस्था से है और लोक की अविचल आस्था निर्विवाद है। यही कारण है कि कौरवी व ब्रज लोकगीतों में धर्म अपनी सम्पूर्णता के साथ मुखरित हुआ है। भारतीय धर्मशास्त्र में जितनी कथाएँ, अन्तःकथाएँ हैं; वे सब तो इन लोकगीतों में हैं ही; साथ ही लोक द्वारा सृजित कुछ नवीन सन्दर्भ भी दृष्टिगोचर होते हैं। लोकगीतों में 'श्रीमद्भागवत महापुराण', 'महाभारत', 'रामायण' व अन्य धर्मग्रन्थों के प्रसंगों का अत्यन्त सरस उल्लेख मिलता है। राम व कृष्ण के जीवन पर आधारित लोकगीत ब्रज व कौरवी में पर्याप्त प्रचलित हैं। कौरवी व ब्रज लोकगीतों में सम्पूर्ण रामायण अनेक प्रकार से गाई गयी है। महाराज दशरथ की रानियों द्वारा गर्भधारण, राम जन्म, वनगमन, वनगमन के अवसर पर राम-सीता संवाद, भरत की वनगमन पर प्रतिक्रिया, सीता-हरण, राम-विलाप, रावण का प्रणय-प्रस्ताव, सीता द्वारा रावण का

तिरस्कार, लंका-काण्ड, विजय, विभीषण का राज्याभिषेक, सीता-परित्याग, लव-कुश प्रसंग, सीता का धरा-प्रवेश आदि लगभग सभी प्रसंग कौरवी व ब्रज लोकगीतों में उपलब्ध होते हैं। इसी प्रकार श्रीकृष्ण के भी सभी प्रसंग कौरवी व ब्रज में मिलते हैं। ब्रज चूँकि कृष्ण का लीला धाम है, अतः ब्रज में तो बहुतायत में कृष्ण के जीवन पर आधारित लोकगीत उपलब्ध होते हैं। कालिया-मर्दन, गोवर्धन-प्रसंग, कुब्जा-प्रसंग, गीता-उपदेश, कंस-वध, द्रौपदी का चीरहरण प्रसंग, कृष्ण-सुदामा मैत्री आदि अनेक प्रसंग कौरवी व ब्रज लोकगीतों में मुखरित हुए है। इसी प्रकार हनुमान की जन्म-कथा आदि उसके धार्मिक कथा-क्रम कौरवी व ब्रज लोकगीतों में मुखरित हुए हैं। यद्यपि लोकगीत वैविध्य व संख्या में इतने अधिक हैं कि इन पर पृथक् से एक शोध कार्य हो सकता है तथापि यहाँ पर उदाहरणार्थ कुछ लोकगीत प्रस्तुत किये जा रहे हैं–

(1) राम-जन्म

राम ने लिया अवतार अयोध्या में आये, अयोध्या में आये हो।
राम बाजन लगी आनन्द बधाई, गावे सखी सोहर हो।
राम, लखन, भरत, शत्रुघ्न हो, राम चारों भाई प्रकटे भवन में।।
(कौरवी)

(2) वनगमन

अकेली को छोड़ चले जंगल के वन खण्ड में।
इन महलों में नहीं रहती। कुटी अच्छी बहुत हैं।
ये सखियाँ और सम्बन्धी तज दूँगी चलूँ जंगल के...।
ये भोजन मैं नहीं खाती, कन्द-मूल बहुत हैं जंगल के...।। (कौरवी)

(3) कृष्ण-सुदामा

सुदामा भैया! भाभी नै, मौकूँ कहा भेजी है सौगात।
छाती लियौ लगावे विप्र, ते पूछ रहे कुसलात।
जल की धार बहे नैन ते, भैया ज्यो बरसे औलात।
हरि कौ वैभव देखि सुदामा, मन-ही-मन सकुचाय।
जि का भेंट स्याम के लायक, मन ही मन सरमाय।
चामर लिए छिनाय विप्र, सौ खाय रहे जदुनाथ।
दो फँका लै गयो स्याम जब, रुकमनि पकरौ हाथ।। (ब्रज)

(4) द्रौपदी-चीरहरण

लाज जाय रही भरी सभा में, कोउ नहीं बचइया है।
आज मेरे कृष्न कन्हैया, तू ही पार लगइया है।
जुआ में पति हार गये ये, बन गये बड़े खिलइया है।
बीच सभी में लाज जाय रही, रोय रही तेरी गैया है।
बीच भँवर में नाव फँसी, अब तू ही एक खिवइया है।।
जब-जब भीर परी भक्तन पै, तैने दियो सहारौ है।
मेरी बेर देर क्यों कीन्ही, प्रभु मैने कहा बिगारौ है।
जो नहीं आये मोहन जल्दी, नहीं कोई लाज रखइया है।।
द्रोपदि करुन पुकार सुनी, चुपचाप सभा में आयौ है।
दुष्ट दुसासन कर रहयौ नंगौ, अति को चीर बढ़ायौ है।
द्रोपदि मान बढ़ायौ, तू दुर्योधन गरब हरइया है।। (ब्रज)

इसी प्रकार कौरवी व ब्रज में महादेव, हनुमान, अंजनि माता, तुलसी जी व विभिन्न हिन्दू-देवताओं से सम्बन्धित धार्मिक गीत उपलब्ध हैं। कौरवी व ब्रज दोनों अंचलों में विभिन्न प्रकार के लोक-विश्वास प्रचलित हैं। ये लोक-देव यद्यपि शास्त्र-सिद्ध नहीं हैं अपितु लोक-सिद्ध अवश्य हैं। दोनों अंचलों की भौगोलिक निकटता के कारण कौरवी व ब्रज लोकगीतों में प्रायः एक जैसे ही लोकदेवों, मान्यताओं व विश्वास के स्तर मिलते हैं। लेकिन कभी-कभी ये अलग भी पाये जाते हैं। जैसे, अमरोहा कौरवी अंचल का एक नगर है। यहाँ के लोक-देव 'अमरोहे वाले मियाँ' के गीत कौरवी में तो हैं, किन्तु ब्रज में नहीं। इसी प्रकार 'गोवर्धन गिर्राज जी' की जो मान्यता ब्रज-प्रदेश में है, वह कौरवी में नहीं इसी कारण से गोवर्धन के गीत ब्रज में तो बहुतायत में हैं किन्तु कौरवी में दुष्प्राप्य हैं। कौरवी व ब्रज में जिन लोक मान्यताओं का अत्यधिक महत्त्व है, उनमें उलग, सैयद, जहार-पीर, रेती वाले मियाँ (अमरोहे वाले), सत्ती, ऊत-देवता, रैवारी, जखैया, जाहरपीर, चामड़-भौमिया, पथवारी भैमाता, गिर्राज जी, कैला-देवी, पाँच पीर आदि प्रमुख हैं। उन्हीं लोक विश्वासों के केन्द्र लोकदेवों में से कुछ पर आधारित कौरवी व ब्रज के लोकगीत यहाँ पर तुलनात्मक व उदाहरणार्थ प्रस्तुत हैं-

(1) रैवारी

रैवारी, राजस्थान की ऊँट बेचने, खरीदने व पालने वाली जाति है। राजस्थान से लगे ब्रज-अंचल में रैवारी के विषय में यह जनश्रुति है कि बहुत पहले

कोई रैवारी ऊँट बेचने ब्रज आया था। यहाँ के समाज से उसका प्रेम इतना प्रगाढ़ हो गया कि वह अन्ततः यहीं बस गया। कालान्तर में वह इस लोक के मनुष्यों के दुःख-दर्द दूर करने के प्रयास करने लगा व शनैः-शनैः एक सिद्ध-पुरुष के रूप में विख्यात हो गया। उसकी मृत्यु भी इसी ब्रज-अंचल में हुई। वह आज भी अपने यशःकाय से इस लोक में उपस्थित है और रतजगे के समय उसका यह गीत प्रमुख रूप से उसकी आराधना हेतु गाया जाता है।

रैवारी बाबा लाढ़ लौरे, लाढ़ लौरे मेरी माय।
झेरे में कहियै तेरो थान, मन्दर में कहियै तेरो थान।
परचै तो दे दै बाबा, बहु गुने रे बाबा बहुगुने।
नगारे बाजे चारों खूँट, ऊँटन की लँगतार।
सीयौ, सीयौ करतौ आवै, करतौ आवे मेरी माय।
रेवारी बाबा लाढ़ लौरे, लाढ़ लौरे मेरी माय।। (ब्रज)

(2) सैयद

ब्रज-लोक व कौरवी, दोनों में सैयद अत्यधिक श्रद्धास्पद लोक-देव हैं। विवाह के समय सैयद की मजार की पूजा की जाती है, जिसमें गाँव के हिन्दू, मुसलमान व सभी जातियाँ सम्मिलित होती हैं। अनेक मनोकामनाओं के लिए 'सैयद की जात' भी दी जाती है व जागरण बोला जाता है। उस जागरण में विशेष रूप से 'मीरा-साहब' की लड़ाई के प्रसंग के लोकगीत गाये जाते हैं। रतजगे के इन 'सैयद-साहब' के गीतों में सैयद को एक अत्यन्त सामर्थ्यवान योद्धा के रूप में चित्रित किया गया है। एक ऐसे योद्धा जो अपने 'अंबारी' नामक भूरे घोड़े पर चढ़कर, अपने सेवकों को विपत्तियों से त्रांण दिलाने आते हैं। उन्हें सोते समय या तो बीबी फातिमा जगा सकती है या कोई कुलवन्ती नारी। कौरवी व ब्रज दोनों में सैयद के गीत उपलब्ध हैं।

एक-एक गीत उदाहरणार्थ प्रस्तुत है-

(अ) सैयद तो सोय खूँटी तान कें रे।
बाकू कौन जगायबे जाय।
कै तो जगावै बीबी फतिमा कै कुलवन्ती नार,
गूँठा तो मोड़ लगाइयौ रे, जगाइयों रे
छाछाहारी फिर-फिर जाय।
सैयद उठे ललकार कें, फटकार कें,
टूटे पलंग चारो साल

सूदे तो भये हैं, बिलोमना
छछिहारी भर-भर जाय।
सैयद तो सौये खूँटी तान कें। (ब्रज)

(आ) ऐ जी लम्बे-लम्बे केस पतलिया।
सैयद मेरा मन चोली काढ़ अलगनी डालो।
तो लिपट रइयो कलियों से।
ऐ जी, आय ना जाये बाग में।
बैठे तो चोट करेगें कलियों से।
ऐ जी, आय ना जायें महल में।
बैठे तो बात चौल7 करेंगे अम्मा से।
ऐ जी, आय ना जाँय रसोइयों में।
आ ना जाँय सेज पै।
बैठे तो रंग करेगें बन्नो से।
सैयद मेरा मन चोली काढ़ अलगनी डालो।। (कौरवी)

(3) पाँच-पीर

पाँच-पीर ब्रज-लोक में पूजित है। इनकी उपासना के लोकगीतों में 'लाल जा साहब की बानी' भी उद्धृत की जाती है। वस्तुतः ये पाँच-पीर, 'खालसा-पन्थ' के संस्थापक दशम गुरु श्री गोविन्द सिंह के 'पंच-प्यारे' का ब्रज रूपान्तरण है। इनकी ब्रज-लोक में उपस्थिति का आदि यद्यपि प्रामाणिक रूप से ज्ञात नहीं हो सका है। तथापि ऐसा प्रतीत होता है कि 1947 के विभाजन के समय इस क्षेत्र में आकर बसे सिक्खों व पंजाबियों की भारी संख्या व विस्तृत समाज की अवधारणा से ही ये 'पाँच-पीर' के गीत उद्धृत हुए हैं। एक गीत उदाहरणार्थ प्रस्तुत है–

पाहर तें उतरे पाँचो पीर
चार सरैंया कोरी-कोरी आई
ढारे हलुआ दो माँठी।
चार करसिया कोरी-कोरी आई
दो इमरत दो पानी।
चार भरोटा हरे-हरे आये,
दो आले दो सूखे।
चार गये दूब पी गये पानी

कर गये लीद मसानी।
तुम देखो लाल जा साहब की बानी।
पाहर तें उतरे पाँचो पीर।। (ब्रज)

(4) जहार मियाँ

कौरवी व ब्रज में जहार मियाँ के लोकगीत, हिन्दू परिवारों में मंगल के अवसर पर गाये जाते हैं–

जहार के पिछवाड़े चमेली फूल रही फुलवार।
बोलो वे छड़ियोंदार महल में।
सभी बादल का पूत महल में।
लिले घोड़े असवार महल में।
चिटठ्ी ये चादर ओठे।
जहार के पिछवाड़े.........।। (कौरवी)

(5) रेती वाले, अमरोहे वाले मियाँ का गीत

कौरवी क्षेत्र में सीमान्त पर स्थित अमरोहा के रेती वाले मियाँ का गीत इस अंचल में रतजगे में गाया जाता है–

अगवाड़े मियाँ के केवड़ा, पिछवाड़े नागर बैल,
मियाँ तेरे रंग बिना बेहुनि।
पीस ना जानूँ पीसना
मैं तो डालना जानूँ कौल
मियाँ तेरे रंग बिना बेहुनि।।

(6) कैला देवी

ब्रज अंचल के सीमान्त पर करौली जिले में स्थित कैला देवी की मान्यता अत्यधिक व्यापक है। दूर-दूर से श्रद्धालु कैला माता के मेले व अन्य दिनों में आते हैं। कुछ घरों में कैला देवी के स्थान पर बालकों का प्रथम मुण्डन कराने का भी प्रचलन है–

दुनिया में रोशन नाम करौली वाली कैला को
करौली वाली मैया कौ।
पर्वत ऊपर आय बसी है, डँगन में कैला गाँव
करौली वाली कैला कौ।

शैल-शिखर पर भवन बनौ हैं, सजो सुरग कौ धाम
करौली वाली कैला कौ।
दूर दूर के यात्री आये, सुनि-सुनि तेरो नाम, करौली
करौली वाली कैला कौ।
बजै नगाड़ें तेरे भवन पे, हौस होय हर धाम
करौली वाली कैला कौ।
चैत महीना जगदम्बा को, घर-घर मंगल धाम।
करौली वाली कैला कौ।।
(ब्रज)

(7) गिर्राज जी

ब्रज अंचल में गोवर्धन पर्वत की पूजा का प्रचलन है। कुछ महत्त्वपूर्ण तिथियों (पूर्णगासी के दिन व गुरु-पूर्णिमा आदि) को उपासक गोवर्धन पर्वत की परिक्रमा भी करते हैं। इस अवसर पर परिक्रमा करते हुए उपासक लोकगीत गाते हैं–

तू मत मनै करै भरतार, गोवर्धन कँ जाऊँगी।
माता गोवर्धन गिरधारी दरसन करके आऊँगी।
मेरी मानै कही भरतार, गोवर्धन कँ जाऊँगी।
सास मेरी जावै ससुर मेरौ जावै, तू मत मनै........।
माता मानसी गंगा सारी, गोता लैके आऊँगी।। (ब्रज)

(8) जखैया

'जखैया' शब्द यक्ष का अपभ्रंश है। ब्रज लोक के कुछ गाँवों में माघ मास में जखैया का मेला लगता है। आज भी ब्रज के गाँवों में 'थान' (स्थान) बनाकर प्रतीक के रूप में जखैया की प्रस्तर-मूर्ति रखी जाती है–

जखई जुलहाल तू मेरे ख्याल कहाँ परयौ,
तू मेरे संग कहाँ ते परयौ।
मैंनें चकुला दए छुड़वाइ, मासक दई छुड़वाय,
तू मेरे संग च्यो परयो।।
मैंनें पूआ दए चढ़ाई, पूरी दइ ऐ चढाइ,
बच्चा लए ऐं बैठारी। तू मेरे संग कहाँ ते.....।। (ब्रज)

(9) चामड़-भौमिया

चामड़-भौमिया के लोकगीत ब्रज में अत्यधिक प्रचलित हैं। चामड़ शब्द वस्तुतः 'चामुण्डा' का अपभ्रंश है, जो दुर्गा का एक रूप है। भौमिया, चामड़ का अत्यधिक सिद्ध व प्रसिद्ध भक्त था। भौमिया को उसके परिवार वाले चामड़ की पूजा से रोकते थे, किन्तु उसकी लगन अविचल थी। ब्रज लोक में विवाह के अवसर पर रतजगे में चामड़-भौमिया के गीत गाये जाते हैं–

दादी बरजै भौमिया तिहारी मैया बरजै ए,
वा चामड़ के लारै भौमिया मत जा।
नहीं मानूँ दादी, नहीं मानूँ मैया,
वा चामड़ कौ संग मोकूँ प्यारौ लागै।
दिन के नगारे चारो कूट बाजे,
जीजी बुआ मैं नहीं माँनू एक,
जीजी बरजै भौमियाँ, तिहारी बुआ बरजै ऐ,
वा चामड के लारे भौमिया मत जा।
नहीं माँनू जीजी नहीं माँनू बुआ,
वा चामड़ कौ संग मोकूँ प्यारौ लागै।
मैं तो बाकी भगती करूँ अपार।। (ब्रज)

इसी प्रकार देव बाबा, सत्ती, ऊत, देवता, देवी-देवता आदि अनेक लोक मान्य देवों पर कौरवी व ब्रज लोकगीत उपलब्ध हैं।

कौरवी व ब्रज लोक में अनेक लोक-विश्वास प्रचलित हैं। जैसे गर्भावस्था में खान-पान का शिशु पर प्रभाव, ज्योतिष, नजर लगना, गोत्र बचाकर विवाह। हिचकी का शगुन, कौवे का बोलना आदि। इन पर भी कौरवी व ब्रज लोकगीत प्रचुर मात्रा में उपलब्ध हैं। इसी प्रकार लोक की सहज नीति से जुड़े लोकगीत भी कौरवी व ब्रज में उपलब्ध हैं। जैसे–

छोड़ करकै जाना पड़ै सोद्दा सन संसार का,
बिन भक्ति के रहा घूमता घर का रहा ना बार का।। (कौरवी)

(घ) दर्शनपरक गीत

लोक की दार्शनिक क्षमताएँ निर्विवाद एवं अद्‌भुत हैं। लोक का दर्शन ज्ञानियों या प्रज्ञावादियों के दर्शन की भाँति अन्तर्ज्ञान से उद्‌भूत व स्वयं मात्र की आस्था पर आधारित मान्य-अमान्य की बहस में उलझा शुष्क वाणी-विलास नहीं है, अपितु शताब्दियों से अबाधित प्रेक्षणों, प्रयोगों व निष्कर्षों के निष्कर्ष

पर पहुँचा वह सार है, जो सहस्रों शोध-ग्रन्थों से भी वरेण्य है। यही कारण है कि कौरवी व ब्रज लोकगीतों ने इसी भारतीय दर्शन को अपना प्राणतत्व बनाया है। कौरवी के अत्यधिक प्रसिद्ध कृषि-गीत 'मल्होर' का यह छन्द जो दोहा है, दर्शन की गम्भीरता को जिस अद्‌भुत रसमयता के साथ सरल कर रहा है, उससे लोक की गम्भीर दार्शनिक समझ रेखांकित होती है-

पत्ता टूट्या डाल तै रे,
कोई ले गयी पवन उड़ाय।
ऐ जी अब के, बिछड़े कब मिलेंगे
कहीं दूर पड़ेंगे जाय। ऐ री मेरी बावली मल्होर।।

कौरवी व ब्रज प्रारम्भ से ही ऋषियों व सन्तों की वाणी से स्नान कर रहा है। हिन्दुओं के प्रमुख तीर्थ इसी क्षेत्र में बहुतायत में हैं। उनके प्रभाव में रहा लोक मानस गहरी दार्शनिक दृष्टि रखता है। कौरवी के प्रसिद्ध साँग-गायक स्वर्गीय पं. शीशराम जी के ख्याल तो मानो भारतीय धर्मशास्त्र के सम्पूर्ण दर्शन का अनुवाद ही हैं। इन ख्यालों में लोक की अपनी पकड़ अलग से दृष्टिगोचर होती है। मनुष्य के शरीर की अनश्वरता, पुनर्जन्म, माया, पंच-मकार, हठयोग, ब्रह्मांड की दार्शनिक व्याख्या, द्वैत, अद्वैत, परमात्मा का सच्चिदानन्द स्वरूप, चित्तवृत्ति-निरोध, स्वधर्म आदि अनेक दार्शनिक उल्लेख व व्याखाएँ कौरवी व ब्रज लोकगीतों में प्रचुरता के साथ दिखाई पड़ती हैं। इन दार्शनिक अवधारणाओं को कौरवी व ब्रज लोकगीतों में सरलीकृत करने के लिए आपने स्वनिर्मित प्रतीकशास्त्र का सहारा लिया है। शोधार्थी को कौरवी व ब्रज के दार्शनिक दृष्टि वाले लोकगीतों में अध्ययन के समय यह लक्ष्य प्राप्त हुआ कि ब्रज की अपेक्षा कौरवी में दार्शनिक लोकगीत अधिक हैं। यह सम्भवत ब्रज में विष्णु के अवतार श्रीकृष्ण की अतिशय उपस्थिति के कारण है कि ब्रज में दार्शनिक लोकगीत कम ही है। यहाँ कौरवी व ब्रज के दर्शनपरक लोकगीतों में से कुछ के उदाहरण प्रस्तुत हैं-

(1) कौरवी के इस लोकगीत में चूड़ी के सहज प्रतीक द्वारा दर्शन प्रकट किया गया है। दर्शन अर्थात् देखना, और यही दर्शन इस लोकगीत का सार है।

न्यू कहै मनिहारा, चूड़ी मैं ले रा सारी।
चूड़ी ऊपर चन्दा, सूरज, पृथ्वी और आसमान देखो।
चूड़ी ऊपर ब्रह्मा, नारद और विष्णु भगवान देखो।
चूड़ी ऊपर शिवजी, गौरा पारवती, शमशान देखो।। (कौरवी)

(2) *रूप जवानी कुछ दिन का फिर होजा नक्सा ढिल्ला।।*
राम भजन बिन इस दुनिया में ना बन्दे तेरा वसील्ला।।
रूप जवानी समझ रहा बन्दे आसे बराबर पाणी।
खिल जागा और ढल जागा भई यो समय आवणी जाणी।
जिनके फँसा प्रेम में बन्द ना तेरा कुटुम्ब कबीला।। (कौरवी)

(3) *एरी तेरे बालम की अटरिया मोय जचैन,*
नसेनी घर भायेली।
कर्म-धर्म दोनों भाइन की बल्ली बहन लगा लेना।
दस इन्द्री का डन्डा आली उसमें आप लगा लेना।
एरी उस डन्डा पै चढ़ि जइयो सुख देन। नसेनी घर भपेली....।
(ब्रज)

(4) *नभ ते हवा, हवा ते अगनी, अगनी से जल, जल से थल,*
पाँचों का संयोग बना कै रचा दिया संसार सकल।
पाँचों के संयोग ते आ पड़ती चेतन शक्ति।
है माय परतन्त्र सात्त्विक अपनी ताकत ना रखती।।
आनन्द कोश पिता परमेश्वर का आनन्द बुद्धि-चखती।
संचित कर्म की छाया ते, फिर बुद्धि ठगती।।
काम-क्रोध मद लोभ मोह ते दब जाती जीवो की अक्ल।
(कौरवी)

प्रस्तुत ब्रज लोकगीतों में परमात्मा को प्रियतम मानकर आत्मा को एक ऐसी नायिका बताया गया है जिसका विवाह तो हो गया है, किन्तु अभी गौना नहीं हुआ। गौना शब्द संस्कृत के 'गमन' का अपभ्रंश है। ऐसे में यह नवोढ़ा अपने प्रियतम को पत्र के माध्यम से सन्देश भेज रही है। प्रस्तुत ब्रज लोकगीत शोधार्थी ने एक अन्धे भिखारी से सुना था–

पाती लै जा रे, हमारी गंगाराम, पीया से कहिया गोने की
कैसे माटी कौ खिलौना भगवान, बनाबो तैने रच-रच कै।
कैसे किया भगवान मेरे साँचा क्या अजब बनायो है।
अचरज लगे समझ देखत मैं भेद न कोई पायौ है।
रचना विस्तारी अनौखी सकल जहान, बनावौ तैने रच-रच कै।।
(ब्रज)

(5) ख्याल वेदान्त :

मैं सभी जगह पर रहूँ देख पाता हूँ।
समदरसी मेरा नाम नहीं दाता हूँ।।
मैं अलख, निरंजन, निरविकार, निरधारा।
हूँ जग मैं, जग मेरे मैं, मैं जग ते न्यारा।
माया मेरी ने फैला दिया पसारा,
पढ़ने से वेद के होता सै उजियारा।
जिस पर दयालु हूँ दर्शन दिखलाता हूँ।। (कौरवी)

इसी प्रकार ख्याल तत्त्वबोध, ख्याल भक्ति, ख्याल प्रेम परिचय, ख्याल ज्ञान, शान्ति आदि अनेक ख्याल व लोकगीत कौरवी व ब्रज में भरे पड़े हैं। उन सबसे यही स्पष्ट होता है कि कौरवी व ब्रज की दार्शनिक पृष्ठभूमि अत्यधिक विस्तृत, गहरी व चेतन है।

सन्दर्भ

1. डॉ. रामशरण गौड़ : लोक-संस्कृति, लोकचेतना एवं लोक-मंगल (इन्द्रप्रस्थ भारती, जुलाई-सितम्बर 1998), पृ. 78
2. पं. हनुमान शर्मा : व्रत-परिचय, पृ. 3
3. कौरवी अंचल के दो प्रसिद्ध गाँव जो अंग्रेजों से संघर्ष का प्रतीक बन गये थे।
4. गोबर से बड़े सूखे छोटे वृत्त, जिनके मध्य माला के लिए छिद्र होता है।
5. अरविन्द कुमार : समान्तर कोश (सन्दर्भ खण्ड), पृ. 798
6. यह शब्द 'छन्द' शब्द का लोकरूप है। यह लोक के पिंगल ज्ञान का परिचय भी है।
7. चुहल का कौरवी रूप।

षष्ठ अध्याय

कौरवी और ब्रज लोकगीतों में अभिव्यक्त राजनीतिक चेतना

कौरवी व ब्रज लोक की राजनीतिक चेतना पुरातन काल से ही जाग्रत रही है। भारत के इतिहास के निर्णायक क्षण किसी-न-किसी सन्दर्भ में इस अंचल से जुड़े रहे हैं। इन दोनों अंचलों का भारत के राजनीतिक इतिहास में विशिष्ट स्थान है। भारत के राष्ट्रीय आन्दोलन की प्रथम अग्नि भी मेरठ के कालीपलटन स्थित औघड़नाथ मन्दिर में प्रज्वलित हुई थी। यही कारण है कि कौरवी व ब्रज लोकगीतों ने समय की प्रत्येक करवट को अपना विषय बनाया है। राष्ट्रीय आन्दोलन, राजनेताओं, देश-प्रेम व क्रान्तिकारियों के विषय, कौरवी लोकगीतों में अपनी सम्पूर्ण प्रखरता के साथ रेखांकित हुए हैं। स्वतन्त्रता से पूर्व के पश्चात् के सभी राजनीतिक नायक यथा महात्मा गाँधी, पं. नेहरू, नेताजी सुभाष चन्द्र बोस, श्रीमती इन्दिरा गाँधी, युवा नेता स्वर्गीय श्री संजय गाँधी, बाबा अम्बेडकर व किसान यूनियन के नेता चौधरी महेन्द्र सिंह टिकैत तक सभी को लोकगीतों ने अपना मंच प्रदान किया है। इसी प्रकार सभी विशिष्ट राजनीतिक घटनाएँ भी लोकगीतों का विषय रही हैं। ''भारतीय स्वातन्त्र्य-संघर्ष के यज्ञ की ज्वाला को तीव्रतर बनाने में ऐसे लोकगीतों की विशेष भूमिका रही है। पूरे देश में इन लोकगीतों की रचना का यही उद्देश्य रहा है। साधारण जनता में लोकगीत सहज ग्राह्य थे। सत्याग्रह आन्दोलन को लोकगीतों के माध्यम से सुगमतापूर्वक प्रचलित किया जा सकता था क्योंकि ब्रिटिश शासकों ने प्रचार सामग्री पर प्रतिबन्ध लगा दिया था। फिर भी राष्ट्रीय आन्दोलन के रंग में डूबी जनता लोकगीतों का प्रचार अनेक प्रकार से करती रही। लोकगीतों की प्रतिबन्धित प्रकाशित सामग्री राष्ट्रीय अभिलेखों में आज भी सुरक्षित है।''[1]

इसी कारण कौरवी व ब्रज में भी ये लोकगीत राष्ट्रीय भावनाओं के सहज संवाहक बन सके।

(क) राष्ट्रीय आन्दोलन की घटनाओं से सम्बन्धित गीत

राष्ट्रीय आन्दोलन भारत की स्वातन्त्र्यचेतना का अद्‌भुत आख्यान है। इस आन्दोलन से सम्बन्धित सभी घटनाएँ कौरवी व ब्रज लोकगीतों में गायी गयी हैं। जलियाँवाला बाग का नृशंस हत्याकाण्ड हो या गाँधी जी का सत्याग्रह, नमक आन्दोलन हो या शीर्ष नेतृत्व की गिरफ्तारी, सभी कौरवी व ब्रज लोकगीतों का वरेण्य विषय रही हैं। साण्डर्स-वध हो, काकोरी-काण्ड हो, भगत सिंह की फाँसी हो या नेताजी सुभाष बोस का 'दिल्ली चलो' प्रयाण, सभी को कौरवी व ब्रज के लोकगीतों ने अपना स्वर प्रदान किया है। यहाँ उदाहरणार्थ कुछ विशिष्ट घटनाओं से सम्बन्धित कौरवी व ब्रज लोकगीत प्रस्तुत हैं–

(1) जलियाँवाला बाग हत्याकाण्ड

लीजौ खबर जगत के स्वामी, मेरी नाव पड़ी मंझधार,
भारत के जब मदद दई, रंगरूटन की भरमार।
बाकी एवज गबरमेण्ट ने दीनीं हमें लताड़।
बलि करिकै जलियाना बाग में कीन्हें अत्याचार।। (ब्रज)

(2) गाँधी गिरफ्तारी

एक जलेबी तेल में, गाँधी भेजया जेल में।
जेल का फाटक गया टूट, गाँधी आया फोरन छूट।। (कौरवी)

(3) *बहना हो जाओ तैयार।*
असहयोग की फौज सजाओ, कांग्रेस की तोप लगाओ।
दुश्मन भगै समुन्दर पार।।
प्रीतम चलूँ तुम्हारे संग जंग मैं पकडूँगी तलवार।
मारूँगी अर वही मरूँगी करूँ नमक तैयार।। (कौरवी)

(4) सविनय-अवज्ञा

आई लुगाई गाँधी जी की है कस्तूरबा बाई नाम।
सिरी उमा और स्वरूप रानी साधन चली देस कौ काज।
लीलावती चली जल्दी से सत्याग्रह का साजा साज।
इन्दुमती और श्री शान्ती जंग का बीड़ा लिया उठाय।
कमला, कृष्णा और लक्ष्मी जी रण आँगन कौ दौड़ी धाय।

ब्रज भाषा के इस लोकगीत में सत्याग्रह आन्दोलन की व्यापक स्वीकृति को रेखांकित किया गया है। लोक का राष्ट्रीय आन्दोलन के प्रति ज्ञान भी इस लोकगीत में मुखरित हुआ है। इस लोकगीत में उल्लेखित श्रीमती कस्तूरबा गाँधी, श्रीमती स्वरूप रानी नेहरू, श्रीमती कमला नेहरू, श्रीमती विजयलक्ष्मी पंड़ित व श्रीमती कृष्णा हठी सिंह सभी राष्ट्रीय आन्दोलन से निकटता से जुड़ी महत्त्वपूर्ण महिलाएँ थीं।

इसी प्रकार राष्ट्रीय आन्दोलन की अन्य प्रमुख घटनाओं को भी कौरवी व ब्रज लोकगीतों ने मुखरित किया है।

(ख) राजनेताओं के जीवन से सम्बन्धित गीत

राजनेताओं का जीवन सदैव से ही लोक के कौतूहल, चर्चा व श्रद्धा का केन्द्र रहा है। कौरवी व ब्रज लोक ने स्वयं भी अभूतपूर्व शक्ति सम्पन्न लोक-नायक पैदा किये हैं। अतः राजनेताओं का जीवन कौरवी व ब्रज लोकगीतों का उपलब्ध विषय रहा है। कौरवी व ब्रज में लगभग प्रत्येक राजनेता पर लोकगीत शोधार्थी को उपलब्ध हुए हैं। इन राजनेताओं में स्वतन्त्रता के पूर्व व पश्चात्, राष्ट्र को व्यापक रूप से प्रभावित करने वाले सभी व्यक्तित्व सम्मिलित हैं। इनमें महात्मा गाँधी, पं. नेहरू, श्री लाल बहादुर शास्त्री, रानी लक्ष्मीबाई, अमर शहीद भगत सिंह, शहीद उधम सिंह, नेताजी सुभाष चन्द्र बोस से लेकर किसान-यूनियन के कुरु जनपद के अत्यन्त लोकप्रिय नेता चौधरी महेन्द्र सिंह टिकैत हैं। संविधान-सभा की प्रारूप-समिति के अध्यक्ष डॉ. भीमराव अम्बेडकर पर भी कौरवी व ब्रज में लोकगीत उपलब्ध हैं। स्वर्गीय युवक नेता श्री संजय गाँधी पर यदि लोकगीत उपलब्ध है तो कौरवी के लोकगीतों ने आपातकाल के कुख्यात, सुन्दर डाकू को भी अपना विषय बनाया है। यहाँ ऐसे ही कुछ लोकगीत अवलोकनार्थ प्रस्तुत हैं-

(1) *माँ कठिन मुसीबत झैल हिन्द लई आजादी।*
अत्याचार अंगरेजन लियो बहु जनता दई मार।
बड़ै-बड़ै बीर चढ़ाय दिये फाँसी, बहु कूपन दीय डार।।
करिये अति बरबादी। माँ कठिन...।
सिरी महात्मा गाँधी जी ने नारे दिये लगवाय।
भारत कूँ आजाद करयौ दये अंगरेज भगाय।
रोय रही शहजादी।। माँ कठिन...।
पण्डित जवाहरलाल नेहरू बन गये जब परधान।

हाथ तिरंगा झंडा लियौ राजनीति भये मान।।
पहर तन पै खादी।। माँ कठिन...।।
मन्त्री लाल बहादुर जी ने कही खुले मैदान।
ईंट कौ जबाव मिले पत्थर ते भगजा पाकिस्तान।।
सीमा सेना लादी।। माँ कठिन...। (ब्रज)

(2) (अ) नेताजी सुभाष चन्द्र बोस

छोड़ के प्रिय प्रान्त बंगाल
निडर चल परौ बीर बेस करके अपनो विशाल।
रो पड़ी भारत माँ प्यारी
सूनी कर मम गोद कहाँ तू जावे बलिधारी।
मात मैं जंग मचाऊँगौ
यदि जीवित रह गयौ लौट भारत में आऊँगौ
नयन बह रही जलधारा है।
दिल्ली चलो जय हिन्द हमारौ कौमी नारौ है। (ब्रज)

(ब) भारत माता तेरे फिकर में, बाबू चन्दर बोस गया।
बेरा ना पाट्टे कित फिरै भरमता, हो के तेरा पूत गया।
सब तै पहले कहाँ बीर ने, आपस में तुम मेल करो।
फूट गुलामी पड़ी देश में सोच समझ विचार करो।
महात्मा गाँधी जवाहर कू बोल्या, म्हारा भरा भराया जोस गया।
(कौरवी)

(3) पण्डित जवाहर लाल नेहरू

भारत माँ के दिल के टुकड़े महापुरुष जवाहर लाल।
तेरी विश्व शान्ति की जगमग जली मशाल।।
राष्ट्रीयता ते मिल कै तनै जीवन सफल बनाया।
तोड़ दी जंजीर गुलामी की भारत आजाद कराया।
दुनिया भर में नाम कमाया, कर दिये धने कमाल।। (कौरवी)

(4) अमर शहीद श्रद्धानन्द जी

हे वतन पे मिट जाने वाले तेरी अमर कहानी बनी हुई।
श्रद्धानन्द शहीद तेरी गाथा तूफानी बनी हुई।
अंग्रेज शासक काँपै था तुम शेर की तरह गरजते थे।

तेरी बोली का नभ फूँटै था धरती आकाश लरजते थे।
गाँधी तुझको भजते थे, भारत की जवानी बनी हुई।। (कौरवी)

(5) रानी लक्ष्मीबाई

सखी सहेली कट्ठी होके सहारा मिलावण लागी।
दें अध्यापक ज्ञान सखी वा पढ़ने जावण लागी।।
देश के ऊपर हुई निछावर थी एक लक्ष्मी बाई।
नाम बढ़ाया दुनिया में ऐसी माँ की जाई।
म्हारी ढग ते होय पढ़ाई मंगल गावण लागी।। (कौरवी)

(6) श्रीमती इन्दिरा गाँधी

सारे हिन्दुस्थान में जय-जय कर दी इन्द्रा गाँधी ने।
राष्ट्रीयकरण की नीम सही भली घर दी इन्द्रा गाँधी ने।।
इन्द्रा ने लई सोच रहेगी किस्मत छोटी भारत की।
हटा दिये गद्दार सभी रही परख कसौटी भारत की।
मददगार से बी.बी. गिरि करें ऊँची चोटी भारत की।
गाँधी के नियम पै चलो वो करगी नाम लंगोटी भारत की।।
(कौरवी)

(7) डॉ. भीमराव अम्बेडकर

है गयौ, है गयौ रे भारत में भारी शोर भीम बड़ौ औतारि।
गाँधी जी ने भीमराव जब अपने पास बुलाये।
मित्रों सहित भीम फिर खुद ही, गाँधी के ढिग आये।
ए रे बैठ जा करके बिछी थी जहाँ खोर।। (कौरवी)

(8) चौधरी महेन्द्र सिंह टिकैत, किसान नेता

गरीब जनता सारी, जय बोले वीर टिकैत की।
सदियों की सोई हुई जाति, बजर रण सिंघा जगा दई।
बना यूनियन सब जाति, हरे झण्डे नीचे लगा दई।
बिखरी थी न्यारी-न्यारी, जय बोले वीर टिकैत की।। (कौरवी)

इसी प्रकार वीर हकीकत राय, शहीद उधम सिंह, शहीद भगत सिंह आदि अनेक राष्ट्रीय राजनेताओं पर कौरवी व ब्रज में लोकगीत मिलते हैं।

(ग) देश-प्रेम एवं राष्ट्रीयता की भावना के गीत

कौरवी एवं ब्रज लोकगीतों में देश-प्रेम व राष्ट्रीयता की भावना कूट-कूट कर भरी हुई है। कौरवी प्रदेश आदि-काल से बाहर से आये आक्रान्ताओं और लुटेरों से जूझता रहा है। यही कारण है कि यहाँ के लोकगीतों में राष्ट्र-प्रेम हिलोरें मारता दिखाई पड़ता है। जननी-जन्मभूमि के प्रति इन दोनों अंचलों में अपार श्रद्धा है। इन लोकगीतों में राष्ट्रीयता अपने सम्पूर्ण अर्थों में प्रतिबिम्बित होती है। युद्ध या बाह्य आक्रान्ता से संघर्ष के लिए राष्ट्र को जिस जीवनी-शक्ति की आवश्यकता होती है, उन विपरीत परिस्थितियों में खड़े होने के लिए देश को जो सर्जनात्मक संकल्प-शक्ति चाहिए, वह कौरवी व ब्रज के लोकगीतों ने पर्याप्त उपलब्ध कराई है। कारगिल युद्ध तक पर भी लोक की अपनी विशिष्ट टिप्पणी सहज ही उपलब्ध है। राष्ट्र-प्रेम की ऐसी ही भावनाओं से ओत-प्रोत कुछ ऐसे लोकगीत यहाँ प्रस्तुत हैं–

(1) *सीमा ऊपर छिड़ी लड़ाई, आया टेलीग्राम रै।*
बिस्तर बाँध ठा लिया सर पै, छोड़ चला घर गाम रै।
बस्ती वाले देख रहे सब, उस कूँ लोग लुगैया।
राखी बाँध बहण यूँ बोल्ली जा सीमा पै भैया।।
मेरा या आसीष लाड़ले, हँस के बोली मैया।
तो ही पार करेंगे तेरी, भव सागर तै नैया।।
रक्षक कृष्ण-कन्हैया बेटा, रटलै उसका नाम रै,
अर बिस्तर बाँध ठा लिया सर पै, छोड़ चला घर गाम रै।।
(कौरवी)

(2) *पाकिस्तान को जीत ले बलम मेरे ढोला।*
पीछे चीन पै चलेंगे बम्ब गोला।।

....

लड़ाई भारी स्यालकोट में चल रही मोरी भैना।
जै-जै करती जा रही हिन्दुस्तानी गूज्जर सैना।। (ब्रज)

(3) *पिया, फौजी रे मनै हिन्दुस्तान दिखा दे।*
जालियाँ बाला बाग दिखा दे जहाँ ब्रिटिस नै घर ढाये थे।
फिर देखूँगी वह जहाँ सै आर्य समाजी आये थे।
फिर देखूँगी जहाँ जन्म दयानन्द नै पाये थे।
फिर देखूँगी वहाँ जहाँ दीवारों में बालक चिनवाये थे।।

पृथ्वीराज चौहाण के पिया चलते बाण दिखा दे।
पिया फौजी मनै हिन्दुस्तान दिखा दे।। (कौरवी)

(4) *चलैगी गोली सीमा पै, तुम रहियो वीर हुस्यार*
दगाबाज छलिया वैरी बिह दुबकि लगावै घात।
समय है रह्यौ तैयारी कूँ करै मेल की बात।
बिसकें दाँत साँप के तोरो तब लीजौ बिसराम।
पानी आगै पारि बाँधनौ यही सयानो काम।
झूठे बाइदे करै जो बैरी बाकौ का विस्वास।। (ब्रज)

बंगला मुक्ति-संग्राम, 1971 :

(5) *या बंगला की आजादी में*
है गये बहुतेरे बलिदान।
हँस-हँस बीरन ने जंग कियौ,
दुसमन कौ हौसलौ तंग कियौ।
गये छोड़ मैदान। या बंगला की आजादी में।। (ब्रज)

(6) *सीमा के रखवाले है हम, खड़े हैं सीना तानके।*
मिलकर हमें मिटाने अरमाँ, दुश्मन के अभिमान के।। (कौरवी)

कारगिल युद्ध :

(7) *मैया तेरे बेटा एक तै बढ़ि कै*
एक निकरि गये री।
एक निकरि गये री, प्रान न्यौछावर कर गये री।
लैफटिनैन्ट अमीत आहूजा, बत्रा तेरे जाये
देख हनीफुद्दीन के तेवर दुश्मन ऊ घबराये।
मूड हाथ मैं लेकै टाइगर हिल पै चढ़ि गये री।
मैया तेरे बेटा एक तै........................।
फर्ज बड़ी अम्मा का मैया अच्दी तरह निबहियौ।
हम ते पीछे अपने घर बारे तू ही समझइयौ।
दियो इन्हे समझाय अरी हम दूर निकर ग
मैया तेरे बेटा एक तै..........................।। (

प्रस्तुत लोकगीत में उल्लेखित लेफ्टिनेंट अमित आहुजा कारगिल युद्ध के पहले शहीद थे, कैप्टन बत्रा ने टाइगर हिल पर विजय-अभियान के समय वीरगति का वरण किया था। कैप्टन हनीफुद्दीन ने भी देश के लिए अपना

सर्वोच्च बलिदान दिया था। ये नाम लोक की राष्ट्रीय चेतना का परिचायक है। प्रस्तुत लोकगीत में 'टाइगर हिल' में श्लेष का अद्‌भुत प्रयोग है।

इसी प्रकार कौरवी ब्रज के अनेक लोकगीतों में राष्ट्रप्रेम व देश-भक्ति की भावना के दर्शन होते हैं। इन लोकगीतों से कौरवी व ब्रज प्रदेश के कण-कण में व्याप्त राष्ट्रीय चेतना परिलक्षित होती है।

(घ) क्रान्तिकारियों के बलिदान के गीत

क्रान्तिकारियों का देश धर्म पर मिट जाना लोक की सर्वोच्च आस्था का विषय रहा है। यही कारण है कि कौरवी व ब्रज लोकगीतों में क्रान्तिकारियों के इन बलिदानों का भी पर्याप्त उल्लेख हुआ है। भगत सिंह की फाँसी का प्रसंग हो या महात्मा गाँधी के महाप्रस्थान का, राष्ट्र की वेदना इन कौरवी व ब्रज लोकगीतों में फूट पड़ी है। ऐसे बलिदान लोकगीत अवलोकनार्थ प्रस्तुत हैं–

(1) *ले ले मेरा प्रणाम औ मैया हँस उड़ै तेरे शेर का।*
पालन-लालन करकै री मैया इत्ता बड़ा बनाया री।
तेरी गोदी में खेला अन्न जल तेरा खाया री।
न भूलूँ अहसान मात तेरे सर छत्र छाया री।
पापा सभी आराम हो मैया काम यही घना हेर का।। (कौरवी)

(2) वीर हकीकत रय

आज अकेली छोड़ गये भरतार
कौन मेरा धीर बँधावेगा, तेरे बिन ना कोई मेरा।
जहाँ पै हाथ रखा दासी का
गिरेगा वहाँ फन्दा फाँसी का
दर्शन की प्यासी का बेड़ा सै मझधार
पार इसे कौन लगावेगा।। (कौरवी)

इसी प्रकार अन्य क्रान्तिकारियों का भी उल्लेख ब्रज व कौरवी के लोकगीतों में मिलता है। अमर शहीद भगत सिंह को अंग्रेज सरकार द्वारा दी गयी फाँसी को कौरवी व ब्रज लोकमानस ने विशिष्ट आस्थाप्रद स्थान दिया है। देश पर न्यौछावर हुए इस नवयुवक के प्रति कौरवी लोक में तो इतनी अधिक आस्था है कि आज भी मेरठ जनपद के गाँवों में कुँवारी लड़कियाँ भगतसिंह को अपना भाई मान कर, सावन के दिनों में झूले पर यह गीत गाती हुई मिल जाती हैं। मेरठ जनपद की जानी तहसील के 'टिकरी' गाँव में शोधार्थी ने

यह गीत सुना है जो यहाँ उल्लेखित है। इस तरह की मार्मिक व्यंजना अविस्मरणीय व मौलिक तो है ही साथ ही लोक की राष्ट्रीय घटनाओं पर पड़ने वाली सतर्क दृष्टि की परिचायक भी है–

सावन सूना भैया बिन हो गयौ जी,
ऐ जी, कोई घर ना है भगत सिंह बीर। सावन...।
कौन कूँ राधू भैना मेरी सेमरी जी,
ऐ जी, कोई, कौन कूँ राँधू रस–खीर। सावन...।
माफी ना माँगी, भैना मेरे बीर ने जी,
ऐ जी, कोई निकरौ अति रनधीर। सावन...।
ल्हास मिली ना भैना मेरे बीर की जी,
ऐ ही कोई फूँकी सतलज तीर। सावन...।
बज्जर छाती भैना मेरी ना फटै जी,
ऐ जी, कोई जाकी देख–देख तस्बीर। सावन...। (कौरवी)

इस प्रकार स्पष्ट है कि कौरवी व ब्रज लोकगीतों ने क्रान्तिकारियों की बलिदान–गाथाओं को अपना स्वर प्रदान कर अपने सर्जनात्मक व राष्ट्रीय दायित्व को सम्यक प्रकार से पूर्ण किया है।

सन्दर्भ

1. डॉ. डी.डी. तिवारी : लोक साहित्य में स्वातन्त्र्य संघर्ष, मधुमती, जनवरी 1993, पृ. 37

सप्तम अध्याय

कौरवी व ब्रज लोकगीतों में अभिव्यक्त साहित्यिक चेतना

लोकगीतों का विशिष्ट साहित्यिक महत्त्व है। कौरवी व ब्रज, हिन्दी की आदि चेतना के उत्स-बिन्दु हैं। कौरवी व ब्रज के लोकगीत भी साहित्य की उस आदिम चेतना से लबालब भरे हैं। लोक की स्मृति से उपजे कौरवी व ब्रज लोकगीतों का सौन्दर्य मनोहर व सहज है। इन लोकगीतों की अलंकारिता, सर्जना के साथ-साथ उद्‌भूत हुई है। यही कारण है कि वह शिष्ट-साहित्य की भाँति दुरूह न होकर सहज व सरस है। नवरस से भरे इन लोकगीतों का भावपक्ष व कलापक्ष दोनों प्रबल है। 'काव्यगत सौन्दर्य की मान्यताएँ साहित्यिक दृष्टिकोण से केवल विशिष्ट-साहित्य में ही देखी गयी हैं। किन्तु जितनी सफल अभिव्यंजना हमें लोकगीतों में मिलती है, उतनी कहीं नहीं मिलती। इस सफलता के पीछे भी काव्यगत एकात्मानुभूति, रसात्मक अनुभव, स्वाभाविक उक्तियों की भाषागत परिपक्वता, सुधरे हुए मुहावरों और प्रचलित कथाओं की संकेतात्मक शैली का विशेष महत्त्व है। अनुभूति और अभिव्यक्ति में इतनी एकरूपता है कि उनमें सीधे चुभे जाने की क्षमता है। व्यंजना में इतनी मार्मिक संवेदना होती है कि उनके प्रभाव के लिए मानसिक तर्क-वितर्क की आवश्यकता नहीं। वह सीधे हृदय में चुभ जाते हैं और उन पर अपने अनुकूल रस का बोध सहज ही कर देते हैं।[1]

जहाँ एक ओर लोक सहज साहित्यिक बोध से परिपूर्ण हैं, वहीं दूसरी ओर यह भी निर्विवाद तथ्य है कि जो-जो साहित्यकार, लोक-बोध से युक्त रहे हैं, काल की स्मृति में उनका स्थान अलग ही है। अंग्रेजी साहित्यकार विलियम शेक्सपियर, महाकवि कालिदास और हिन्दी-कवि गोस्वामी तुलसीदास की अपार लोकप्रियता इस तथ्य का प्रमाण है। कौरवी एवं ब्रज लोकगीत साहित्य

की उस चेतना से भरे हैं, जिसके आदर्श होने के लिए मन व आत्मा में सत्यम्, शिवम्, सुन्दरम् का भारतीय आदर्श स्पष्ट होना आवश्यक है। कौरवी व ब्रज के लोकगीतों में रस के अजस्र झरने हैं, प्रकृति की मनोहर छटा है, भाषा के अशुद्ध प्रयोग हैं, छन्द के स्वरगत नियन्त्रण हैं, अलंकारों का सहज प्रकाश है, शब्द की शक्ति के सरल किन्तु अचूक प्रयोग हैं, सामान्य जीवन से लिए गये बिम्ब हैं तथा स्मरणीय प्रतीक-विधान है। कौरवी व ब्रज लोकगीतों के कुछ ऐसे साहित्यिक प्रयोगों को यहाँ विवेचनार्थ किया गया है।

(क) लोकगीतों का भावपक्ष

कौरवी व ब्रज लोकगीतों का भावपक्ष अत्यधिक प्रबल है। भावनाओं जैसा उद्भूत आवेग व उसके सर्जन के लिए सहज शब्दों की जैसी शब्दावली इन लोकगीतों में उपलब्ध है, वह अन्यत्र दुर्लभ है। भाव की इस लहरी में रस घुले-मिले हुए हैं। प्रकृति भी अपने मनोहारी रूप में ब्रज व कौरवी लोकगीतों में प्रकट हुई है।

(1) रस

"काव्य की आत्मा में निहित आनन्दानुभूति को रस कहते हैं। इसे भाव परिपक्व अवस्था का भावास्वाद भी बताया गया है।"[2]

"लोक-संगीत में रस की अजस्र गंगा प्रवाहित है। जन-जन को रस स्नात कर देने की इनमें अपूर्व क्षमता है। अभावों से त्रस्त जन-जीवन को तन्मय कर लोक-संगीत इतना आत्मविभोर कर लेता है कि उन्हें आस्वादन के उन क्षणों में यथार्थ जगत सर्वथा विस्मृत हो जाता है। उस समय वे रस की पयस्विनी में आगाहन कर कृतार्थ हो उठते हैं। सच तो यह है कि लोक संगीत की रसात्मकता के सम्मुख महाकवियों की सरस सूक्तियाँ भी शुष्क एवं नीरस जान पड़ती हैं।"[3]

लोक की स्वयं की स्मृति में एकत्र हुआ रस का अपार सागर शास्त्रोक्त रस-परिपाक के अनिवार्य उपादानों की अपेक्षा नहीं करता, अपितु वह 'गूँगे के गुड़' की भाँति अविवेचित किन्तु अत्यधिक मिठास से भरा है। डॉ. सत्येन्द्र ने लिखा है कि "लोकगीतों का रस परिपाक किसी शास्त्रीय विधान अथवा भरतमुनि के 'विभावानुभावसंचारीसंयोगाद्रसनिष्पत्ति' के अनुसार नहीं होता। बल्कि यहाँ तो रस अभिप्रेत रहता है, और प्राप्ति का विषय है ही नहीं, अपितु लोकगीत तो रस से स्वयमेव ही परिपुष्ट रहता है।"[4] नाट्यशास्त्र के प्रणेता

भरतमुनि के प्रसिद्ध सूत्र 'विभावानुभावसंचारीसंयोगाद्रसनिष्पत्तिः' के अनुसार विभाव, अनुभाव व संचारियों के संयोग से रस की निष्पत्ति होती है। भारतीय काव्य-शास्त्र के अनुसार यद्यपि रस नौ होते हैं। तथापि कालान्तर में वात्सल्य नामक दशम् रस को भी रसों की इस सूची में सम्मिलित कर लिया गया है। शृंगार, हास्य, करुण, वीर, रौद्र, भयानक, वीभत्स, अद्भुत, शान्त व वात्सल्य रसों के स्थायी भाव क्रमशः रति, हास, शोक, उत्साह, क्रोध, भय, जुगुप्सा, आश्चर्य, निर्वेद व वत्सल हैं।

कौरवी व ब्रज लोकगीत रस-वर्षा से स्नात हैं। भरतमुनि के सूत्र के अनुसार ही, कौरवी व ब्रज लोकगीतों में रस की उत्पत्ति नहीं, अपितु निष्पत्ति होती है। कौरवी व ब्रज के ऐसे ही रसस्नान लोकगीतों के कुछ अंश यहाँ अवलोकनार्थ प्रस्तुत हैं–

(1) शृंगार

शृंगार को रसराज कहा जाता है। शृंगार का स्थायी भाव रति है। शृंगार के दो पक्ष हैं–संयोग व वियोग। जब रति नामक स्थायी भाव विभाव, अनुभाव व संचारियों से पुष्ट होकर आस्वाद्य के योग्य बनता है तो शृंगार रस की उत्पत्ति होती है।

(1) *बटुआ सा मुँह गोल चाँद सा, नैन कटीले गोरी के।*
भोली-भोली सूरत निमाणी बोल रसीले गोरी के।। (कौरवी)

(2) *सैंया रतनाली। ओ राजा रतनाली। जामन ला।*
गिरी पड़ी सैंया। मैं नहीं खाऊँगी,
उरे-परे की सैंया। मैं नहीं खाऊँगी,
अपने हाथ से खिला दो।
घौटें पे लिटा के खिला दो।। (कौरवी)

(3) *इकली घेरी वन मैं आय*
स्याम तैने कैसे ठानी रे।
स्याम मोहे बिन्द्रावन जानौ,
लोटि कै बरसाने आनौ,
हो जाय देर-अबेर
लड़ै घर नन्द-जिठानी रे,
अकली घेरी बन मैं आय। (ब्रज)

(4) *सिरी कृस्न के बिना राधिका ठाड़ी गस खावै।*
बरसन लगयौ असाढ़ पपइया कैसो चिल्लावै।। (ब्रज)

(2) हास्य

हिन्दी साहित्य में हास्य रस की न्यूनता है। किन्तु कौरवी व ब्रज लो कगीतों में हास्य की भरमार है। जच्चा, भात व गारी संस्कारों के तीन सोपान ऐसे हैं जिनमें हास्य रस प्रचुर मात्रा में उपलब्ध होता है। जब हास नामक स्थायी भाव, विभाव, अनुभाव व संचारियों से पुष्ट होकर आस्वाद्य के योग्य बनता है तो हास्य रस की पुष्टि होती है–

(1) *लाला तो देखौ पढ़िवै जावै है।*
बगल में बही बस्ता लैकें, रोज दिखावै है।
लाला तो देखौ पढ़िवै जावै है।
तीन बरस भए आ ई उ ना आखर आवै है
कान पकरिकै धौल जमावै, बाप रिस्वाबै है।
लाला तो देखौ पढिवै जावै है।। (ब्रज)

(2) *जच्चा तौ मेरी भोली-भोली रे,*
जच्चा तो मेरी सीधी-साधी रे,
आठ कनस्तर घी के पी गयी,
सोलह मन खायी शक्कर रे,
जच्चा तो मेरी खाना ना जाने रे।
जच्चा तो मेरी भूखी मर गयी रे।। (कौरवी)

(3) करुण

कौरवी व ब्रज लोकगीतों में करुण रस का अधिक विस्तार है। 'एको रसः करुण एव' कहकर महाकवि भवभूति ने करुण रस को सर्वाधिक महत्त्व प्रतिपादित किया था। रसानुभूति के लिए मर्म का जैसा विस्तार अपेक्षित है, वह करुण रस के लिए उपयुक्त है। जब शोक नामक स्थायी विभाव, अनुभाव संचारियों द्वारा पुष्ट होकर आस्वाद्य के योग्य बनता है, तब करुण रस की उत्पत्ति होती है।

(1) *सासुलिया रानी मत बोले गरव के बोल,*
मेरौ जियरा लरझै बरसै जल की धार,

मेरो नाँयै भतीजौ मैया कौ जायौ वीर,
मेरौ बाबुल जोगी, जोगी पै नाँये हतै भात। (कौरवी)

(2) *बेटा की लहास निहार, बड़ौ गम भरगौ।*
गरदन में दै तलवार, आप भी मरगौ।। (ब्रज)

(4) वीर रस

वीर रस का परिपाक शौर्य के वातावरण में होता है। कौरवी व ब्रज दोनों अंचलों में वीरता एक आदृत भाव है। वीर रस का स्थायी भाव उत्साह है। जब उत्साह नामक स्थायी भाव आलम्बन योद्धा व वीर के हृदय में युद्ध आदि उद्दीपन से पुष्ट होकर संचार के योग्य बनता है, तब वीर रस की सृष्टि होती है–

कटि कटि गुंड गिरत धरती में उठि-उठि जाट करत तलवार।
भारी दल मुगलन को आगे ईकलो झपटि करे ललकार।
अंगुल-अंगुल कट्यौ बछेरा परिधव घेड़ा हट्यौ न पिच्छार।। (ब्रज)

(5) शान्त रस

संसार के मोह, माया, आसक्ति आदि वृत्तियों से विरक्त लोक मन की भक्ति में प्रवृत्त होने वाली दशा में शान्त रस की उत्पति होती है। कौरवी व ब्रज के अनेक लोकगीतों में शान्त रस के दर्शन होते हैं। विशेष रूप से धार्मिक भजनों में शान्त रस अपनी उच्चतम अवस्था में प्राप्त होता है। शान्त रस का स्थायी भाव निर्वेद है। जब निर्वेद नामक स्थायी भाव आलम्बन भक्त के हृदय में पूजा, अर्चना, उपासना आदि उद्दीपनों द्वारा उद्दीप्त होकर आस्वाद्य के योग्य बनता है, तब शान्त रस की उत्पत्ति होती है।

(1) *कित बोये कित उपजे रे,*
बीरा कहाँ लड़ाये लाड़।
ऐ जी कुदरत का न्एरा नहीं,
कोई कहाँ खिड़ा दे हाड़। रे मेरी बावली मल्होर।। (कौरवी)

(2) *कोई को बिसारा हरी नाम माँटी के पुतले,*
काहे को बिसारा हरी नाम। (ब्रज)

(6) वात्सल्य रस

कौरवी व ब्रज लोकगीतों में वात्सल्य रस की भरमार है। विशेषकर ब्रज लोकगीतों में तो कृष्ण के प्रतीक से वात्सल्य का रस फूट पड़ा है। मनुष्य की आत्मा में ममता का जो चेतन तत्त्व है, वह जब वत्सल भाव से उद्दीप्त होता है, तब वात्सल्य रस की उत्पत्ति होती है।

(1) *पालन में झुलइयों रे लाल कूँ, पालने में।*
जब मेरा लाला दादी कहेगा,
जब मेरा लाला ताई कहेगा,
दूरों से दादी बुला दूँ लाल कू।
दूरो से ताई बुला दूँ लाल कू।। (कौरवी)

(2) *कौन सी नै मार दियो री टोना, कौन सी ने...।*
अरी मेरो मचलो श्याम सलोना।
भूल गयी मैने दियो न याके बीच ड़िढ़ौना।
रोय-रोय रूदन करै मेरौ चन्दा तोर दियो है खिलौना।
कौन सी ने मार दियौ री।। (ब्रज)

(7) वीभत्स रस

वीभत्स का स्थायी भाव जुगुप्सा है। किसी घृणा योग्य प्रसंग, स्थान व व्यक्ति के देखने व चर्चा आदि से उत्पन्न भाव जुगुप्सा कहलाता है। कौरवी व ब्रज लोकगीतों में सामान्यतः इसकी उपलब्धता कम ही दृष्टिगोचर होती है।

सिवजी ब्याहिये कूँ चाले लैंकें बूँडौ बेल।
काया किष्ट देह कौ कोढ़ी, बर्र तैयन भरि लई झोरी।
बाग बगीचा सबुई घेरे गन्दी करि गयौ गैल।
तेरौ वरना बड़ौ रिसैल।। (ब्रज)

इसी प्रकार रौद्र, भयानक व अद्‌भुत भावों का वर्णन भी कौरवी, ब्रज लोकगीतों में उपलब्ध होता है। कौरवी व ब्रज लोकगीतों में रसों का परिपाक प्रसंगानुसार व सहज है। यही कारण है कि कौरवी व ब्रज लोकगीतों की रसभूति आकर्षण व सहज है।

(2) प्रकृति-चित्रण

प्रकृति के साथ मनुष्य का सम्बन्ध पुरातन है। मनुष्य की निर्मिति के अनिवार्य अंश प्रकृति से ही उपलब्ध होते हैं और प्रकृति में ही विलीन हो जाते हैं।

प्रकृति के सतत सामीप्य के कारण मनुष्य में एक विशिष्ट साहचर्य व सहकारी बोध विकसित हुआ है। वह अपने बाह्य जगत को प्रकृति में अन्तर्विस्तार प्रदान करता है। "अनन्तकाल से प्रकृति के साथ निवास करने तथा स्वयं प्राकृतिक परिवेश के अंग होने के कारण मानव-मन में उसके प्रति साहचर्य का भाव है। वह प्रकृति में स्नेह और आत्मीयता का विस्तार करता है। गंगा, जमुना और धरती उसके लिए मैया बन जाती है। प्रातः, संध्या और रात्रि बेला प्रतिदिन ही उसके आँगन में आती है और लोक मानस में जिन-जिन भावों का संचार कर जाती है, इसे लोकगीत के सिवा और कौन बता सकेगा।"[5] कौरवी व ब्रज लोकगीतों में प्रकृति अपने पूर्ण उल्लास व आभा के साथ प्रकट हुई है। यहाँ वृक्ष, पक्षी, नदियाँ, पहाड़, बादल, वर्षा व पवन को भी अपनी ही तरह चेतन मानकर लोकगीतों ने अपने संवाद-जगत में इन्हें महत्त्वपूर्ण स्थान दिया है। कौरवी व ब्रज प्रदेश की प्रकृति के प्रति यही आस्था प्रकृति-चित्रण में कौरवी व ब्रज लोकगीतों को समृद्ध कर रही है। यहाँ ब्रज व कौरवी के कुछ लोकगीतांश प्रस्तुत हैं, जिनसे प्रकृति चित्रण की झलक मिल सकेगी।

(1) *हे अगन देव, मेरे धरती लोक में आ जाओ, आ जाओ।*
तुम्हारे बिन! बिरमा भुक्के रह गये, भुक्के रह गये।
मैं तेरे धरती लोक में कैसे आऊ, कैसे आऊ?
तेरे धरती लोक में बुरा है आयाचार बुरा।। (कौरवी)

(2) *जागिए ब्रजराज कुँअर भोर भयौ अंगना।*
बाट के बटोही चले, पँछी चले चुगना।
कूआ की पनिहारिन चली, हम-चली श्री जमुना।। (ब्रज)

(3) *सरग उड़ती चिरहुली, लागौ सामन मास।*
हमरे बाबुल सों यो कहो, अपनी बेटी ऐ लेई बुलाय। (ब्रज)

(4) *मेरौ धरौ ऐ चयरियन बीच मेघासिन रानी किल गयी जी।*
मेरे मरद गये ऐ सब घर, मेघासिन रानी कित गयी जी।। (ब्रज)

(5) *सुन-सुन सखी पंछी का ब्याह था।?*
बगुला बाराती आये, जुगनू मशाल लाये।
मोर तो खूब बोले, जेमनी बारात गाये।
पोदना करै तराई, बुलबुल करै लड़ाई।
जूं ही बिल्ली आई, सारी सभा भगाई।। (कौरवी)

इसी प्रकार प्रकृति का ऋतु रूप भी कौरवी व ब्रज लोकगीतों में प्रखरता के साथ प्रकट हुआ है। जिसका उल्लेख शोध के चतुर्थ अध्याय में ऋतु या मास सम्बन्धी गीतों में विस्तार के साथ किया जा चुका है।

(ख) लोकगीतों का कलापक्ष

कौरवी व ब्रज लोकगीतों का कलापक्ष प्रबल है, यद्यपि यह सायास नहीं है। यही कारण है कि कलापक्ष का विस्तार योजनाबद्ध न होकर अनायास है। यह लोकगीत लोक के हृदय से निकले हैं इसलिए इनमें शास्त्रोक्त कला-अनुशासन की न्यूनता है। "जहाँ व्यक्ति के व्यक्तित्व की प्रधानता होगी, वहाँ शिल्प, कला, अभिव्यक्ति, शब्द-विन्यास, छन्द-विन्यास, रस, परिपक्वता, प्रतीक, सम्बोधन, उद्‌बोधन, आलम्बन, आधार सब को एक साँचे में ढालना व्यक्ति की मर्यादा को नष्ट करना होगा। फिर लोकगीतों की रचना, शैली, अभिव्यक्ति सभी कुछ सामूहिक चेतना और अनुभूति पर आधारित रहे हैं, इसीलिए उसमें एकरूपता अथवा शास्त्रीय प्रौढ़ता की रूढ़िवादी परम्परा की छाया ढूँढ़ना गलत होगा। जहाँ तक इनकी मर्मस्पर्शी-भावना, आलम्बन और अभिव्यक्ति का प्रश्न है, लोकगीतों में सीधी अभिव्यक्ति का गुण विशेष महत्त्व का है, क्योंकि अलंकार और रस इनमें साधन के रूप में व्यक्त होते हैं, साध्य के रूप में नहीं।"[6]

कौरवी व ब्रज के लोकगीतों में भाषा, छन्द, अलंकार, शब्द-शक्ति, बिम्ब-विधान, प्रतीक-विधान आदि सहज व बोधगम्य है। लोकगीतों में कलापक्ष, सर्जन के साथ-साथ उत्पन्न हुए काव्य के आवेग का वह मनोहर सौन्दर्य है, जिसकी तुलना महाकवि कालिदास की वनवासिनी शकुन्तला से की जा सकती है। यहाँ कौरवी व ब्रज लोकगीतों की उसी कला चेतना पर विचार किया जायेगा।

(1) भाषा

भाषा मनुष्य के आन्तरिक प्रकाश को स्वर देने वाली दैवी व्यवस्था है। भाषा एक हृदय की भावनाओं को दूसरे तक सम्वाहित करने का माध्यम है। भावना का सारथी भाषा रूपी रथ पर आरूढ़ होकर ही दूसरे के हृदय रूपी गन्तव्य तक पहुँचता है। लोकगीत हृदय के अनगढ़ उद्‌गार हैं, इसीलिए उनकी भाषा भावनानुकूल है। कौरवी व ब्रज भाषाई दृष्टि से समृद्ध क्षेत्र हैं। कौरवी व ब्रज लोकगीतों की भाषा काव्य-गुण से भरी हुई, जन-मानस की ग्राह्यता से युक्त स्वाभाविक, वास्तविक, प्रभावोत्पादक व भावानुकूल है। कौरवी व ब्रज लोक, भाषाई दृष्टि से अनेक अंचलों के निकट है। इस भौगोलिक निकटता ने यहाँ की भाषा को अनेक प्रकार से समृद्ध किया है। कौरवी लोक कवि पं. शीश राम के ख्यालों में विभिन्न प्रकार की भाषाओं का प्रयोग मिलता है।

उनके एक सुप्रसिद्ध ख्याल 'कृष्ण प्रेम' में अनेक भाषा-भाषी कृष्ण की अनुरक्त गोपियों का संवाद वर्णित किया गया है। एक उदाहरण द्रष्टव्य है–

चार देश की गूजरी, चली जाती थीं जमना न्हाने
अपनी-अपनी बोलियाँ बोल, लगीं कृष्ण को समझाने।।
सखी हिन्द की कहै कृष्ण जी, कहीं हाथ पकड़ो मेरा
शरणागत हूँ साँवरे, तेरी किस कारण मुझको घेरा।।

***

पंजाब कहन्दी है, कृष्ण नूं तू किसां न दसदां है,
असी जानदे ऐसी ये, साडे दिल बिच बसदां है।।

***

कहै जो सखी हूँ बीकानेर की, पच्छिम देश म्हारौ घर है,
थाई काई छो निन्दरो बुहो, भलो म्हानू डर है।

***

पूरबनी रहती है कृष्ण बी कौ कौन बुरौ मुहि का धधका।
तुहि का बाजत हो नन्द सों कह यूँ पिटे यूँ गीतम का।।

कौरवी व ब्रज लोकगीतों में भाषा का पद विन्यास सरल व ग्रामीण है किन्तु मधुरता से परिपूर्ण है।

(2) छन्द

कौरवी व ब्रज के लोकगीतों में छन्द योजना शास्त्रोक्त वर्णित या मात्रिक नहीं है। अपितु वह संगीत पर आधारित है। लोक, छन्द-शास्त्र के सूत्र 'यमाताराजभानसलगा' के फेर में नहीं पड़ता। यही कारण है कि कौरवी व ब्रज लोकगीतों में छन्द का तोड़-मरोड़, स्वरों पर आधारित है। शोधार्थी ने कौरवी के एक गाँव खेड़ा पिलखुआ (गाजियाबाद) में स्त्रियों को एक भात गाते सुना, जिसमें छन्द को पूर्ण करने के लिए गायिकाओं ने शब्द को काट कर मात्रा को लुप्त कर दिया था। भात इस प्रकार था–

हुए सुदामा त्यार द्वारिका जाने को,
लीने चावल चार द्वारिका जाने को।

इस भाव में प्रयुक्त शब्द 'त्यार' कौरवी में प्रचलित नहीं है, किन्तु उसे 'तैयार' गाने में मात्राएँ बढ़ रही थीं और गीत की संगीत-योजना गड़बड़ा रही थी, इसलिए गायिकाओं ने उसे स्वयं ही तैयार से 'त्यार' कर दिया। कौरवी व ब्रज लोकगीतों में हिन्दी के पारम्परिक छन्द, दोहे, चौपाई, वीर छन्द

(आल्हा में प्रयुक्त) के अतिरिक्त आधुनिक प्रचलनों के ग़ज़ल आदि छन्द भी दृष्टिगोचर होते हैं। यथा–

ग़ज़ल छन्द :

दया जगदीश कर हम पर हमें गम सै रिहा करदे।
तेरी महमा निराली है तू पल में क्या से क्या करदे।।

लोक को छन्द के विषय में ज्ञान नहीं है, ऐसा भी नहीं, किन्तु कौरवी व ब्रज लोकगीतों में सायास छन्द-निर्वहण नहीं है। कौरवी के एक लोकगीत में लोककवि का छन्द रचना के प्रति सतर्क ज्ञान इस प्रकार प्रकट हुआ है–

बिना बीमारी रोग बदन में छिड़ता आवै से।
शायरी तुकान्त मैं शरीर काफिया,
छन्द घरणिये ने दीखे नजदीक काफिया।
चन्दू लाल का ठीक काफिया भिड़त आवै सै।
बालक पण तै सही रागणी घड़ता आवै सै।। (कौरवी)

इस लोकगीत में प्रयुक्त काफिया तुकान्त आदि शब्द लोक के छन्द ज्ञान को स्पष्ट करते हैं। कौरवी व ब्रज लोकगीतों में अखण्ड, उल्लाला, वीर, सार आदि छन्द उपलब्ध होते हैं।

(3) अलंकार

काव्य की शोभा करने वाले धर्म को अलंकार कहते हैं। कौरवी व ब्रज लोकगीतों में प्राय: हिन्दी-साहित्य के चर्चित सभी अलंकार मिलते हैं, किन्तु ये अलंकार सायास, सचेतन काव्य-वृत्ति के कारण उद्भूत नहीं होते अपितु अपने व्यावहारिक जीवन से गृहीत मन के निकष पर कसे सरल प्रतीक-चित्र होते हैं।

"लोकगीत निश्छल हृदय की सहज और अकृत्रिम अभिव्यक्ति है। उसमें शिष्ट साहित्य की सी न तो जटिलता है और न पिंगल तथा व्याकरण का प्रतिबन्ध है। इसलिए लोकगीतों में शब्दाडम्बर तथा अलंकारों का बाहुल्य नहीं मिलता है। उसमें कलात्मक अथवा संस्कारी कविता की सी अलंकरण प्रवृत्ति का अभाव है। सीधे हृदय से जन्मे होने के कारण इसमें रस का प्राचुर्य होता है, किन्तु अलंकार प्रदर्शन की चेष्टा नहीं है। दूसरे शब्दों में, लोक कवियों ने इन गीतों के बाह्य सौन्दर्य पर बल न देकर अन्तर को ही विशेष रूप से सँवारा है। किन्तु इसका यह अर्थ नहीं है कि लोक कवि लोकगीतों के भावोत्कर्ष अथवा अर्थगौरव तक ही सीमित रह गये हैं, उसके अभिव्यक्ति पक्ष की

उन्होंने उपेक्षा की है। सत्य तो यह है कि अभिव्यंजन कौशल शिष्ट साहित्य के रचयिता से कहीं उत्कृष्ट है। इस क्रम में उन्होंने प्रचलित अलंकारों का प्रयोग कर कथ्य को हस्तामलकवत् प्रस्तुत करने का प्रयत्न किया है। इसलिए वे मन जगत का प्रत्यक्षीकरण करा सके हैं।"[7]

कौरवी व ब्रज लोकगीतों में उपमान बाह्य जगत से खोज-खोज कर जुटाए हुए नहीं हैं अपितु अपने अन्दर से बाहर निकले हैं। कौरवी व ब्रज लोकगीतों में उपमा, रूपक, उत्प्रेक्षा, वक्रोक्ति, प्रतीप, अतिशयोक्ति, श्लेष, मानवीकरण, पुनरुक्ति-प्रकाश, परिकरांकुर, अनुप्रास, यमक, तुल्ययोगिता, विरोधाभास, व्याजोक्ति, ब्याज-स्तुति, स्मरण, उल्लेख, उदाहरण, दृष्टान्त, लोकोक्ति आदि अलंकारों के सहज ही दर्शन हो जाते हैं। कौरवी व ब्रज लोकगीतों में अलंकार प्रयोग के कुछ अंश उदाहरणार्थ प्रस्तुत हैं–

(i) अनुप्रास

एक या अनेक व्यंजनों की दो या दो से अधिक बार क्रमवार आवृत्ति अनुप्रास कहलाती है।

एक अरज सुनियौ समधी,
बरनी एक दुख मत दीजो, रंग बरसैगौ। (छेकानुप्रास)

***

बाजी रे बाजी मेरे अंगना बधाई बाजी।

***

छः छलला छः आरसी री कोई छल्लन भरी परात।
छप-छप छपके जी आरसी, दल्लन जैसी रात।। (श्रुत्यानुप्रास)

(ii) उपमा

उपमेय-उपमा भाव से तुलना किये जाने पर उपमा अलंकार होता है।

खावण जोगी मेवा थी,
पर घिर री बीच जहर मैं। (कौरवी)

***

वेद शास्त्र ढूंढ लिए मनै ओम के जैसा नाम कोन्या।
श्रवण जैसा पुत्र नहीं कौशल्या जैसी माँ कोन्या।।
हिमालय जैसा पर्वत ना और काशी सा स्थान नहीं।
ध्रुव जैसा नहीं तपस्वी-रावण सा विद्वान नहीं।

सीता जैसी सतवन्ती–धर्म के सा ज्ञान नहीं।
मिरगू जैसा नहीं ज्योतिसी–कृष्ण सा रथवान नहीं
दुर्योधन सा जिद्‌दी ना और हरिश्चन्द्र जैसा सच कोन्या।।
(कौरवी)

***

तू हांडै पली बछेरी प सै सून्नी बिन असवार। (कौरवी)

***

मुँह बटवा सा नाक सुवा सी गोल पूतली काली,
दो नैनों की मार करे जस छुटगी रफल दुनाली।

***

बधायो मेरौ ऐसौ चमके,
जैसे दिल्ली कौ मीना बाजार। (ब्रज)

***

हाड़ा जरै जैसे लाकड़ी अर केस जरै जैसे घास,
ठाड़ी तो जरे चन्द्रावली जाके भाई ना बाप। (ब्रज)

(iii) रूपक

उपमेय पर उपमान के अभेद्य आरोप को रूपक कहते हैं।

काहे कूँ ब्याही विदेश रे सुन बाबुल मोरे।
हम तो रे बाबुल तेरे झैदे की चिड़ियाँ,
मारा डला उड़ जायें रे सुन वाबुल मोरे। काहे कूँ.....। (ब्रज)
हम तो रे बाबुल तेरे खूँटे की गैया,
हाँकों जिधर हैक जायें रे सुन बाबुल मोरे। काहे कूँ......।

***

केस जलैं जैसे जेवड़ी, आँखें अम्बवा की सी फाँक।
दाँत जलै जैसे कौड़ियाँ, जीभ कमल के सी पाँख।। (कौरवी)

(iv) वक्रोक्ति

वक्ता के अभिप्रेत आशय से भिन्न अर्थ की कल्पना की जाने पर वक्रोक्ति अलंकार होता है।

जच्चा तो मेरी भोली-भाली रे,
जच्चा तो मेरी सीधी-सीधी रे।
आये गये का लहँगा फाड़े,
सास नन्द की चुनरी जी,
जच्चा तो मेरी लड़ना ना जाने री,
जच्चा तो मेरी मिल के रहवे री। (कौरवी)

***

मैं घर नाई नन्द मेरी आय गयी।
लेके बधाई नन्द रानी आय गयी।।
मै घर होती तो कांतर मँगवाती।
बीवी के लहँगा में गोटा लगवाती।।
मैं घर होती तो बिच्छू मँगवाती।
अपनी बीबी की मैं बूटी लगवाती।।
मैं घर होती तो स्यांप मँगवाती।
बीबीजी के लहँगा में नाड़ो डलवाती।। (ब्रज)

(v) प्रतीप

प्रतीप का शाब्दिक अर्थ है–उल्टा। जहाँ उपमेय को उपमान व उपमान को उपमेय बना दिया जाता है वहाँ प्रतीप अलंकार होता है।

बन्ना तो मेरा चन्द चकोर,
चन्द देव छिप जाना। (कौरवी)

***

सिवा सती से भगवान की, इसकी शान की।
के करूँ मैं सराहना।।
इसके आगे चन्दा नै भी पड़ै मुँह दुबकाना। (कौरवी)

(vi) अतिशयोक्ति

लोक-सीमा से बढ़ा-चढ़ाकर वर्णन करने को अतिशयोक्ति अलंकार कहते हैं।

बेटी ब्याही झुण्ड में, खीस दिया मन तीस,
गुरु शिष्य सब छक रहे, बच खीस मन बीस।

***

जच्चा तो मेरी भूखी मर गयी रे।
आठ कनस्तर घी के पी गयी,
नो मन बूरा खाय गयी रे।।

(vii) श्लेष

जहाँ एक शब्द में दो से अधिक अर्थ निहित हो, वहाँ श्लेष अलंकार होता है।

पी पर तर मत बैढ़िये, लज्जा जागी खोय,
तू वर नीचे बैठ कै, निरभय पड़ कै सोय।

यहाँ 'पीपर' का अर्थ 'पीपल' व पी+पर = पर पुरुष तथा वर अर्थात बट-वृक्ष व पति है।

(viii) पुनरुक्ति

जहाँ एक शब्द की दो या अधिक बार क्रमशः आवृत्ति बलाघात के लिए की जाये, वहाँ पुनरुक्ति अलंकार होता है।

गीले-गीले जौं का पीसना री,
नीका पीसूं उड़-उड़ जाय। (कौरवी)

(ix) यमक

जहाँ एक शब्द की आवृत्ति दो या दो से अधिक बार हो और प्रत्येक बार उसका भिन्न अर्थ हो, वहाँ यमक अलंकार होता है।

हाँ पौरी पै बरसै भात,
मत बरसै इन्दर राजा।

यहाँ पहले बरसै से आशय भात में आये वस्तुओं व रुपये-पैसों की बरसात से है तथा दूसरे बरसै से आशय वास्तविक बरसात से है।

(x) दृष्टान्त

जहाँ उपमेय-वाक्य व उपमान-वाक्य के बीच निम्न-प्रतिबिम्बित भाव वर्णित हो तथा सा, सी आदि वाचक शब्द न आयें, वहाँ दृष्टान्त अलंकार होता है।

रतन कटोरी घी जले रे बीरा,
चूल्हे जलै रे कसार।
घूँघट मै गोरी जलै,
जाके याने भरतार। रे मेरी बावणी मल्होर। (कौरवी)

***

जिन पर कन्या होय, अछूतौ ना खइयौ,
जिन पर दीपक होय, अंधेरे में ना रहियौ। (ब्रज)

(xi) उदाहरण

जहाँ उपमेय वाक्य व उपमान वाक्य के बीच बिम्ब-प्रतिबिम्ब भाव वर्णित हो तथा सी, सा अथवा समान आदि वाचक शब्द प्रयुक्त हों। वहाँ उदाहरण अलंकार होता है।

जैसे भेड़िया भेड़न काटै जैसे खेती लुने किसान।
ऐसै ही सूरज मुगलन काटत घर-घर कृष्ण चन्द्र कौ ध्यान।।
(ब्रज)

(xii) तुल्ययोगिता

अनेक प्रस्तुत उपमेयों या अप्रस्तुत उपमानों के गुण अथवा क्रिया के द्वारा एक ही धर्म दिखलाया जाये, वहाँ तुल्ययोगिता अलंकार होता है। तुल्ययोगिता का अर्थ है, एक से पदार्थों का योग। इसमें पदार्थों का गुण या क्रिया-रूप से एक धर्म से योग होता है।

यह अंगिया नाय धनुष जनक कौ छूमत टूट्यौ तत्काल,
यह अंगिया काली मत जानौ, नाय नथौ पाताल। (ब्रज)

इसमें अंगिया उपमेय की अनेक उपमानों जैसे जनक का धनुष, कालिया नाग आदि से तुलना की गयी है।

(xiii) मानवीकरण

जहाँ पर प्रकृति से चेतनवत् व्यवहार किया जाये, वहाँ मानवीकरण अलंकार होता है।

माँ की गोदी तै हड्डी जब छू गयी गंगा जल के,
गंगा प्रगट हुई गले में खिलगे फूल कमल के,
गंगा बोली सुन बेट्टी फेर जनम होयेगा तेरा,
ऐसा पूत जनेगी तू जो होगा सब दुनिया का सेहरा।। (कौरवी)

....

उड़ जा रे कागा उड़ चौ न जा रे,
आज बिरन घर आयौ।
कागा विचारौ उड़न न पायौ तौ,
जू बिरन घर आइयै। (ब्रज)

(xiv) लोकोक्ति

जहाँ लोक में प्रचलित किसी उक्ति या मुहावरे का प्रयोग किया जाये, वहाँ लोकोक्ति अंलकार होता है।

मरौ लाख टका कौ जोना,
माटी के मोल मोरे राजा बिना। (ब्रज)

इसी प्रकार स्मरण, विरोधाभास, व्याज-स्तुति आदि अनेक अलंकारों के उदाहरणों से कौरवी व ब्रज के लोकगीत भरे पड़े हैं।

(4) शब्द-शक्ति

शब्द की शक्ति भाषा का गौरव है। लोकगीतों में शब्दों का प्रयोग भाषायी चमत्कार पैदा करने के उद्देश्य से नहीं अपितु भाषा को भावगम्य बनाने के लिए होता है। कौरवी व ब्रज लोकगीतों में शब्द अपना विशिष्ट अर्थ तो रखते ही हैं, साथ-ही-साथ वे व्यंजना से रस परिपाक कर, लोकगीत को सामान्य जन के लिए सरस व बोधगम्य बना देते हैं। कौरवी व ब्रज लोकगीतों में अभिधा, करुणा व व्यंजना तीनों प्रकार की शब्द-शक्ति दृष्टिगोचर होती है। कुछ लोकगीतांश उदाहरणार्थ प्रस्तुत हैं–

(1) अभिधा :

माता पिता मेरे चूक गये,
आँख मीच के साद्‌दी की।
चूर-चूर कर दिया नूर मेरा,
बुड्‌डे के संग ब्यादी।।

(2) लक्षणा :

महल जले, माढ़ी जलै बीरा,
बिच-बिच जलै दलान।
घूँघट में गोरी जलै,
जिसके कंत नादान।। रे मेरी बावली मल्होर।

(3) व्यंजना :

जच्चा तो मेरी भोली-भाली रे,
जच्चा तो मेरी सीधी-साधी रे।

साँप मार सिरहाने रखा,
बिच्छू मार बगल में जी।
जच्चा तो मेरी छिपकी से डर गयी रे।।

इस प्रकार कौरवी व ब्रज लोकगीतों में तीनों शब्द-शक्तियों का अनायास किन्तु सुन्दर व प्रभावोत्पादक वर्णन हुआ है।

(5) बिम्ब-विधान

बिम्ब शब्द अंग्रेजी के इमेज शब्द का पर्याय है व हिन्दी के लिए नया है। बिम्ब का आधार इन्द्रियाँ हैं। दृश्यात्मकता बिम्ब का प्रमुख व महत्त्वपूर्ण उपादान है। कौरवी व ब्रज लोकगीतों में अनेक सफल बिम्ब-विधान प्रकट हुए हैं।

(अ) दृश्य-बिम्ब :

भातियो की मूँछ जैसे कुत्ते की पूँछ,
मत पाड़ियो रे लाल, वो तो बिचारा गरीबड़ा।
भातियो के कान जैसे फूट्टी दुकान,
गधे मत बाढ़ियो रे लाल, वो तो बिचारा गरीबड़ा।। (कौरवी)

(ब) ध्वनि-बिम्ब :

(1) *साइकिल पै रसिया चढ़ बैठ्यौ,*
धन रही है रुदन मचाय।
धन थरर-थरर थर्राय,
ओ थर्राय। धन रही है रुदन मचाय।। (ब्रज)

(2) *जुआनी सर्र-सर्र सर्राय-सर्राय।*
जैसे अंगरेजन कौ राज।
अंगरेजन कौ राज,
जैसे उड़ै हवाई जहाज।।

इस प्रकार रसात्मक, नादात्मक व गन्ध पर आधारित अनेक बिम्ब-विधान कौरवी व ब्रज के लोकगीतों में उपलब्ध होते हैं।

(6) प्रतीक-विधान

कौरवी व ब्रज के लोकगीतों में विभिन्न प्रतीकों का सफल प्रयोग उपलब्ध होता है। इन प्रतीकों द्वारा भावानुकूल वातावरण का संयोजन हो पाता है,

भावनाओं के आवेग को तीव्रता मिल पाती है और अनुभूतियों की गहराई के साथ-साथ कम में अधिक कह देने की प्रौढ़ शैली को प्रकर्ष मिल पाता है। कौरवी व ब्रज के लोकगीत लोकजीवन से लिए गये ऐसे असंख्य प्रतीकों से भरे पड़े हैं। कौरवी व ब्रज लोकगीत में तालाब समृद्धि का, चन्दन कीर्ति का, बाँस वंश-वृद्धि का, स्वप्न में हरा खेत पुत्र का प्रतीक है। कुछ प्रतीक उल्लेखनीय हैं–

(1) *झाँझण कड़ी नेबरी पाती बाजे छेल बड़ै रमझोल,*
जरीदार सैंडल पायाँ में चमकै पींड़ी गोलमगोल,
भरा-भराया त्यार धरा था बारह गोली का पिस्तोल,
पतली कमर उभरमाँ छाती फूल-चमेली आला तेल,
लम्बे केश सरकते दीखैं जणो लटक री अम्बर बेल।

(2) *सपने में जौ का खेत, हरी-हरी दूब लहरे लेय रे।*
सासू सपने का अरथ बताओं?
सपने में जौ का खेत, हरी-हरी दूब लहरें लेय रे।
बहु होंगे तुम्हारे नन्दलाल, जौ का हरा-हरा खेत जो देखियो।।

(3) *सब बीजों में तेजी आग्गी बेसरमी मंदी होग्गी,*
चोर-जार-ठग बदमाशों की यारो नौचन्दी होग्गी।

यहाँ नौचन्दी पश्चिमी उत्तर प्रदेश व कुरु जनपद के मुख्य केन्द्र मेरठ शहर में लगने वाला प्रसिद्ध मेला है, जो अपनी जगमगाहट के लिए विख्यात है। यद्यपि यह आंचलिक प्रतीक है, किन्तु इसकी सम्प्रेषणीयता अद्‌भुत है। इसी प्रकार कौरवी व ब्रज लोकगीतों में अन्य अनेक प्रतीक उपलब्ध होते हैं।

सन्दर्भ

1. श्री लक्ष्मीकान्त शर्मा : सम्मेलन पत्रिका (लोक संस्कृति विशेषांक) लेख-लोकगीतों में काव्यगत सौन्दर्य, पृ. 264
2. श्री अरविन्द कुमार : समान्तर कोश (सन्दर्भ-खण्ड), पृ. 456
3. श्री गणेशदत्त सारस्वत : हिन्दी लोक साहित्य (प्रथम खण्ड), पृ. 325
4. डॉ. सत्येन्द्र : ब्रज लोक साहित्य का अध्ययन, पृ. 527
5. श्री राजेन्द्र रंजन चतुर्वेदी : ब्रज लोकगीत, पृ. 7
6. श्री लक्ष्मीकान्त वर्मा : सम्मेलन पत्रिका (लोक संस्कृति विशेषांक) लेख-लोकगीतों में काव्यगत सौन्दर्य, पृ. 263
7. श्री गणेशदत्त सारस्वत : हिन्दी लोक साहित्य (प्रथम खण्ड), पृ. 350

उपसंहार

प्रस्तुत ग्रन्थ 'कौरवी और ब्रज के लोकगीतों में अभिव्यक्त लोकचेतना का तुलनात्मक अध्ययन' पर आधारित है। कौरवी एवं ब्रज लोकगीतों में अभिव्यक्त लोकचेतना पर इससे पूर्व शोध नहीं हुआ था। यद्यपि ब्रज लोक-साहित्य में डॉ. सत्येन्द्र व कौरवी लोक-साहित्य के क्षेत्र में डॉ. सत्या गुप्ता व डॉ. कृष्णचन्द्र शर्मा का शोध-कार्य प्रामाणिक था तथापि कालान्तर में इन दोनों बोलियों पर समकालीन सन्दर्भों व परिवर्तनों से अन्तःसम्बन्धित पर्याप्त शोध नहीं हो सका था। विशेष रूप से कौरवी लोकगीतों पर तो शोध का सर्वथा अभाव था। कौरवी व ब्रज लोक के मानस में रागत्व का गेय प्रतिबिम्ब उनके लोकगीत है। इन लोकगीतों में लोक-मानस की चेतना का सहज व अकृत्रिम प्रकटीकरण मिलता है। इसी लोकचेतना के तुलनात्मक परीक्षण का कार्य प्रस्तुत ग्रन्थ का विवेच्य विषय है।

लोकगीत समाज की भावनाओं का गेय विरेचित सार है। लोकगीत समाज की वह कल्याणी वाणी है, जिसमें उसका परम निर्बन्ध बहता है। लोकगीत समाज की सहस्त्र-मुखी गंगोत्री से निःसृत सुरसरिता का वह कल-कल प्रवाह है, जो स्वरों-व्यंजनों के सेतुओं के पार आत्मा के महासागर का समवेत बढ़ जाने की क्षमता रखता है। ये लोकगीत कभी तो मुस्कानों को मधुर आधार देते हैं, तो ये ही कभी एकान्त में ढुलकाए गये अल्हड़ आँसू को भाषा देते हैं। मौखिक-परम्परा से आये इन सहज व स्वाभाविक लोकगीतों में किसी भी शिष्ट साहित्य की अपेक्षा अधिक सम्प्रेषणीयता होती है। ये लोकगीत किसी भी अंचल विशेष की सामाजिक, सांस्कृतिक, ऐतिहासिक व राजनीतिक पृष्ठभूमि के परिचायक होते हैं।

लोकगीतों का किसी भी साहित्य में विशिष्ट स्थान है। संस्कृति का प्रवाह अमर है। यह प्रवाह अपने किनारों पर अनुपयोगी और काल के अनुरूप न होने वाली प्रत्येक हलचल को फेंक देता है। किन्तु संस्कृति के इस महाप्रवाह में शाश्वत तत्त्व उसी प्रकार सुरक्षित रहते हैं। जैसे गंगा के जल में उसकी पवित्रता। आज लोकगीत अपने अस्तित्व के संकट से जूझ रहे हैं। किन्तु उनकी उत्तरजीविता में उनके अन्दर निहित उनके शाश्वत तत्त्वों की संजीवनी है। लोकगीतों में मनुष्य की आदिमानव से लेकर सृष्टि-संहारक व नक्षत्र खोज लेने वाले परम सभ्य व उन्नत मनुष्य तक की यात्रा के प्रत्येक पड़ाव की अनुगूँज है। हमारी सांस्कृतिक करवटों को लोकगीतों ने अपनी आत्मा में समेटा हुआ है। मनुष्य जाति के लिए जितना स्वयं के इतिहास का महत्त्व है, उतना ही अपनी इस लोकवाणी में गुंजरित इन लोकगीतों का भी है।

मनुष्य एक सामाजिक प्राणी है। समाज के बिना उसका अस्तित्व सम्भव नहीं है। उसके सामाजिक अस्तित्व की अभिव्यक्ति ही साहित्य कहलाती है। समाज में रहते हुए जब मनुष्य की सामूहिक भावनाएँ आन्दोलित होती हैं, तब उसकी सहज व अकृत्रिम लयबद्ध, रागात्मक अभिव्यक्ति ही लोकगीत कहलाती है। लोकगीत मनुष्य की व्यक्ति से समष्टि तक की विराट यात्रा का वह गेय पाथेय है, जिसके सहारे मनुष्य जीवन पथ पर करणीय सहज और सरस होकर करता है। लोकगीत समाज की कल्याणी वाणी है और मनुष्य की अन्तश्चेतना का संगुम्फित महानाद है। लोकगीतों का किसी भी समाज में अत्यधिक महत्त्व है। ये लोकगीत उस समाज के निष्कलुष दर्पण हैं। हमारी सांस्कृतिक आहटों को भी लोकगीतों ने अपने गेय कलेवर में समेट रखा है। लोकगीत लोकजीवन का वह महत्त्वपूर्ण अंग है जो भविष्य में उस समाज की व्याख्या के लिए आवश्यक है। आज जब कि समस्त लोककलाएँ अस्तित्व के संकट से जूझ रही हैं, तब लोकगीतों का महत्त्व और अधिक बढ़ जाता है। यद्यपि संस्कृति की अमर प्रवाहमयी धारा अपने आवेग में अनुपयोगी व व्यर्थ को किनारे पर फेंक देती है, तथापि लोकगीतों में संस्कृति के नवीन तटों पर लोकगीतों का प्राचीन सन्दर्भों में विश्लेषण आवश्यक है।

खड़ी बोली के आदिम क्षेत्र कौरवी एवं हिन्दी साहित्य में अपना विशिष्ट भाषिक महत्त्व रखने वाली ब्रज में गुंजरित लोकगीतों पर अधिक शोध नहीं हो सका है। कौरवी से आशय उस प्रदेश से है, जो अपने हृदय-स्थल मेरठ जनपद के आस-पास मुखरित होती है। यह खड़ी बोली हिन्दी की मातृ-बोली है। कौरवी मूल रूप से आधुनिक हिन्दी की विराट यात्रा का प्रस्थान बिन्दु है।

इसी बोली के माध्यम से आधुनिक हिन्दी ने न केवल अपनी यात्रा का प्रारम्भ किया है, अपितु अपनी साहित्यिक अस्मिता के बीज-तत्त्व को भी इसी बोली से ग्रहण किया है। इसी प्रकार ब्रज बोली भी हिन्दी साहित्य के लिए अत्यधिक विशिष्ट लोक भाषा है। ब्रज ने आधुनिक हिन्दी को विश्व साहित्य में महत्त्वपूर्ण बनाने का अभूतपूर्व योगदान दिया है। अनायास व सायास ब्रज बोली के भी मूल तत्त्व हिन्दी को प्राप्त हुए हैं। इस कारण से ब्रज व कौरवी दोनों ही लोकभाषाओं का महत्त्व निर्विवाद है।

इन दोनों बोलियों का लोक-साहित्य अत्यधिक समृद्ध है। लोकगीत, लोकनृत्य, लोकगाथा, लोकनाट्य आदि अनेक विधाओं के माध्यम से इन दोनों क्षेत्रों में लोक-साहित्य न केवल जनमानस का मनोरंजन करता है, अपितु इन क्षेत्रों की सामाजिक चेतना, सांस्कृतिक चेतना, राजनीतिक चेतना व साहित्यिक चेतना जैसे-लोकचेतना के अनेक आयामों को भली प्रकार उद्‌घाटित भी करता है। प्रस्तुत ग्रन्थ कौरवी एवं ब्रज में अभिव्यक्त लोकचेतना के इसी प्रकार के विभिन्न स्तरों को विवेचित करता है। प्रस्तुत ग्रन्थ कौरवी और ब्रज के लोकगीतों में अभिव्यक्त लोकचेतना का तुलनात्मक अध्ययन प्रस्तुत करता है।

प्रथम अध्याय में लोकगीतों का स्वरूप विश्लेषण प्रस्तुत किया गया है। जिसमें लोक से आशय स्पष्ट करते हुए विभिन्न विद्वानों की परिभाषाओं एवं व्याख्याओं के माध्यम से लोकगीत की एक सर्वसम्मत एवं मानक परिभाषा प्राप्त करने का प्रयास किया गया है। लोकगीतों की विशेषताओं के साथ-साथ विभिन्न आधारों पर उनका वर्गीकरण भी प्रस्तुत अध्याय का विवेच्य विषय है। प्रस्तुत अध्याय में लोकगीतों के सामाजिक, सांस्कृतिक, ऐतिहासिक, राजनीतिक, भौगोलिक व धार्मिक महत्त्व की भी चर्चा की गयी है। विभिन्न भारतीय व पाश्चात्य विद्वानों के मतों का अनुशीलन करने के पश्चात् लोक के विषय में निष्कर्ष रूप में जो एक सार्थक परिभाषा प्राप्त की गयी है उसके अनुसार लोक वह सम्पूर्ण मानव जाति है, जो सहस्रदर्शी है, जो तथाकथित शिक्षा से सर्वथा मुक्त है, जो सभ्यता के नाम पर ओढ़े जाने वाले छद्म के चंगुल से बाहर है तथा जो अपनी अस्मिता, पुरातन आदर्शों तथा सत्यम् शिवम् एवं सुन्दरम् के मूल्यों वाली परम्परा के साथ सहज व अनवरत रूप से विद्यमान है। प्रस्तुत अध्याय में निष्कर्ष रूप में लोकगीत के विषय में विभिन्न विद्वानों के मत उद्धृत करने के पश्चात्, जो एक मानक परिभाषा प्राप्त की गयी है, उसके अनुसार लोकगीत-लोक-मानस व लोक

हृदय से निःसृत सहज, गेय व भावप्रधान गीतात्मक अभिव्यक्ति है। लोकगीतों में मनुष्य जीवन की ही भाँति अनेक विशेषताएँ हैं। कभी वे मुस्कानों को आधार देते हैं, तो कभी एकान्त में ढुलकाए गये अल्हड़ आँसू को भाषा देते हैं। लोकगीतों की ऐसी ही अनेक विशेषताओं का भी इस अध्याय में विवेचन किया गया है। जिसमें वैयक्तिकता का अभाव, मौखिक परम्परा, पुनरावृत्तियाँ, भावों की लयात्मक प्रस्तुति, निरर्थक शब्दों का प्रयोग, प्रश्नोत्तर प्रणाली, सहजता व स्वाभाविकता आदि प्रमुख हैं। लोकगीतों के विशाल व बहुआयामी क्षेत्र का यद्यपि वर्गीकरण सम्भव नहीं है तथापि लोकगीतों में कार्यरत अनेक अनुसंधानकर्ताओं ने लोकगीतों के विभिन्न आधारों पर वर्गीकरण किये हैं। प्रथम अध्याय में शोधार्थी ने लोकगीतों का एक ऐसा वर्गीकरण प्रस्तुत करने का प्रयास किया है, जिससे प्रत्येक लोकगीत को कोई-न-कोई कोटि अवश्य प्राप्त हो सके। इसलिए इस अध्याय में लोकगीतों का विषय जाति, लिंग, प्रसंग व काव्य-शैली के आधार पर वर्गीकरण प्रस्तुत किया गया है। अध्याय के अन्त में लोकगीतों के महत्त्व पर चर्चा की गयी है। लोक-साहित्य के विभिन्न रूपों में लोकगीत का अपना अलग स्थान है। श्रुति परम्परा से मिले इन लोकगीतों से सामाजिक, सांस्कृतिक, ऐतिहासिक, राजनीतिक व साहित्यिक परम्परा का ज्ञान होता है। इसी कारण इनका इन सब फलकों पर महत्त्व है। लोकगीतों के भौगोलिक, धार्मिक, साहित्यिक, राजनीतिक, राष्ट्रीय, सांस्कृतिक व सामाजिक महत्त्व को विशेष रूप से रेखांकित किया गया है।

द्वितीय अध्याय कौरवी और ब्रज लोकगीतों पर आधारित है। इस अध्याय में कौरवी व ब्रज से आशय स्पष्ट किया गया है। इन दोनों बोलियों के क्षेत्र का भौगोलिक व भाषायी निर्धारण भी इस अध्याय में किया गया है। प्रस्तुत अध्याय में कौरवी और ब्रज लोकगीतों का सामान्य परिचय प्रदान करने के पश्चात् वर्गीकरण किया है। कौरवी और ब्रज लोकगीतों का यह वर्गीकरण विषय जाति, लिंग, प्रसंग व काव्य-शैली के आधार पर किया गया है। प्रस्तुत अध्याय में कौरवी व ब्रज लोकगीतों की समान भाव-धारा को अनेक प्रमाण प्राप्त करके स्पष्ट किया गया है। कौरवी व ब्रज लोकगीतों की एकरूपता के अनेक भौगोलिक व सामाजिक कारण हैं। मनुष्य के मूलभावों की एकरूपता के कारण, संवेदनाओं की सम-धारा में कौरवी व ब्रज लोक का कथ्य भी आबद्ध है। यूँ कौरवी व ब्रज के लोकगीतों में भाषाई वैशिष्ट्य व अपने-अपने आँचलिक लोक-विश्वासों की प्रखर विभाजन रेखा है। तब भी दोनों के बीच एक समान भाव-धारा का प्रवाह भी स्पष्ट है।

तृतीय अध्याय में कौरवी और ब्रज लोकगीतों में अभिव्यक्त लोकचेतना पर प्रकाश डाला गया है। लोकचेतना लोक मन में निरन्तर विकसित होने वाली अबाधित प्रक्रिया है। लोकचेतना से आशय लोक की उस समझ से है, जो उसे सामाजिक स्तर पर अधिक उत्तरदायी, श्रेष्ठ, सहज, सुन्दर, सत्य व शिवत्त्वमय बनाने की दिशा में सतत प्रयत्नशील है। यही कारण है लोकचेतना की अभिव्यक्ति के अनेक आयाम हैं। ये आयाम लोकगीतों को न केवल सम्प्रेषणीय बनाते हैं, अपितु लोकगीतों के अन्तर्निहित शाश्वत तत्त्व के भी नियामक हैं। प्रस्तुत अध्याय में लोकगीतों में अभिव्यक्त लोकचेतना के ऐसे ही विविध आयामों पर चर्चा की गयी है। कौरवी और ब्रज लोक अत्यधिक चेतन लोक हैं। इन दोनों क्षेत्रों के लोकगीतों में लोकचेतना की अभिव्यक्ति के सामाजिक, सांस्कृतिक, राजनीतिक, कलात्मक व अनेक प्रकार के स्तर हैं। प्रस्तुत अध्याय में कौरवी और ब्रज लोकगीतों में लोकचेतना की अभिव्यक्ति के ऐसे ही विभिन्न आयामों पर प्रकाश डाला गया है।

चतुर्थ अध्याय का विषय कौरवी और ब्रज लोकगीतों में अभिव्यक्त सामाजिक चेतना है। कौरवी और ब्रज लोकगीतों में अभिव्यक्त सामाजिक चेतना, जो समाज की बाह्य व आन्तरिक बनावट को स्पष्ट करती है, प्रस्तुत अध्याय में विवेचित की गयी है। समाज की अर्थव्यवस्था के प्रमुख अंग यथा कृषि, खेत–खलिहान आदि भी लोकगीतों का प्रमुख विषय रहे हैं। कौरवी एवं ब्रज लोकगीतों में अभिव्यक्त खेत–खलिहान, कृषि एवं खेल–कूद को प्रस्तुत अध्याय में सम्मिलित किया गया है। प्रकृति की अदृश्य कूँची से बने ऋतुओं व मासों के क्रम मनुष्य को प्रारम्भ से ही चमत्कृत एवं अभिभूत करते रहे हैं। यही कारण है कि कौरवी एवं ब्रज लोकगीतों में ऋतुओं से, मासों से सम्बन्धित अनेक लोकगीत पाये जाते हैं। प्रस्तुत अध्याय में ऐसे लोकगीतों का अध्ययन भी किया गया है। स्त्री–पुरुष का आकर्षण प्रकृति के मूल राग–तत्त्व का प्रदर्शक है। प्रस्तुत अध्यााय में कौरवी और ब्रज लोकगीतों में अभिव्यक्त स्त्री–पुरुष प्रेम के ऐसे ही विभिन्न स्तरों की समीक्षा की गयी है। प्रस्तुत अध्याय के अन्तर्गत समाज की नींव अर्थव्यवस्था में उद्भूत समस्याओं पर आधारित कौरवी और ब्रज लोकगीतों का विवेचन भी किया गया है। सूखा, अकाल, महँगाई व अन्य आर्थिक समस्याओं ने कौरवी व ब्रज के लोकगीतों को किस प्रकार प्रभावित किया है, यह इस अध्याय में उल्लेखित किया गया है।

पाँचवाँ अध्याय कौरवी एवं ब्रज लोकगीतों में अभिव्यक्त सांस्कृतिक चेतना पर केन्द्रित है। लोक-संस्कृति के प्रति लोक-मानस में जो चेतन तत्त्व सतत जाग्रत एवं प्रकाशवान है, वही उसकी सांस्कृतिक चेतना है। लोक-संस्कृति की इसी परम्परागत सांस्कृतिक चेतना पर प्रस्तुत अध्याय में प्रकाश डाला गया है। इस अध्याय में कौरवी व ब्रज लोकगीतों में प्रतिबिम्बित सांस्कृतिक चेतना के विभिन्न फलकों पर चर्चा की गयी है। इनमें त्योहारों, संस्कारों, उत्सवों व रेहलों पर गाये जाने वाले लोकगीतों के अतिरिक्त कौरवी व ब्रज में धर्म, मान्यता, विश्वास, नीति व दर्शन से सम्बन्धित लोकगीतों पर भी प्रकाश डाला गया है। कौरवी व ब्रज में लोकगीतों में विभिन्न त्योहार अपनी सम्पूर्ण उत्सवधर्मिता के साथ प्रकट हुए हैं। इन त्योहारों पर गाये जाने वाले लोकगीतों में सांस्कृतिक चेतना के नवीन चित्र देखने को मिलते हैं। हरियाली तीज, रक्षा-बन्धन, जन्माष्टमी, गणेश चतुर्थी, नौदुर्गे या नवरात्र आरता, झाँझी, टेसू, करवा चौथ, अहोई आठैं, गोधन या अन्नकूट, भैयादूज, देवउठनी, एकादशी, होली आदि अनेक त्योहारों पर कौरवी व ब्रज में उपलब्ध लोकगीतों का प्रस्तुत अध्याय में विशद् विवेचन किया गया है। प्रस्तुत अध्याय में विभिन्न संस्कारों, उत्सवों व टेहलों आदि लोक-उत्सवों पर गाये जाने वाले कौरवी व ब्रज लोकगीतों पर भी चर्चा की गयी है। भारतीय जनमानस में प्रचलित अध्याय में उद्‌भूत किया गया है। साध, दोहद, जच्चा, बधाया, झूलना, झुनझुना, पालना, टोना, वेदारम्भ, वर्षगाँठ, मुंडन, अन्नप्राशन, नामकरण, यज्ञोपवीत, कठला, काजल, लोरी आदि अनेक जन्म से जुड़े संस्कार तथा लग्न सगाई, उबटन, हल्दी, मेंहदी, चाक, सिरगूँदी, घुड़चढ़ी, गौरापूजन, लाड़ो, बन्ना, सीठना, भात, बरौठी, ज्यौनार, खोड़िया, भाँवरें, गारी, कन्यादान, विदा, गृहप्रवेश, कंगनडोर, सुहागरात आदि विभिन्न लोकगीतों के कौरवी व ब्रज प्रकारों को प्रस्तुत अध्याय में विवेचित किया गया है। मृत्यु पर गाये जाने वाले विलाप, उलाहणी व अस्थि-विसर्जन आदि पर गाये जाने वाले कौरवी व ब्रज लोकगीत भी इसी अध्याय में सम्मिलित हैं। धर्म विभिन्न लोकदेव यथा खोरी, सैयद, पाँच पीर, जहार मियाँ, रेतीवाले मियाँ, कैला देई, गिर्राज जी, जखैया, चामड़-भौमिया आदि पर आधारित कौरवी व ब्रज लोकगीत भी प्रस्तुत अध्याय में सम्मिलित हैं। दर्शनपरक कौरवी व ब्रज लोकगीतों पर भी प्रस्तुत अध्याय में विचार किया गया है।

षष्ठ अध्याय में कौरवी और ब्रज लोकगीतों में अभिव्यक्त राजनीतिक चेतना का अनुशीलन किया गया है। इस अध्याय में राष्ट्रीय आन्दोलन से

सम्बन्धित अनेक घटनाओं व प्रसंगों पर आधारित कौरवी व ब्रज लोकगीतों का उल्लेख किया गया है। जलियाँवाला बाग, महात्मा गाँधी की गिरफ्तारी, नमक सत्याग्रह, सविनय-अवज्ञा आदि अनेक घटनाओं को कौरवी व ब्रज लोकगीतों में जिस प्रकार स्थान मिला है, उसका विशद् विवेचन प्रस्तुत अध्याय में किया गया है। राष्ट्र की राजनीति पर अपना महत्त्वपूर्ण प्रभाव डालने वाले विभिन्न राजनेताओं के कृतित्व व व्यक्तित्व पर आधारित विभिन्न लोकगीत प्रस्तुत अध्याय का मुख्य विषय हैं। महात्मा गाँधी, नेताजी सुभाष चन्द्र बोस, पण्डित जवाहरलाल नेहरू, अमर शहीद श्रद्धानन्द जी, रानी लक्ष्मीबाई, श्रीमती इन्दिरा गाँधी, डॉ. भीमराव अम्बेडकर व चौधरी महेन्द्र सिंह टिकैत आदि अनेक युगबोधी राजनेताओं के जीवन से सम्बन्धित लोकगीत भी प्रस्तुत अध्याय में मुख्य रूप से उल्लेखित किये गये हैं। देश-प्रेम व राष्ट्रीयता की भावना से ओत-प्रोत कौरवी व ब्रज के अनेक लोकगीतों का भी प्रस्तुत अध्याय में आलोचन किया गया है। देश-धर्म की बलिवेदी पर अपने प्राण न्यौछावर करने वाले महान क्रान्तिकारियों के बलिदान के विभिन्न कौरवी व ब्रज लोकगीत भी इसी अध्याय में सम्मिलित किये गये हैं।

सातवाँ व अन्तिम अध्याय कौरवी व ब्रज लोकगीतों में अभिव्यक्त साहित्यिक चेतना पर केन्द्रित है। इस अध्याय में कौरवी व ब्रज लोकगीतों के भाव व कला दोनों पक्षों पर विचार किया गया है। कौरवी एवं ब्रज लोकगीतों में अभिव्यक्त साहित्यिक चेतना के भावपक्ष के अन्तर्गत रस की उपलब्धता पर प्रस्तुत अध्याय में विचार किया गया है। शृंगार, हास्य, करुण, वीर, वात्सल्य, वीभत्स आदि विभिन्न रसों के विवेचन के साथ-साथ उदाहरणार्थ लोकगीतांश देकर, कौरवी व ब्रज लोकगीतों में उपलब्ध रसों को पुष्ट करने का प्रयास किया गया है। प्रस्तुत अध्याय में कौरवी व ब्रज लोकगीतों के कलापक्ष पर भी विचार किया गया है। कलापक्ष के अन्तर्गत आने वाली भाषा, छन्द, अलंकार, शब्द-शक्ति, बिम्ब-विधान व प्रतीक-शास्त्र आदि पर विशद् विचार-विमर्श, प्रस्तुत अध्याय में किया गया है। कौरवी व ब्रज लोकगीतों में प्रचलित विभिन्न छन्दों का अनुशीलन भी प्रस्तुत अध्याय में किया गया है। कौरवी व ब्रज लोकगीतों में प्रयुक्त अनुप्रास, उपमा, रूपक, उत्प्रेक्षा, वक्रोक्ति, प्रतीप, अतिशयोक्ति, श्लेष, मानवीकरण, पुनरुक्ति-प्रकाश, यमक, तुल्ययोगिता, विरोधाभास, व्याजोक्ति, स्मरण, उदाहरण, दृष्टान्त व लोकोक्ति आदि अनेक अलंकारों का उदाहरण सहित विवेचन प्रस्तुत अध्याय में किया गया है। कौरवी व ब्रज लोकगीतों में व्यक्त अभिधा, लक्षणा व व्यंजना शब्द-शक्तियों की भी

प्रस्तुत अध्याय में विवेचना की गयी है। कौरवी व ब्रज लोकगीतों में अपनी मौलिक अभिव्यंजनाओं के चलते उद्भूत हुए ध्वनि व दृश्य बिम्ब आदि अनेक बिम्ब-विधानों पर तथा नवीन लोक-प्रतीकों पर आधारित प्रतीक-विधान पर भी प्रस्तुत अध्याय में चर्चा की गयी है।

निष्कर्ष स्वरूप प्रत्येक अध्याय से जो सार हमें प्राप्त हो सका, उसके अनुसार लोक वह सम्पूर्ण मानव जाति है जो सहस्त्रदर्शी है, जो तथाकथित शिक्षा से सर्वथा मुक्त है, जो सभ्यता के नाम पर पढ़ाये जाने वाले छद्म के चंगुल से बाहर है तथा जो अपनी अस्मिता, पुरातन आदर्शों तथा सत्यम् शिवम् एवं सुन्दरम् के मूल्यों वाली परम्परा के साथ सहज व अनवरत रूप से विद्यमान है। इसी प्रकार निष्कर्ष के अनुसार लोकगीत लोक-मानस व लोक-हृदय से निःसृत सहज, गेय व भावप्रधान गीतात्मक अभिव्यक्ति है। लोकगीतों की अनेक विशेषताएँ निष्कर्ष रूप में प्राप्त की गयी हैं। जिसमें वैयक्तिकता का अभाव, मौखिक परम्परा, पुनरावृत्तियाँ, भावों की लयात्मक प्रस्तुति, निरर्थक शब्दों का प्रयोग, प्रश्नोत्तर प्रणाली, सहजता व स्वाभाविकता आदि प्रमुख हैं। लोकगीतों के अनेक आधारों पर वर्गीकरणों के उल्लेख के पश्चात लोकगीतों का विषय जाति, लिंग, प्रसंग व काव्य-शैली के आधार पर वर्गीकरण प्रस्तुत किया गया है। निष्कर्ष स्वरूप लोकगीतों के सामाजिक, सांस्कृतिक, ऐतिहासिक, राजनीतिक व साहित्यिक तथा भौगोलिक, धार्मिक, राष्ट्रीय महत्त्व को विशेष रूप से रेखांकित किया गया है। विभिन्न सर्वेक्षणों के निष्कर्ष के अनुसार कौरवी का क्षेत्र अत्यन्त विस्तृत है। यह मेरठ मण्डल के अपने केन्द्र से संवाहित होकर दूर तक गयी है। भाषाई दृष्टि से यह ब्रज, गढ़वाली, कुमाउँनी, पंजाबी, हरियाणवी आदि बोलियों से घिरी है और हरिद्वार, बिजनौर, रामपुर, बुलन्दशहर, अम्बाला आदि सीमान्त स्थानों तक मुखरित है। इसी प्रकार यह निष्कर्ष प्राप्त होता है कि ब्रज-बोली का भी समतल क्षेत्रों की अन्य बोलियों की भाँति कोई निश्चित राजनीतिक मानचित्र बना पाना सम्भव नहीं है। मथुरा जनपद के केन्द्र को प्रामाणिक मान कर आगरा, भरतपुर, धौलपुर व अलीगढ़ को मुख्य क्षेत्र माना जा सकता है तथा अन्य उल्लेखित क्षेत्र सीमान्त ब्रज-बोली के क्षेत्र माने जा सकते हैं। प्रस्तुत ग्रन्थ हेतु अभीष्ट क्षेत्र यही मुख्य क्षेत्र है। कौरवी व ब्रज के लोकगीतों के विवेचन के पश्चात निष्कर्ष स्वरूप यह ज्ञात होता है कि ऋतु गीतों में, श्रम-गीतों में व अन्य प्रकार के लोकगीतों में भावनात्मक एकरूपता दृष्टिगोचर होती है। उसके अनेक भौगोलिक व सामाजिक कारण हैं। इस समान भाव-धारा का

एक कारण यह भी है कि मनुष्य के मूल भाव तो एक समान ही हैं। संवेदनाओं के इसी समतल से कौरवी व ब्रज लोक का कथ्य भी जुड़ा हुआ है। यही कारण है कि कौरवी व ब्रज में एक समान भाव-धारा कार्य कर रही है। यद्यपि दोनों क्षेत्रों के लोकगीतों में भाषा का क्षेत्रीय वैशिष्ट्य व अपने आंचलिक लोक विश्वासों की प्रखर विभाजन रेखा है, तथापि दोनों के मध्य एक समान भाव-धारा का प्रवाह भी स्पष्ट ही है। कौरवी व ब्रज लोकगीतों में अभिव्यक्त लोकचेतना की पड़ताल से यह निष्कर्ष प्राप्त होता है कि लोकचेतना से आशय लोकचेतना अथवा लोक के मन या मस्तिष्क में निरन्तर, अबाधित होने वाली विकासशील प्रवृत्ति से है। सचेत साहित्य, मूल्य व संस्कारों के स्तर पर प्रतिरोध, परिमार्जन, प्रतिपादन व उत्प्रेरण करके लोक की इसी चेतना को प्रबुद्ध बनाता है। अतः लोकचेतना, लोक की वह समझ है, जो उसे समष्टि के स्तर पर अधिक उत्तरदायी श्रेष्ठ, सहज, सुन्दर, सत्य व शिवत्वमय बनाने की दिशा में सतत प्रयत्नशील है। कौरवी व ब्रज लोकगीतों में लोकचेतना के विभिन्न आयामों की अभिव्यक्ति हुई है। ये आयाम सामाजिक, सांस्कृतिक, राजनीतिक, साहित्यिक एवं कलात्मक हैं। इन आयामों के गहन अध्ययन के पश्चात कौरवी व ब्रज लोकगीतों में व्याप्त एकरूपता का ही निष्कर्ष प्राप्त होता है।

इस प्रकार कौरवी व ब्रज लोकगीतों में सामाजिक, सांस्कृतिक, राजनीतिक व साहित्यिक फलकों पर इन लोकगीतों के विविध रूपों का भी विवेचन प्रस्तुत ग्रन्थ में हुआ है। हिन्दी के मूल रूप कौरवी व ब्रज के लोकगीतों में अभिव्यक्त लोकचेतना के विविध आयामों को प्रस्तुत ग्रन्थ में परीक्षण की कसौटी पर कसा गया है। इस कार्य से लोक-साहित्य के और विशेषतः कौरवी व ब्रज लोकगीतों के क्षेत्र में शोध के लिए नवीन फलक उद्घाटित हो सकेगा, ऐसी मुझ अकिंचित को आशा है।

सन्दर्भ ग्रन्थ-सूची

1. हिन्दी ग्रन्थ

1. वामन शिवराम आप्टे : संस्कृत हिन्दी कोश छात्र संस्करण, नाग प्रकाशन : दिल्ली, वर्ष 1992
2. डॉ. हरद्वारी लाल शर्मा : लोकवार्ता विज्ञान (खण्ड-एक), उत्तर प्रदेश हिन्दी संस्थान, लखनऊ, वर्ष 1990
3. डॉ. धीरेन्द्र वर्मा : हिन्दीसाहित्य कोश (भाग एक), ज्ञान मण्डल लिमिटेड, बनारस संस्करण, संवत् 2015
4. डॉ. चन्द्रपाल शर्मा : मूल अंकों में ध्वनित सांस्कृतिक चिन्तन, अनंग प्रकाशन, दिल्ली, वर्ष 2000
5. डॉ. साधु राम शारदा (सं.) : हरियाणा के लोकगीत, प्रकाशक : भाषा विभाग हरियाणा, चण्डीगढ़, वर्ष 1970
6. डॉ. कृष्णदेव उपाध्याय : लोक संस्कृति की रूपरेखा, प्रकाशक : लोक भारती प्रकाशन, इलाहाबाद, वर्ष 1988
7. डॉ. सत्या गुप्ता : कौरवी लोकगीत, प्रकाशक : उत्तर प्रदेश संगीत नाटक अकादमी, लखनऊ, वर्ष 1989
8. डॉ. श्रीराम शर्मा : लोक साहित्य : सिद्धान्त और प्रयोग, प्रकाशक : विनोद पुस्तक मन्दिर, वर्ष 1981
9. डॉ. मनोहर शर्मा : लोक साहित्य की सांस्कृतिक परम्परा, प्रकाशक : रोशनलाल जैन एण्ड सन्स, जयपुर, वर्ष 1971

10. डॉ. लक्ष्मी नारायण सुधांशु : जीवन के तत्त्व और काव्य के सिद्धान्त, प्रकाशक : बिहार राष्ट्र भाषा परिषद, पटना, वर्ष 1980
11. श्री ओमचन्द हांडा : पहाड़ी लोकगीत, प्रकाशक : नेशनल पब्लिशिंग हाउस, नयी दिल्ली, वर्ष 1981
12. डॉ. चिन्तामणि उपाध्याय : लोकायतन, प्रकाशक : मंगल प्रकाशन, गोविन्द राजियों का रास्ता, जयपुर, वर्ष 1961
13. डॉ. सत्येन्द्र : लोक-साहित्य विज्ञान, प्रकाशन : शिवलाल अग्रवाल एण्ड कं. प्रा. लिमिटेड, आगरा, वर्ष 1962
14. देवीलाल सामर : राजस्थान का लोक संगीत, प्रकाशक : प्रकाशन विभाग, भारतीय लोककला मण्डल, रेजिडेंसी भवन, उदयपुर, वर्ष 1957
15. राजाराम शास्त्री : हरियाणा का लोक साहित्य, प्रकाशक : लोक सम्पर्क विभाग हरियाणा, चण्डीगढ़, वर्ष 1984
16. डॉ. श्याम परमार : मालवी लोक साहित्य
17. पूर्णिमा श्रीवास्तव : लोकगीतों में समाज, प्रकाशक : मंगल प्रकाशन, गोविन्द राजियों का रास्ता, जयपुर, वर्ष 1991
18. डॉ. हनुमन्त नायडू : छत्तीसगढ़ी लोकगीतों का लोक-तात्विक और मनोवैज्ञानिक अनुशीलन, प्रकाशक : विश्व भारती प्रकाशन, धनवर्ट चैम्बर्स, सीताबाड़ी, नागपुर, वर्ष 1987
19. रामनरेश त्रिपाठी : कविता कौमुदी (भाग-5) प्रकाशन : हिन्दी मन्दिर, प्रयाग, वर्ष 1986
20. नानक चन्द शर्मा : हरयाणवी भाषा का उद्‌गम तथा विकास, प्रकाशक : विश्वेश्वरानन्द वैदिक रिसर्च इन्स्टीट्यूट, होशियारपुर, वर्ष 1968
21. डॉ. गोविन्द रजनीश : राजस्थान के पूर्वी अंचल का लोक-साहित्य, प्रकाशक : राजस्थान प्रकाशन, त्रिपोलिया बाजार, जयपुर, वर्ष 1991

22. रतीलाल शाहीन : चिन्तन के सोपान, प्रकाशक : प्रवीण प्रकाशन, नयी दिल्ली, वर्ष 1991

23. तेजपाल चौधरी : खड़ी बोली का व्याकरणिक विश्लेषण, प्रकाशक : विकास प्रकाशन, साकेत नगर, कानपुर, वर्ष 1990

24. प्रभुदयाल मीतल : ब्रज का सांस्कृतिक इतिहास, प्रकाशक : राजकमल प्रकाशन, दिल्ली, वर्ष 1966

25. डॉ. आनन्दस्वरूप पाठक : ब्रज साहित्य और संस्कृति प्रकाशक : शिक्षा ग्रन्थागार, डीग दरवाजा, मथुरा, वर्ष 1975

26. डॉ. अवध नारायण त्रिपाठी : नयी कविता में वैयक्तिक चेतना, जवाहर पुस्तकालय, मथुरा (प्रथम संस्करण), वर्ष 1979

27. रवीन्द्रनाथ दरगन : छायावादी काव्य में राष्ट्रीय सांस्कृतिक चेतना, वाणी प्रकाशन, दिल्ली, वर्ष 1973

28. पं. हनुमान शर्मा : व्रत-परिचय, गीता प्रेस गोरखपुर, गोरखपुर, वर्ष 1979

29. डॉ. सत्येन्द्र : ब्रज लोक संस्कृति, ब्रज साहित्य मण्डल, संवत् 2005

30. पं. सूर्यकरण पारीक : राजस्थानी लोकगीत, हिन्दी साहित्य सम्मेलन, प्रयाग, संवत् 1999

31. डॉ. श्याम परमार : लोक साहित्य विमर्श, कृष्णा ब्रदर्स, अजमेर

32. डॉ. मनोरमा शर्मा : लोक मानस के सुरीले स्वर, सांई बुक हाउस, शिमला, वर्ष 1991

33. डॉ. राजेन्द्र रंजन चतुर्वेदी : ब्रज लोकगीत, उत्तर प्रदेश संगीत नाटक अकादमी, लखनऊ, वर्ष 1989

34. डॉ. गणेशदत्त सारस्वत : हिन्दी लोक साहित्य, विद्या बिहार, कानपुर, वर्ष 1981

35. डॉ. मदन लाल शर्मा : राजस्थानी लोकगीतों का सांस्कृतिक अध्ययन, राजस्थानी साहित्य संस्थान, जोधपुर, वर्ष 1987

36. देवी लाल सामर : लोकधर्मी प्रदर्शन कलाएँ, भारतीय लोककला मण्डल, उदयपुर, वर्ष 1968

37. मोती लाल चौरसिया : बुन्देली लोकगीतों का सांस्कृतिक अध्ययन, क्लासिकल पब्लिशिंग कम्पनी, दिल्ली, वर्ष 1989

38. डॉ. विष्णुचन्द्र पाठक : ब्रज की कला अरु संस्कृति, राजस्थान ब्रजभाषा अकादमी, जयपुर, वर्ष 1988

39. रामनरेश त्रिपाठी : हमारा ग्राम साहित्य, हिन्दी मन्दिर, प्रयाग, वर्ष 1940

40. रामनारायण अग्रवाल : संगीत : एक लोकनाट्य परम्परा, राजपाल एण्ड सन्स, दिल्ली, वर्ष 1976

41. डॉ. कुलदीप : लोकगीतों का विकासात्मक अध्ययन, प्रगति प्रकाशन, आगरा (प्रथम संस्करण)

42. मोहनलाल मधुकर (सं.) : ब्रज लोक वैभव, राजस्थान ब्रजभाषा अकादमी, जयपुर, वर्ष 1997

43. देवेन्द्र सत्यार्थी : धरती गाती है, राजकमल प्रकाशन, दिल्ली, वर्ष 1984

44. देवेन्द्र सत्यार्थी : धीरे बहो गंगा, राजकमल प्रकाशन, दिल्ली, वर्ष 1984

45. डॉ. श्याम परमार : भारतीय लोक साहित्य, राजकमल प्रकाशन, दिल्ली, वर्ष 1954

46. डॉ. ताराकान्त मिश्र : मैथिली लोक साहित्य का अध्ययन, जानकी प्रकाशन, पटना, वर्ष 1985

47. डॉ. कृष्णदेव उपाध्याय : भोजपुरी लोक साहित्य का अध्ययन, हिन्दी प्रचारक पुस्तकालय, वाराणसी, वर्ष 1960

48. डॉ. सुरेशचन्द्र त्यागी : लोक साहित्य, मेरठ वि.वि. हिन्दी परिषद एवं कुरु लोक संस्थान, मेरठ, वर्ष 1983

49. देवीलाल सामर : राजस्थानी लोकनृत्य, भारतीय लोककला मण्डल, उदयपुर, वर्ष 1957

50. डॉ. श्याम परमार : लोकधर्मी नाट्य परम्परा, राजकमल प्रकाशन, दिल्ली

51. देवेन्द्र सत्यार्थी : बाजत आवे ढोल, एशिया प्रकाशन, दिल्ली, वर्ष 1952

52. डॉ. सत्यव्रत सिन्हा : भोजपुरी लोकगाथा, हिन्दुस्तानी एकेडमी, प्रयाग, वर्ष 1957

53. डॉ. कृष्णदेव उपाध्याय : लोक साहित्य की भूमिका, साहित्य भवन प्राइवेट लिमिटेड, इलाहाबाद, वर्ष 1957

54. डॉ. कृष्ण कुमार शर्मा : राजस्थानी लोक गाथा का अध्ययन, राजस्थान प्रकाशन, जयपुर, वर्ष 1972

55. डॉ. विश्वनाथ शर्मा : हिन्दी रंगमंच का उद्‌भव और विकास, उषा पब्लिशिंग हाउस, जोधपुर, वर्ष 1979

56. श्री सूर्यकरण पारीक : ढोला मारू रा दूहा, काशी नागरी प्रचारिणी सभा, वर्ष 1991

57. प्रभु दयाल मीतल : ब्रज की कलाओं का इतिहास, साहित्य प्रकाशन, दिल्ली, वर्ष 1977

58. धीरेन्द्र वर्मा : ब्रजभाषा, हिन्दुस्तान एकेडमी, इलाहाबाद, वर्ष 1954

59. राहुल सांकृत्यायन : हिन्दी साहित्य का वृहत् इतिहास (षोडश भाग), नागरी प्रचारिणी सभा, काशी, वर्ष 2017

60. बल्देव उपाध्याय : संस्कृत साहित्य का इतिहास, शारदा मन्दिर, वाराणसी, वर्ष 1965

61. रामचन्द्र शुक्ल : हिन्दी साहित्य का इतिहास, नागरी प्रचारिणी सभा, काशी, वर्ष 2009

62. डॉ. हजारी प्रसाद द्विवेदी : हिन्दी साहित्य की भूमिका, हिन्दी ग्रन्थ रत्नाकर, बम्बई, वर्ष 1963

63. डॉ. हजारी प्रसाद द्विवेदी : हिन्दी साहित्य, अत्तर चन्द्र कपूर एण्ड सन्स, दिल्ली, वर्ष 1952

64. डॉ. ओमप्रकाश आनन्द शर्मा : रसालंकार–छन्द, सन्मार्ग प्रकाशन, दिल्ली, वर्ष 1983

65. डॉ. नगेन्द्र (सं.) : मानविकी परिभाषा कोश (साहित्य खण्ड), राजकमल प्रकाशन, दिल्ली, वर्ष 1965

66. सं. हीरालाल शर्मा : लोकरंग (रसिया खण्ड), मित्र मण्डली तरुण, समाज, भरतपुर, गोपाल प्रसाद मुद्गल, वर्ष 1996

67. डॉ. पा. वा. कणे : धर्मशास्त्र का इतिहास, हिन्दी अनुवादक अर्जुन चौबे समिति, सूचना विभाग, लखनऊ, वर्ष 1965

68. तुलसीदास : रामचरितमानस (गुटका), गीता प्रेस गोरखपुर, गोरखपुर, वर्ष 2018

69. अरविन्द कुमार : समान्तर कोश, नेशनल पब्लिशिंग हाउस, दिल्ली

2. संस्कृत ग्रन्थ

1. श्रीमद्भागवत् महापुरा : प्रकाशक : गीता प्रेस, गोरखपुर, वर्ष 2015
2. वाल्मीकि रामायण : गुजराती प्रिंटिंग प्रेस, बम्बई, वर्ष 1834
3. कालिदास कृत रघुवंश : चौखम्बा संस्कृत सीरीज, बनारस, वर्ष 1934
4. ऋग्वेद : पं. जयदेव शर्मा-भाष्यकर, आर्य साहित्य मण्डल लि., अजमेर, वर्ष 1959
5. दुर्गा सप्तशती : गीता प्रेस, गोरखपुर, संवत् 2018, लोकगीतों में लोकचेतना, वर्ष 2015
6. मोतीलाल बनारसीदास : भरत कृत नाट्यशास्त्र (प्रथम अनुवादक-रघुवंश : भाग), दिल्ली, वर्ष 1964
7. म. वेदव्यास कृत महाभारत : गीता प्रेस, गोरखपुर, वर्ष 2023
8. वृहदारण्यकोशनिषद् : गीता प्रेस, गोरखपुर, वर्ष 2014
9. कालिदास : मालविकाग्निमित्र (प्रथम अंक), चौखम्बा संस्कृत सीरीज, बनारस, वर्ष 1951
10. पाणिनि कृत अष्टाध्यायी : श्रीधर गुरुकुल ग्रन्थमाला, वृन्दावन, वर्ष 1996

3. अंग्रेजी ग्रन्थ

1. Encyclopedia Britannica : Vol. II., III., IX., IXX., Encyclopedia, Britannica Ltd. Land on (1968, 1963)
2. Dr. Murey : New English Dictionary, Oxford University, London.
3. F.G. Child : English and Scottish popular ballads, Edited by H.C. Sergent and G.L. Kitredge, Published by George G. Harrp & co. London.
4. Frank Sidgewick : The ballad, Published by Martin Secker, London.
5. F.B. Gummare : Old English ballads, Ginn & Co. New York, 1984
6. Robert Graves : The English ballads, Published by Carnest Bern Ltd., London, 1927
7. G.H. Zerold : The ballad of tradition, Oxford, 1932
8. M.J.C., Hogart : The ballads, Hachinsnus University Library, 1930
9. "The great family encyclopedic dictionary" : Baby Books, 1986
10. The new lexicon webstes's dictionary of the English language : volume 1st, 1988

4. पत्र-पत्रिकाएँ

1. सम्मेलन पत्रिका : हिन्दी साहित्य सम्मेलन, प्रयाग (लोक संस्कृति विशेषांक), वर्ष 2010
2. आजकल : नवम्बर 1951, पब्लिकेशन प्रतिष्ठान, सूचना विभाग, दिल्ली
3. कल्याण पत्रिका : मानवता अंक, वर्ष 33
4. जनपद पत्रिका (त्रैमासिक) : काशी हिन्दू वि.वि. काशी, वर्ष 1, अंक-1
5. ब्रज शतदल (त्रैमासिक) (लोकमंच अंक तथा लोकगाथा अंक) : राजस्थान ब्रजभाषा अकादमी, जयपुर, वर्ष 12, अंक-2
6. आजकल : सूचना विभाग, दिल्ली, वर्ष 1949, 52, 55

7. आलोचना : राजकमल प्रकाशन, दिल्ली, वर्ष 1952, 53
8. नागरी प्रचारिणी पत्रिका : नागरी प्रचारिणी सभा, काशी, वर्ष 1971
9. डुमडुमी : मित्र मण्डली तरुण समाज समिति, भरतपुर, वर्ष 1947, 98
10. इन्द्रप्रस्थ भारती : दिल्ली हिन्दी अकादमी, दिल्ली

5. लोकगीत संग्रह

1. बेला फूले आधी रात : श्री देवेन्द्र सत्यार्थी
2. मेहर सिंह का तूफानी गुच्छा : अग्रवाल बुक डिपो (रजि.), दिल्ली
3. मेहर सिंह का टोप का गुच्छा : अग्रवाल बुक डिपो (रजि.), दिल्ली
4. मेहर सिंह का एवन गुच्छा : अग्रवाल बुक डिपो (रजि.), दिल्ली
5. मेहर सिंह का काम्पीटिशन गुच्छा : अग्रवाल बुक डिपो (रजि.), दिल्ली
6. मेहर सिंह का खलिश गुच्छा : अग्रवाल बुक डिपो (रजि.), दिल्ली
7. बाँके बिहारी सवेया : किसान पुस्तक भण्डार, मथुरा
8. कीर्तन सागर : पं. गंगा सेवक शुक्ल विनोद
9. कीर्तनों का गुच्छा : भगवत बुक डिपो, बुलन्दशहर
10. राम नाम रस की बूटी : भगवत बुक डिपो, बुलन्दशहर
11. चले गये कृष्ण रे राधा को छोड़ के : भगवत बुक डिपो, बुलन्दशहर
12. चन्द्रलाल वादी का पैनीधार गंडासे तथा किरणमई : अग्रवाल बुक डिपो (रजि.), दिल्ली
13. ब्रज के रसिया : वन्दना बुक डिपो, मथुरा
14. सनेह लीला : किसान पुस्तक भण्डार, मथुरा
15. असली पुष्पांजलि : राजपाल एण्ड सन्स, दिल्ली
16. रामबक्श के ख्याल : भगवत बुक डिपो, बुलन्दशहर
17. पीरू की मशहूर रागनियाँ : भगवत बुक डिपो, बुलन्दशहर
18. छटमा-छटमा रागनियाँ : भगवत बुक डिपो, बुलन्दशहर
19. जनार्दन का गुच्छा : श्रीभगवत बुक डिपो, पुरानी तहसील, मेरठ

20. गुरुशरण दास का गुच्छा : श्रीभगवत बुक डिपो, पुरानी तहसील, मेरठ
21. शीशराम के ख्याल : श्रीभगवत बुक डिपो, पुरानी तहसील, मेरठ
22. रूपचन्द का गुच्छा : श्रीभगवत बुक डिपो, पुरानी तहसील, मेरठ
23. रागनियों का गुच्छा : श्रीभगवत बुक डिपो, पुरानी तहसील, मेरठ
24. पीरू का बड़ा गुच्छा : श्रीभगवत बुक डिपो, पुरानी तहसील, मेरठ
25. मजेदार रागनियों का बड़ा गुच्छा : श्रीभगवत बुक डिपो, पुरानी तहसील, मेरठ
26. जयकरण का बड़ा गुच्छा : श्रीभगवत बुक डिपो, पुरानी तहसील, मेरठ
27. रामरतन का बड़ा गुच्छा : श्रीभगवत बुक डिपो, पुरानी तहसील, मेरठ
28. रिकार्डो का बड़ा गुच्छाः श्रीभगवत बुक डिपो, पुरानी तहसील, मेरठ
29. अड़ीमल का गुच्छा : श्रीभगवत बुक डिपो, पुरानी तहसील, मेरठ
30. जनार्दन का गुच्छा : श्रीभगवत बुक डिपो, पुरानी तहसील, मेरठ
31. ब्रज के लोकगीत : गर्ग एण्ड कम्पनी, दिल्ली
32. सांगियों का गुच्छा : धार्मिक पुस्तक भण्डार, हरियाणा
33. रिकार्ड तोड़ गुच्छा : अग्रवाल प्रकाशन, दिल्ली
34. अनमोल गुच्छा : अग्रवाल प्रकाशन, दिल्ली
35. सरवर नीर : अग्रवाल बुक डिपो (रजि.), दिल्ली
36. फन्ने खां गुच्छा : अग्रवाल प्रकाशन, दिल्ली
37. टोप का गुच्छा : अग्रवाल प्रकाशन, दिल्ली
38. देवर भाभी और संसार चक्र : अग्रवाल प्रकाशन, दिल्ली
39. चन्दूलाल वादी का बड़ा अनमोल गुच्छा : अग्रवाल प्रकाशन, दिल्ली
40. गुलाब सिंह का हरियाणी गुच्छा : भगवत बुक डिपो, बुलन्दशहर
41. चमनलाल का गुच्छा : भगवत बुक डिपो, [illegible]शहर
42. हरियाणा पच्चीसा : भगवत बुक डिपो, बुल[illegible]
43. कल्याण का गुच्छा : भगवत बुक डिपो, बुलन्दशहर

□□